AF546118

Geschaut im lebendigen Licht
Die Miniaturen des Liber Scivias
der Hildegard von Bingen

Geschaut im lebendigen Licht

Die Miniaturen des Liber Scivias der Hildegard von Bingen

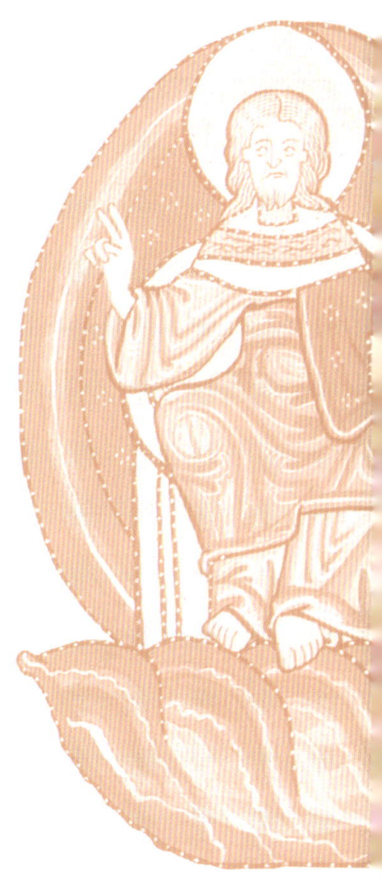

Erklärt und gedeutet
von Sr. Hiltrud Gutjahr OSB und Sr. Maura Zátonyi OSB

Mit einer kunsthistorischen Einführung
von Lieselotte Saurma-Jeltsch
Herausgegeben von der Abtei St. Hildegard, Rüdesheim/Eibingen

Beuroner Kunstverlag

Geschaut im lebendigen Licht –
Die Miniaturen des Liber Scivias der Hildegard von Bingen
Hrsg. von der Abtei St. Hildegard, Rüdesheim/Eibingen

2. Auflage 2016

Gestaltung/Umschlaggestaltung:
Gesine Beran, I–00010 Sant'Angelo Romano
Herstellung: Beuroner Kunstverlag, D–88631 Beuron
info@beuroner-kunstverlag.de · www.klosterkunst.de
Druck: orthdruk, Białystok/Polen
ISBN 978-3-87071-249-5

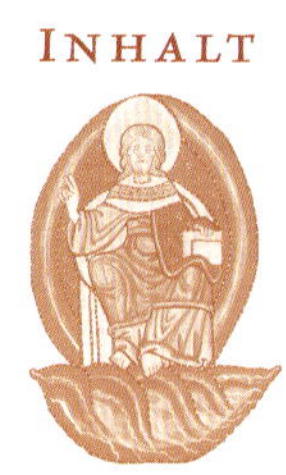

INHALT

Vorwort 6

Einführung 7

Teil I des Liber SCIVIAS 23
Miniaturen 1–9

Teil II des Liber SCIVIAS 57
Miniaturen 10–18

Teil III des Liber SCIVIAS 87
Miniaturen 19–35

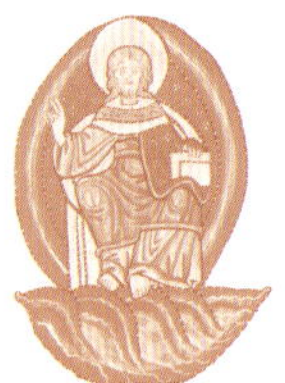

VORWORT

DER ILLUMINIERTE RUPERTSBERGER SCIVIAS-KODEX gehört zu den wenigen Prachthandschriften des 12. Jahrhunderts und gibt Zeugnis von der hohen Kunst mittelalterlicher Buchmalerei. Er enthält das Hauptwerk Hildegards von Bingen »SCIVIAS – Wisse die Wege«, das die größte und bedeutendste Frau des Mittelalters schon zu Lebzeiten berühmt machte. Die in der Rupertsberger Schreibstube entstandenen 35 Miniaturen sind originäre Kunstwerke von großer Lebendigkeit, die wahrscheinlich noch durch Hildegard selbst inspiriert wurden. Sie setzen die Visionen der großen deutschen Prophetin in Bilder um und machen das unsagbare Geheimnis Gottes in wunderbaren Darstellungen anschaulich. Wie von selbst öffnen sie damit dem Betrachter ein Fenster zum Himmel. Was Hildegard von Bingen im lebendigen Licht erschaute, kann der Leser in diesem Band erfahren und meditieren. Die erläuternden Texte von Sr. Hiltrud Gutjahr OSB und Sr. Maura Zátonyi OSB, beide Benediktinerinnen der Abtei St. Hildegard in Rüdesheim/Eibingen, geben Aufschluss über den Inhalt der Visionen und erklären die reiche Symbolkraft der Bilder.

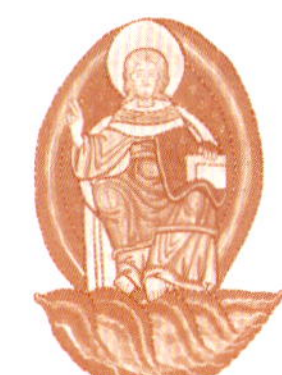

EINFÜHRUNG

DIE RUPERTSBERGER »SCIVIAS«-HANDSCHRIFT

Überlegungen zu ihrer Entstehung von Lieselotte E. Saurma-Jeltsch

DIE ILLUMINIERTE RUPERTSBERGER »SCIVIAS«-HANDSCHRIFT gehört zu den wenigen erhaltenen Prachthandschriften des 12. Jahrhunderts. Dass sie gleichwohl in den letzten fünfzig Jahren in der Kunstgeschichte nur wenig Aufmerksamkeit gefunden hat, ist zunächst eine Folge des zutiefst bedauerlichen, vielleicht aber doch noch nicht endgültigen Verlusts des Originals in den Wirren von 1945.[1]

Glücklicherweise ist das Werk in einer sehr präzise auf Pergament handgemalten Faksimilierung überliefert, die in den Jahren 1927–1933 in der Abtei St. Hildegard in Eibingen hergestellt wurde[2]. Dank seiner Herkunft ist diesem notgedrungen zum »Ersatz-Original« gewordenen Kodex im Unterschied zu jeder phototechnisch geschaffenen Nachbildung auch eine spirituelle Dignität eigen. Dem geschulten Auge verraten allerdings die Miniaturen des gemalten Faksimiles trotz aller Genauigkeit ihre Entstehungszeit. Korrigierende Vergleichsmöglichkeiten bieten die von Hildegard Schönfeld 1979 herausgegebene schwarz-weiße Wiedergabe einer vor siebzig Jahren vorgenommenen photographischen Dokumentation des verschollenen Originalmanuskriptes[3] sowie die im Rheinischen Bildarchiv vorhandenen Aufnahmen.

Allein die fehlende Aura des Originals vermag jedoch die Zurückhaltung des Faches wohl nicht zu erklären. Ein weiterer Grund für die Scheu der Wissenschaft dürfte nämlich gerade in der Besonderheit der Handschrift liegen, gilt sie doch als Werk ohne Vergleichbarkeit, deren Miniaturen, ähnlich dem Text der Visionen, die sie verbildlichen, als originäre Schöpfungen verstanden werden. Diese nicht zu bezweifelnde Einmaligkeit ist gerade eine der Botschaften, die uns das Werk selbst vermitteln will. »Die Eigenart des Visionstextes«, schrieb jüngst Keiko Suzuki, die sich zum ersten Mal mit der besonderen Struktur der Bilder auseinandergesetzt hat, »der die Absolutheit und die Originalität der Vision zum Ausdruck zu bringen versucht, spiegelt sich auch in den Miniaturen ...«[4]

[1] Ehem. Wiesbaden, HLB: Hs. 1.

[2] Für die Möglichkeit, das Manuskript einzusehen, sei der Abtei sehr gedankt. Schwester Philippa Rath und Schwester Scholastica Steinle, die mein Interesse an der Handschrift geweckt und mich bei meiner Arbeit tatkräftig unterstützt haben, sei hier mein innigster Dank ausgesprochen. Ebenso zu danken habe ich meiner Mitarbeiterin, Frau Dr. Helga Kaiser-Minn, für ihre Unterstützung eines Hildegard-Seminars und besonders Herrn Christoph Winterer M.A., der mir bei der Materialbeschaffung und mit Gesprächen zur Seite gestanden hat.

[3] Hildegard von Bingen, Scivias. Die Miniaturen vom Rupertsberg, hrsg. von Hildegard Schönfeld, unter Mitarbeit von Wolfgang Podehl, Bingen/Rh. 1979. Der Ausgabe liegen 1925 durch die Nassauische Landesbibliothek Wiesbaden angefertigte Photoplatten zugrunde. Eine weitere Photokopie wurde in den dreißiger Jahren von der Abtei Maria Laach erstellt, wie Maura Böckeler OSB im Anhang der von ihr bearbeiteten »Scivias«-Ausgabe vermerkt (WW Böckeler, 410).

[4] Keiko Suzuki, *Zum Strukturproblem in den Visionsdarstellungen der Rupertsberger »Scivias«-Handschrift*, in: Sacris Erudiri. Jaarboek voor Godsdienstwetenschappen 35 (1995), 221–291, bes. 223.

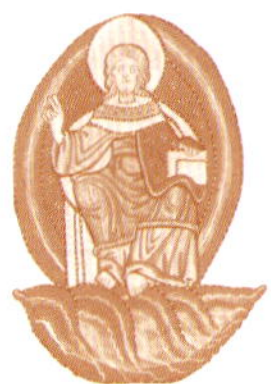

Das wird sich auch in unserer Betrachtung bestätigen. Allerdings wird es sich dabei um einen etwas anderen Begriff von Originalität handeln. Während nämlich nach unserem heutigen Verständnis ein Gegenstand die Aura der Einmaligkeit nur verdient, wenn es sich um eine vorher nie gesehene Schöpfung handelt – deshalb auch die Schwierigkeit im Umgang mit dem in seiner Art wohl einmaligen Faksimile des 20. Jahrhunderts –, so ist dieser Begriff von Originalität eine dem mittelalterlichen Denken fremde Vorstellung. Das Alte, die Tradition verleiht dem Neuen erst die nötige Tiefe und ein ihm gebührendes Ansehen. Um eine Neuschöpfung kann es sich auch dann handeln, wenn Vertrautes verwendet wird. Beispielsweise ließ ein Zeitgenosse Hildegards, Abt Sugerius, durch eine bisher nie gesehene Kombination von Althergebrachtem in St. Denis einen Neubau schaffen, der für den in jener Zeit üblichen Begriff von Unvergleichbarkeit steht.

Das Anliegen der vorliegenden Studie[5] ist es, die Miniaturen des Rupertsberger Kodex aus ihrer kunstgeschichtlich formalen Isolation zu befreien. Obwohl aus dem letzten Viertel des 12. Jahrhunderts außerordentlich wenige und überdies von den verschiedensten Strömungen geprägte Kunstwerke überliefert sind, wird sich uns dennoch ein komplexes System von Formen und Gattungen eröffnen, mit dem die Miniaturen in Bezug gesetzt werden können. Allerdings wird das romantische Bild einer Seherin, die sozusagen noch unter dem Eindruck ihrer Vision den Pinsel führt, immer mehr zurücktreten müssen. Dafür aber werden wir einen Einblick in eine Gestaltungsarbeit gewinnen, die nur dank eines ungewöhnlich großen Wissens um die Möglichkeiten bildlicher Formen und profunder Kenntnisse von der jeweiligen Bedeutung dieser Vorlagen geleistet werden konnte. Parallel zu den Intentionen des Textes wurde hier planvoll gleichsam eine Enzyklopädie des Bildwissens zusammengestellt, auf dass sie dem Zeitgenossen die Macht der Visionen vermittle und ihn zur Auslegung des Textes anleite.

Zu Konzeption und Entstehungszeit

Der »Liber Scivias« ist uns noch in zehn Handschriften überliefert[6], wovon lediglich zwei mit Illustrationen versehen sind. Während es sich bei der mit lavierten Federzeichnungen ausgestatteten sogenannten Salemer Handschrift[7] um ein Werk handelt, das erst an der Schwelle vom 12. zum 13. Jahrhundert entstanden sein kann, wird der Rupertsberger Band in der Regel noch in die Lebenszeit der Autorin datiert.[8] Gewichtige Gründe für seine Einordnung in die Zeit zwischen

[5] Dieser Beitrag beschränkt sich auf die formalen Probleme der Miniaturen, zu deren Inhalten eine größere Studie geplant ist.

[6] Zusammenstellung siehe Echtheit, 42.

[7] Heidelberg, UB.: Cod. Salem X, 16; Renate Kroos, *Visionen der Hildegard von Bingen (Scivias)*, in: Reiner Haussherr (Hrsg.): Ausstellungskatalog *Die Zeit der Staufer. Geschichte-Kunst-Kultur*, Stuttgart 1977, 4 Bde., bes. I, Nr.732, 553f; siehe auch *Cimelia Heidelbergensis*, hrsg. von Wilfried Werner, Wiesbaden 1975, 53–57.

[8] Albert Boeckler, *Deutsche Buchmalerei vorgotischer Zeit*, Königstein I.T. 1953, 79, nimmt an, der Band sei im dritten Viertel des 13. Jahrhunderts »wahrscheinlich noch unter Anleitung der Verfasserin (gest. 1178 sic.) auf dem Rupertsberg geschrieben und ausgemalt.«

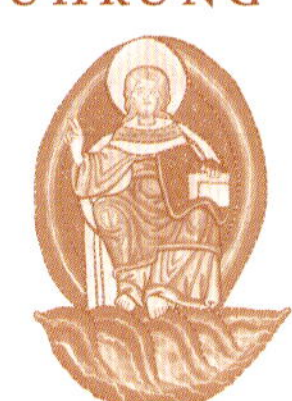

1160–1180 hat bereits 1911 Louis Baillet[9] vorgebracht, was 1956 durch die Forschungen von Marianna Schrader und Adelgundis Führkötter[10] weitere Unterstützung gefunden hat. Baillet glaubt wegen einer Korrektur[11] und der über die Rahmen der Miniaturen greifen den Rubrizierungen[12] auf eine enge Zusammenarbeit sowohl von Schreibern als auch Malern schließen zu können. Das wichtigste Beweisglied ist hierbei die Schrift in den Miniaturen selbst, die mit Gewissheit einem der Schreiber des Textes zugeordnet werden kann. Während Baillet nur aufgrund indirekter paläographischer Vergleiche vor allem mit trierischen Handschriften zu einer Datierung kam, wollen Schrader/Führkötter[13] den bedeutendsten Schreiber (Hand A) sowie einen weiteren (Hand C), dem ein Schriftband in den Miniaturen (fol. 86v) zuzuschreiben ist, mit zwei Kräften identifizieren, die sie in den ältesten Güteraufzeichnungen und dem Nekrolog des Rupertsbergs wiederfinden.[14] Daraus schließen die Autorinnen, der Rupertsberger »Scivias« sei in einer dort ansässigen klösterlichen Schreibstube[15] entstanden. Hildegard selbst hat in der »protestificatio« (Vorrede)[16] angegeben, sie habe 1141 die Visionen erlebt, als sie 42 Jahre und 7 Monate alt gewesen sei. In der Rupertsberger Handschrift ist die Angabe der sieben Monate über eine Rasur von jener Hand geschrieben, in der Schrader/Führkötter den Korrektor sehen.[17] Da die Autorinnen hieraus folgern: »Die zusätzliche Monatsangabe kann natürlich nur von Hildegard persönlich stammen«[18], und Miniaturen wie Schrift zusammen entstanden sind, liegt die Annahme nahe, Hildegard selbst sei auch für die Bilder verantwortlich gewesen.

Schauen wir uns zunächst diese Argumentation nochmals etwas genauer an. Tatsächlich scheinen zwei Schreiber des »Scivias«-Bandes Ähnlichkeiten mit jenen Kräften aufzuweisen, die auch im ältesten Güterverzeichnis und dem Nekrolog des Rupertsbergs Einträge vorgenommen haben. Hieraus könnte sich allenfalls eine Datierung in die Zeit vor 1195 zwingend ergeben.[19] Da die ersten Eintragungen des Nekrologs ausschließlich Mönche und Konversen aufführen, die wahr-

[9] Louis Baillet OSB, *Les miniatures du »Scivias« de Sainte Hildegarde conservé à la biblioltheque de Wiesbaden*, in: Monuments et mémoires publiés par l'Académie des Inscrip tions et Belles-Lettres 19 (1911), 49–149 und Taf. IV-XI, bes. 143.

[10] Echtheit, 44 und 58.

[11] Zu der Korrektur fol. 130v siehe Baillet, *Les miniatures* ..., (s. Anm. 9), 132, Anm. 1; Suzuki, *Zum Strukturproblem* ..., (s. Anm. 4), 229, Anm. 21, bemerkt dazu richtig, dass die eine rasierte Zeile am Ende der ersten Spalte auf dieser Seite – im Gegensatz zu den Behauptungen von Baillet – keineswegs vom Schreiber C, der mit der zweiten Spalte fortfährt, nachgetragen wird. Es scheint also hier nur Zeile 49 von III, 2, 1 zu fehlen (Sc, CC, 349), was lediglich belegt, dass die Schrift vor der Miniatur angelegt worden sein muss, da diese sonst nicht genügend Platz gehabt hätte.

[12] Fol. 203v und fol. 229. Dass hier die Rubrizierung nach der Miniatur erfolgt ist, belegt zwar deren spätere Entstehung, liefert aber noch keinen Hinweis auf den Ablauf.

[13] *Echtheit*, 44.

[14] Ebd. 28; vgl. auch Taf. V. Ob die von ihrer Intention her doch unterschiedlichen Texte bei generell sehr verwandten Schriften überhaupt so weitgehende Schlüsse erlauben, müsste einem weiteren paläographischen Urteil unterstellt werden.

[15] Ebd. 58.

[16] Sc, CC, protestificatio, Z. 24.

[17] Sc, CC, protestificatio, Z. 26; dazu s. Einleitung, ebd., XIX.

[18] Ebd.

[19] *Echtheit*, 30 und 41.

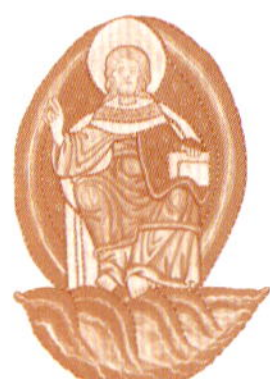

scheinlich die Abtei auf dem Disibodenberg betreffen und wohl schon vor der Gründung von Rupertsberg angelegt worden waren, bleibt die Zuordnung zu dem Frauenkloster ebenfalls fraglich. Noch unsicherer ist die Grundlage beim Versuch, die erwähnte Konkretisierung von Hildegards Lebensalter auf sie selbst zurückzuführen: Weshalb, wenn Hildegard selbst an der Herstellung dieser Handschrift oder auch bloß an deren Oberaufsicht beteiligt war, musste denn überhaupt eine Korrektur angefügt werden? Sie gerade dürfte ja über ihr Alter, in dem sie die Vision erfuhr, am wenigsten Zweifel gehegt haben. Die Rasur spricht doch im Gegenteil für eine Unsicherheit, die erst durch eine Verbesserung beigelegt werden konnte. Hier wäre also ebenso gut an eine nachträgliche Konkretisierung zu denken, die vielleicht sogar den ganz anderen Zweck verfolgte, auf diese Weise die Autorität des Textes zu erhöhen.

Die Beobachtungen sowohl von Baillet, Schrader/Führkötter wie auch jüngst von Suzuki belegen insbesondere, dass Text und Bilder im Aufbau des Kodex eng aufeinander bezogen sind, dass also das, was man heute Layout nennt, für diese Handschrift sehr genau geplant worden sein muss. Außerdem können diese Autoren zeigen, dass der Text vor der Miniatur angelegt worden ist, die Rubrizierung aber nach den Bildern erfolgte. Ferner können wir mit einiger Wahrscheinlichkeit davon ausgehen, dass der Korrektor (Hand C) ebenfalls nach, vielleicht auch noch in der Illustrationsphase tätig gewesen ist, konnte er doch die Inschrift (fol. 86) nur auf den Rotulus schreiben, wenn im Bild zumindest die Umrisse des Schriftbandes schon vorgegeben waren. Da nun aber eine ganze Reihe von Bildern vorkommen, in denen die Rotuli leer geblieben sind[20], darf man sogar präzisierend annehmen, der Schreiber habe diese Arbeit erst in die fertig gestellten Miniaturen unternommen. Solche Hinweise lassen Suzukis in der Nachfolge der bisherigen Forschung gezogenen Schluss, »die Entstehung von Text und Bild fällt in die Regierungszeit Hildegards auf dem Rupertsberg«[21], keineswegs als gesichert erscheinen.

Zur Frage nach der Mitwirkung Hildegards

Noch weniger ist zu klären, inwieweit bei diesem Kodex Hildegard selbst an der Gestaltung beteiligt war oder sie zumindest beeinflusst hat, was selbstverständlich scheint, wenn davon ausgegangen wird, er sei zu ihren Lebzeiten in der Schreibstube der Abtei Rupertsberg entstanden.[22] In dieser Frage argumentiert Schomer primär von den Bildern, von ihrem innovatorischen Gehalt her. Ihre Einmaligkeit und ihre über den Visionstext hinausweisenden Aussagen geben ihm die Gewissheit, ein Werk Hildegards vor sich zu haben.[23] Noch Jahrzehnte später ist aber auch

[20] Fol. 130v, 192 , 203v, 225, 229.
[21] Suzuki, *Zum Strukturproblem* ... (s. Anm. 4), 230.
[22] Hiltgart L. Keller, *Mittelrheinische Buchmalereien in Handschriften aus dem Kreise der Hiltgart von Bingen*, Diss. phil., Frankfurt a.M. 1929/Stuttgart 1933, 145, denkt an eine »Entstehung der Bilder auf dem Rupertsberg unter den Augen der Hiltgart selbst ...«.
[23] Josef Schomer, *Die Illustrationen zu den Visionen der hl. Hildegard als künstlerische Neuschöpfung*, Diss. theol., Bonn 1937, 59.

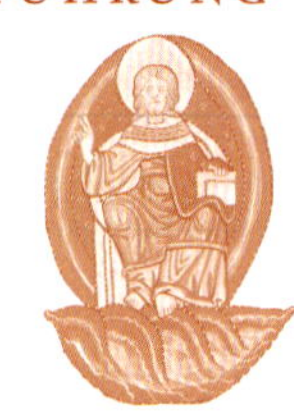

ein ganz anders gearteter Autor wie Clausberg, der zu Recht die Missachtung des Werkes in den repräsentativen Überblickswerken der Nachkriegszeit bemängelte, der Meinung, die bildliche Ausstattung mit ihrer »scheinbar wildwüchsigen Imagination« habe die »Autorin höchstwahrscheinlich selbst« geleitet.[24] Nur mit Zurückhaltung haben Führkötter/Carlevaris in ihrer Textausgabe von 1978 die Auffassung einer so weitgehenden Mitwirkung Hildegards bei den Miniaturen wiedergegeben.[25] Diese Vorsicht teilen sie mit Christel Meier, die, soweit ich sehe, bisher als einzige Stimme betont, es sei davon auszugehen, »dass sie [die Bilderzyklen] nicht unter der unmittelbaren Anleitung der Autorin geschaffen wurden ...«[26] Suzuki wiederum versteht die Bilder als unmittelbare Umsetzung der »visionären Allegorien Hildegards«[27], da sie nur in den Visionstexten, nicht in deren Auslegung (auditio) die Grundlage für den Bildinhalt annimmt und deshalb glaubt, Hildegard selbst dürfte für dieses Bildkonzept verantwortlich sein.[28]

Das Ausmaß der Mitarbeit der Seherin an dieser Handschrift hängt selbstverständlich auch von den Annahmen über ihre Entstehungszeit und ihren Entstehungsort ab. Gewissheit herrscht einzig darüber, dass das Manuskript nach dem Abschluss der Aufzeichnung der Visionen im »Liber Scivias«[29], also nach 1151 abgeschrieben worden sein muss. Es sind sich auch alle Autoren darin einig, dass es sich beim Rupertsberger Kodex nicht um die Erstfassung handeln kann. Von paläographischer Seite sind diesen Fragen Baillet und sein Koautor de Puniet nachgegangen. Letzterer ordnet die Handschriften aufgrund trierischer Vergleichsstücke in die Zeit von 1160–1180 ein.[30] Zu diesen Stücken gehören die 1186 geschriebenen »Miracula s. Matthiae« des Lambertus aus St. Eucharius – St. Matthias in Trier[31], ferner die im selben Kloster zwischen 1131 und 1150 geschriebene »Auffindung und Wunder des hl. Matthias«[32] sowie die »Gesta Alberonis« des Balderich, die zwischen 1160 und 1180 kopiert wurden.[33] Die Autoren möchten in der Schrift des Kodex eine Arbeit aus diesem Trierer Kloster sehen.[34] Ebenso werden von ihnen die Miniaturen anhand der Waffen und Kostüme sowie wegen der auch von Baillet rekonstruierten engen Beziehung zwischen Schrift und Bild in denselben Zeitraum eingeordnet.[35]

[24] Karl Clausberg, *Mittelalterliche Weltanllschauung im Bild, z.B. die Visionen der Hildegard von Bingen, oder: Mikrokosmos – Makrokosmos »reconsidered« und auf den neuesten (Ver-)Stand gebracht*, in: Bauwerk und Bildwerk im Hochmittelalter. Anschauliche Beiträge zur Kultur- und Sozialgeschichte, hrsg. von dems. u. a., Gießen 1981 (Kunstwissenschaftliche Untersuchungen des Ulmer Vereins, 11), 237–258, bes. 240.
[25] Sc, CC, XXXV.
[26] Christel Meier, *Zum Verhältnis von Text und Illustration im überlieferten Werk Hildegards von Bingen*, in: FS, 160.
[27] Suzuki, *Zum Strukturproblem* ... (s. Anm. 4), 238.
[28] Ebd., 239.
[29] Christel Meier, in: Verf.Lex2, Sp. 1258.
[30] Pierre de Puniet, in einem Einschub in Baillet, *Les miniatures* ... (siehe Anm. 9), 133–139, bes. 137f.
[31] Trier, SB.: Hs.1375; Abb. s. Anton Chroust, *Monumenta Palaeographica. Denkmäler der Schreibkunst des Mittelalters*. 1. Abt., 2. Ser., 6. Lfrg., Wien 1911, Taf. 1 b.
[32] Trier, Priesterseminar: Hs.98; Abb. s. ebd., 1. Abt., 2. Ser., 5. Lfrg., Wien 1910, Taf. 9a.
[33] Trier, SB.: Hs.1387; Abb. s. ebd., 1. Abt., 2. Ser., 6. Lfrg., Wien 1911, Taf. 1a.
[34] Dazu Baillet, *Les miniatures* ... (siehe Anm. 9), 139 und 146.
[35] Ebd., 139–143.

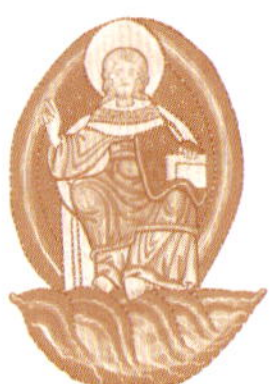

Die damit denkbar gewordene Möglichkeit, die Entstehung der Miniaturen in einem Männerkloster anzunehmen, wird auch bei Führkötter[36] und jüngst bei Suzuki[37] erwogen, wobei zu bemerken ist, dass über Nonnenmalerei im Mittelalter nur sehr vage Kenntnisse vorliegen. Außer den paläographisch begründeten Datierungsversuchen von Baillet und Schrader/Führkötter, die sich dem Datum 1160–1180 weitgehend anschließen, gibt es eine Reihe von kunsthistorischen Versuchen, die Miniaturen und Initialen der Handschrift zeitlich näher einzukreisen. Eine ausführliche Vergleichsbasis liefert allerdings nur Hiltgart Keller in ihrer 1933 noch anhand des verschollenen Originals verfassten Dissertation. Sie misst dem Rupertsberger Aufenthalt des Chorherren Wibert von der Abtei Gembloux eine so große Bedeutung bei, dass sie diesen Zeitraum von 1175–1181 auch als Entstehungszeit der Illuminierung vorschlägt.[38] Sie tritt auch entschieden für die Mitwirkung des Rupertsberger Klosters an den Miniaturen ein, habe doch Wibert in einem Brief vom Klosterleben berichtet und von der Tätigkeit der Nonnen »scribendis libris«[39], was als Beleg sowohl für das Schreiben als auch das Ausstatten von Büchern gelten könne.[40] Weitere, etwas früher gelegene Datierungen der Bebilderung werden von Otto für die Zeit gegen 1165[41] und von Suzuki mit »nach 1168«[42] vorgeschlagen.

Zur Rekonstruktion des Arbeitsablaufs

Will man einen erneuten Versuch unternehmen, sich in dieser Frage Klarheit zu verschaffen, muss zunächst vom Arbeitsvorgang ausgegangen werden, soweit er sich trotz des fehlenden Originals noch rekonstruieren lässt. Ohne Zweifel handelt es sich hier nicht um das Autograph des »Liber Scivias«, kann doch eine derart komplexe Planung eines Manuskriptes, wie es hier vorliegt, nicht in der Erstabschrift vorgenommen worden sein. Das Layout des Manuskriptes musste ja bereits vor der Schrift festgelegt worden sein, denn nur so war zu vermeiden, dass größere Textpartien verlorengehen oder den erst nach der Schrift einzusetzenden Bildern nicht genügend Raum belassen würden.[43] Für Initialen und Bilder scheint eine gemeinsame Planung getroffen worden zu

[36] Sc, CC, XXXVI.
[37] Suzuki, *Zum Strukturproblem* ... (s. Anm. 4), 233.
[38] Keller, *Mittelrheinische Buchmalereien* ... (s. Anm. 22), 145.
[39] Ep, 66A, Epistola XXXVIII, Z. 59.
[40] »Scribere« im Sinne von schreiben, zeichnen und entwerfen; s. auch Hartmut Hoffmann, *Buchkunst und Königtum im ottonischen und frühsalischen Reich* (MGH 30, I), Stuttgart 1986, 64ff; allerdings äußert Hoffmann dennoch eher Zweifel an der Identität von Schreibern und Malern.
[41] Rita Otto, *Zu einigen Miniaturen einer Sciviashandschrift des 12. Jahrhunderts*, in: Mainzer Zeitschrift. Mittelrheinisches Jahrbuch für Archäologie, Kunst und Geschichte 67/68 (1972/73), 128–137, bes. 128.
[42] Suzuki, *Zum Strukturproblem* ... (s. Anm. 4), 232.
[43] Christopher de Hamel, *Scribes and Illuminators*, London 1992, 48ff; Aliza Cohen-Mushlin, *The Making of a Manuscript. The Worms Bible of 1148* (Wolfenbütteler Forschungen, 25), Wiesbaden 1983, 166ff.

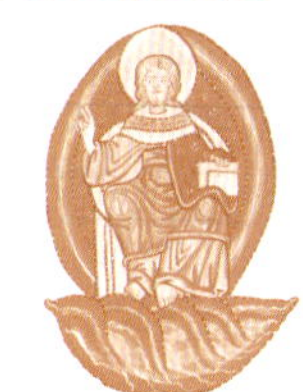

sein, greift doch nur in einem einzigen Fall (fol. 225v; Abb. 1) die Initiale in den Bereich des Bildfeldes hinein.[44]

In der letzten Miniatur, die offenkundig nicht sämtliche Stadien der Bearbeitung durchlaufen hat, können wir ungefähr ermessen, wie viele Schritte zur Herstellung dieser Ausstattung notwendig waren. Hiltgart Keller vermochte noch am Original zu erkennen, dass bereits in einer ersten Entwurfszeichnung die Figurenkonzeption mit brauner Tinte weitgehend festgelegt wurde. Wahrscheinlich erfolgte zunächst wohl eine Skizze mit der ungefähren Formenverteilung und Ausdehnung der Miniatur.[45] Nicht mehr zu entscheiden ist derzeit, ob in dieser Entwurfshand die alle Miniaturen prägende Kraft zu sehen ist, wie Keller meint[46], oder ob im Gegenteil die Zeichnungen von zwei verschiedenen Leuten stammen, wie Baillet annimmt.[47]

Im nächsten Schritt sind um diese entworfenen Formen im Hintergrund die großen Farbflächen mit Deckfarben und vor allem mit Gold angelegt worden. Für die Figuren sind ebenfalls erste Farbschichten in einer lavierenden Arbeitsweise aufgetragen worden. Nur summarisch angegeben ist die Faltenführung – dies das Ausarbeitungsstadium der letzten Miniatur (fol. 229; Abb. 2) –, während die Lichter auf den Stoffen durch den blanken Grund gebildet werden. Hell erscheinen die Gesichter mit ihren in den Umrissen immer gleichartig festgelegten Zügen.[48] Eine durchgehende Linie, von der inneren Silhouette des Halses aufsteigend, zieht sich über Wangen, Schläfen zum viel zu hoch angesetzten Ohr bis zur äußeren Wangenkontur und zum Hals hin. Mit feiner Feder und rötlich-brauner Tinte wurden anschließend die Kinnlinie und die relativ eng zusammenstehenden Gesichtspartien markiert. Für die Haare wurden nur skizzenhaft die ungefähren Angaben der späteren Frisur angedeutet. An Farben sind in dieser Miniatur Blau, Grün, ein Mennigrot sowie Gold und Silber angebracht worden. Ein zartes, lavierend aufgetragenes Ocker färbt innen den Mantel Mariens wie auch die Mitra und die kragenartige Umbordung der Kasel des Geistlichen[49] im unteren Medaillon auf der rechten Seite. Ob in dieser Miniatur ursprünglich nicht eine stärkere Vermischung der Farben geplant gewesen ist, bleibt ungewiss; jedenfalls wäre mit mindestens zwei zusätzlichen Deckfarbenschichten zu rechnen. Es fehlen nahezu alle Angaben für die Haartracht; in den Gesichtern bezeichnet lediglich ein zarter Tupf Rot die Münder, und die Gewänder sind ohne Binnenstruktur geblieben.

[44]Im Faksimile ist die Buchstabenkontur unter der Abschlusskontur des Bildrahmens gezeichnet. Die Kontur des Buchstabens entspricht obendrein mit ihrer unsicheren, breiten Feder den groben Umrissen im Bild, und zwar sowohl der Medaillons als auch des Rahmens, während die interne Zeichnung der Figuren einen versierteren und ruhigeren Eindruck macht.

[45]Da in allen Miniaturen die ersten Farbschichten ausgeführt wurden, war diese Erstkonzeption wohl auch für Keller nicht mehr zu sehen. Zum Arbeitsablauf s. Jonathan J. G. Alexander, *Medieval Illuminators and Their Methods of Work*, New Haven/London 1992, 45.

[46]Keller, *Mittelrheinische Buchmalereien* ... (s. Anm. 22), 128f.

[47]Baillet nimmt insgesamt 7 Hände an; dazu ders., *Les miniatures* ... (s. Anm. 9), 122ff.

[48]Dazu siehe auch Keller, *Mittelrheinische Buchmalereien* ... (s. Anm.22), 128; allerdings scheint nach dem heutigen Befund diese Markierung bereits nach dem ersten Farbauftrag zu erfolgen. Unter diesem wären selbstverständlich noch weitere Angaben zu finden, die aber nicht mehr durchscheinen.

[49]Dazu Joseph Braun S.J., *Die liturgische Gewandung im Occident und Orient*, Freiburg i.Br. 1907, 211.

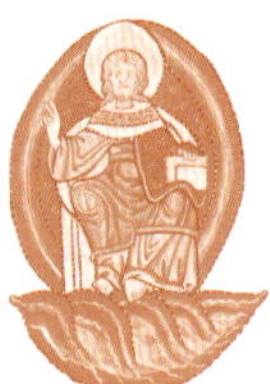

In ausgearbeiteten Miniaturen, wie beispielsweise in der Darstellung des Tages der großen Offenbarung (fol. 225; Abb. 3), lässt sich ein wesentlich komplizierterer Kolorierungsablauf erkennen. Über die lichten Farben, Ocker und helles Grün, wurde mit einem dunkleren Ton eine dichte Binnenstruktur aufgetragen. Dabei wurde sogar, besonders gut etwa am Knie des Menschensohns zu erkennen, mit einem komplexen Muster von dunklen und begleitenden hellen, weißen Höhungen gearbeitet. In dieser Darstellung sind die Gesichter mit einem Mennigrot eingefärbt und mit Weißhöhungen modelliert, während die Haare mit einem dunklen Braun ausgearbeitet sind. Im Vergleich zu dieser vollendeten Miniatur wird nun deutlich, dass im letzten Bild alle mit Weiß vermischten Farben fehlen, also etwa die im Tag der großen Offenbarung intensiv eingesetzten Violett- und Grüntöne. In einer der byzantisierenden Schraffurtechnik ähnlichen Weise wurde meist just über diese weißgrundigen Deckfarben die Gewandstruktur eingezeichnet. Weiße Muster, die von dunklen kürzeren Strichen begleitet sind, charakterisieren das Faltenornament etwa an der Beinpartie der Gotteskräfte (fol.161v; Abb. 4). Diesem noch vor der letzten Konturierung erfolgenden Arbeitsschritt wird in fast allen Bildern der Handschrift eine große Bedeutung zugemessen; die Binnenstruktur der Figuren wird überwiegend von seinen nahezu Flächen überspannenden Mustern geprägt. Fehlen diese Angaben – wie eben bei der letzten Illustration –, so wandelt sich das Erscheinungsbild einer Miniatur grundsätzlich. Die abschließende Ausarbeitung nun konzentriert sich nicht allein wie üblich auf die Nachkonturierung – eine Überarbeitung, die auch das letzte Bild erfahren hat –, sondern in manchen Darstellun gen wurden die Umrisse mit einer fein aufgetragenen, begleitenden Weißhöhung oder mit zarten weißen Tupfern noch zusätzlich betont, so beispielsweise im Eingangsblatt (Abb. 5).

Wenn auch der Arbeitsprozess heute nicht mehr bis in die letzten Feinheiten nachzuvollziehen ist[50], so lassen diese Beobachtungen doch erkennen, dass wir es mit einem komplexen und vor allem professionell zu steuernden Ablauf zu tun haben. Der uneinheitliche Eindruck, den die Bilder vermitteln, ist nicht auf wechselnde Malerhände zurückzuführen, sondern auf die unterschiedlichen Ausarbeitungsstadien. So können manchmal die Weißhöhungen fehlen, oder es kommt zu Schwankungen bei der Abschlusskonturierung. Wir können mit großer Wahrscheinlichkeit eine Hand annehmen, die für die Grundkonzeption aller Miniaturen zuständig gewesen ist, und zugleich die Mitwirkung weiterer, wechselnder Kräfte vermuten. Gleichwohl ist, wenn wir uns die Kompliziertheit des Verfahrens bewusst machen, der Gesamteindruck ein sehr harmonischer. Gerade damit gibt sich das Atelier als professionell zu erkennen. Vergleichbare Bemühungen, komplexe Arbeitsabläufe auf verschiedene Kräfte zu verteilen und dennoch durch eine übergreifende Planung und nachträgliche Supervision zu vereinheitlichen, sind bisher nur in Handschriften aus Großproduktionen beobachtet worden. Eine solche Unternehmung muss beispielsweise jener Werkstatt möglich gewesen sein, aus der die Wormser Bibel stammt.[51]

Professionalität verrät sich nun nicht allein durch die Herstellungsweise, sondern ebenso sehr durch die von den Malern eingebrachten Kenntnisse an Formen. Allein schon die sehr unter-

[50] Die Bilder des Originals bestätigen die verschiedenen Schritte, nicht aber deren Reihenfolge.
[51] Cohen-Mushlin, *The Making* ... (s. Anm. 43), 181ff.

schiedlichen Formate der Bilder zeigen eine Breite an Illustrationserfahrung, wie sie nur wenige der damals tätigen Werkstätten nachweisen konnten. Insbesondere in einer Zeit, die zu einer zunehmenden Normierung der Ausstattung tendierte[52], wären bei einer Prachthandschrift mit Deckfarben, Silber und Gold durchgehend ganzseitige Miniaturen zu erwarten, wie sie etwa in der Helmarshausener Buchmalerei üblich waren.[53] Diese vertraute und von der Planung her auch unkomplizierteste Lösung wurde jedoch im illuminierten »Scivias«-Kodex lediglich in sechs Beispielen gewählt.[54] Häufiger wurden ganzseitige, in mehrere Register geteilte Bilder verwendet[55], die einem für Prunkhandschriften seltenen Erzählprinzip folgen. Dieses findet sich viel eher in zeitgenössischen Federzeichnungshandschriften, etwa in Regensburg[56] oder auch im Schwäbischen[57], und vor allem kommt es bei narrativen Zyklen vor, bei Heiligenlegenden oder auch Kommentaren. Ebenso ungewöhnlich ist die spaltenbreite, über die ganze Seite sich hinziehende Bildanordnung.[58] Die häufige Teilung in zwei Register oder auch die Kombination mit einer Initiale[59] ist wiederum aus Bibelhandschriften mit vergleichbaren einkolumnigen, ganzseitigen Miniaturen bekannt.[60]

Erstaunlich sind jedoch nicht so sehr diese immer noch konventionellen Layoutkonzepte, sondern die Vielfalt der angebotenen Lösungen. Einander gegenüberliegende Bilder auf einer Doppelseite scheinen geradezu mit dem Konzeptionswechsel zu spielen.[61] Neben Bildern, welche sich dem Schriftspiegel anpassen, sind Miniaturseiten gestaltet worden, in denen die Darstellungen in die Blattränder hineinragen[62] oder sogar im unteren Teil der rechten Kolumne in die linke hi-

---

[52] Alexander, *Medieval Illuminators* ... (s. Anm. 45), 97.

[53] Dazu Ekkehard Krüger, *Die Schreib- und Malwerkstatt der Abtei Helmarshausen bis in die Zeit Heinrichs des Löwen*, Diss. phil., Marburg, Darmstadt/Marburg 1972.

[54] Fol. 14, 38, 47, 66, 192 – hier als Querformat –, 225.

[55] Fol. 22, hier gar die Kombination einer durchgehenden Spalte in der linken Kolumne und fünf Register in der rechten Spalte; fol. 25 drei Register, die beiden oberen zweispaltig; fol. 51 vierspaltig in zwei Registern; fol. 214v zwei Register; das obere zweispaltig, das untere über beide Spalten greifend.

[56] Dazu etwa München, BSB.: Clm 14159; Abb. s. Ausstellungskatalog *Regensburger Buchmalerei*, München 1987, Nr. 38

[57] Stuttgart,WLB: cod. hist. 2° 415; dazu s. Sigrid von Borries-Schulten, *Die romanischen Handschriften der Württembergischen Landesbibliothek Stuttgart. Teil 1, Provenienz Zwiefalten* (Katalog der illuminierten Handschriften der Württembergischen Landesbibliothek Stuttgart, 2), Stuttgart 1987, Kat. Nr. 64.

[58] Fol. 2, 4, 60, 86v, 116, 123, 145v, 203v, 225v.

[59] Fol. 86v, 116, 123, 203v, 225v.

[60] Vgl. Admonter Riesenbibel, Wien, ÖNB.: Cod. sn. 2701, fol. 68v/69; Abb. s. Walter Cahn, *Die Bibel in der Romanik*, München 1982, Abb. 120f.

[61] Fol. 24v, 25: Das einspaltige, kleine Bild steht neben dem dreiregistrigen ganzseitigen; fol. 115v, 116: Dem einspaltigen Bild, das im unteren Drittel von der rechten Kolumne übergreifend zum zweispaltigen wird, steht das einspaltige zweiregistrige gegenüber; fol. 122v, 123: Das einspaltige Bild, das die untere Hälfte der rechten Spalte einnimmt, wird durch das einspaltige, über die ganze Seite sich erstreckende in der linken Kolumne beantwortet; fol. 138v, 139: Das linke Bild greift am unteren Rand des Schriftspiegels über beide Spalten, wogegen das rechte Bild die nämliche Stelle am oberen Rand ein nimmt; fol. 145v, 146: Dem linken ganzseitigen Bild in der rechten Kolumne antwortet auf der rechten Seite ein Querformat, das beide Spalten am oberen Rand des Schriftspiegels einnimmt.

[62] Vor allem die Querformate, die über beide Kolumnen greifen, ragen in die Blattränder hinein, z. B. fol. 139, 146. Ganz ungewöhnlich ist fol. 153, eine eigentlich einspaltige Darstellung unter dem Schriftblock, wofür beide Spalten im unteren Teil freigelassen wurden; das Bild greift über den Rahmen und über das Interkolumnium in die linke Spalte hinein.

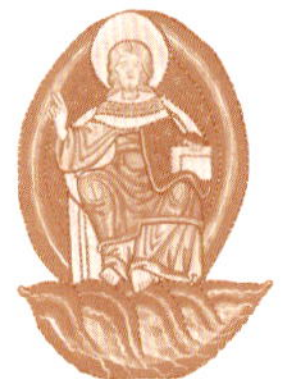

neingreifen.[63] Eine entsprechende Gegenläufigkeit in der Erzählstruktur lassen insbesondere jene Beispiele erkennen, in denen auf einer Doppelseite die Miniaturen zusammen zu sehen sind. Suzuki hat hierbei zu Recht beobachtet, dass die gewählten Formate inhaltlichen Anliegen entsprechen.[64] Zunächst allerdings ist der Eindruck vorherrschend, mit diesen so unterschiedlichen Bildformaten sei eine gattungsübergreifende Ausstattung angestrebt worden. Es geht hier um die Verschmelzung von Mustern, die aus der Bibelillustration, aus narrativen Heiligenzyklen und liturgischen Büchern bekannt waren, aber auch aus Kommentaren, also aus exegetischen Werken. Schon mit der Wahl des Formats scheint ja ein enzyklopädischer Anspruch angemeldet zu werden, der dann auch durch die Bilder selbst seine Bestätigung findet.

Zur kunsthistorischen Einordnung

Obwohl wahrscheinlich mehrere Kräfte an der Ausstattung beteiligt waren und, wie wir schon anhand der Bildformate gesehen haben, eine Vielzahl von Kenntnissen vorausgesetzt werden können, ist die Formensprache sowohl der Miniaturen als auch der Initialen relativ einheitlich. Diesem Stil wollen wir uns nun zuwenden, um wenigstens von kunsthistorischer Seite zu versuchen, die Entstehungsumstände der Handschrift etwas genauer zu umreißen und zugleich auch einen Eindruck davon zu bekommen, welche Anregungen den Malern von ihrer Herkunft her überhaupt zur Verfügung gestanden haben können.

Bereits Hiltgart Keller hat darauf hingewiesen, dass der Stil der Illustrationen wie auch der Initialen enge Beziehungen zu mittelrheinischen und kölnischen Handschriften aufweist.[65] Einer der wichtigsten Verweise ist in dem wahrscheinlich um 1160 entstandenen, einst in Wiesbaden verwahrten Visionswerk der Elisabeth von Schönau zu sehen.[66] Die Nähe wird nachvollziehbar, wenn wir die hl. Ursula und eine ihrer Gefährtinnen, welche im Binnenfeld der Initiale »U« (fol. 117; Abb. 8) dieser Handschrift stehen, mit den Gotteskräften in der Vision III, 3 (Abb. 6) vergleichen. Am nächsten verwandt scheint das Formelrepertoire, mit dem die Gewänder strukturiert sind. Gemeinsam sind die weichen Hakenfalten, mit denen etwa die Oberschenkel umschrieben werden, die allerdings in der Rupertsberger Handschrift mit einem kräftigen kurzen Begleitstrich vertieft werden. Ähnlich fallen auch die weichen Stoffe über die schlanken Beine zu Boden und schwingen in einer leicht um die Füße der Gestalten mäandernden Faltenwelle aus. Vergleichbar sind auch die Frauentypen, deren Unterkörper zwar im Rupertsberger Kodex gelängter ist, wäh-

[63] Dabei wird sogar die Leserichtung missachtet; dazu fol. 178 und 229. Stark wechselnde Formate kennen wiederum insbesondere die Riesenbibeln, so etwa die Bibel von Michaelbeuern; Abb. s. Cahn, *Die Bibel* … (s. Anm. 60), Abb. 114ff.

[64] Suzuki, *Zum Strukturproblem* … (s. Anm. 4), 284ff.

[65] Zu den Initialen s. Keller, *Mittelrheinische Buchmalereien* … (s. Anm. 22), 131-136 und 136–144 zu den allgemeinen Vergleichen.

[66] Wiesbaden, HLB.: Cod. 3 (verschollen); dazu s. Joachim M. Plotzek, *Zur rheinischen Buchmalerei im 12. Jahrhundert*, in Ausstellungskatalog *Rhein und Maas. Kunst und Kultur 800–1400*, II, Köln 1973, 305–332, bes. 330. Plotzek vermutet in dieser Handschrift den Ausgangspunkt für den Rupertsberger Kodex; dagegen sieht Keller, *Mittelrheinische Buchmalereien* … (s. Anm. 22), 143, nur eine allgemeine Vergleichbarkeit.

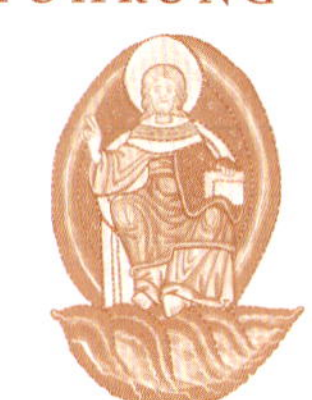

rend der Oberkörper eher kürzer erscheint. Dennoch wirken sie massiv, nicht zuletzt wegen ihren rundlichen Schultern und dem über Kopf, Hals bis zu den Ellbogen und schließlich sogar bis zum Boden führenden, geschlossenen Umriss. Die rundlichen Gesichter mit den eng am Kopf und den Schultern anliegenden Haaren, der breiten, etwas massigen Kinn- und Wangenpartie sowie die unter kurzen Brauen weitgeöffneten Augen stimmen ebenso überein.

Nehmen wir aber als zweites Vergleichsstück noch die Vision der Elisabeth von Schönau (fol. 83v; Abb. 9) hinzu, so wird auch der Unterschied deutlich. Wurde bei den beiden Märtyrerinnen der Gewandaufbau durch die ornamentalisierende Musterung vereinheitlicht, so lässt die Darstellung der Visionärin in der Schönauer Handschrift eine parzellierende Arbeitsweise erkennen. Im Rupertsberger »Scivias« erscheinen die Gestalten der Gotteskräfte hochgewachsener, und ihre Gewänder wirken im Verhältnis zu den darunter liegenden Körpern mit diesen zugleich enger verbunden, wie aber etwa an den Saumpartien auch stärker gelöst. Diese Elemente allerdings sind Anzeichen für eine jüngere Stilstufe, die aber in ihrer Haltung den noch grundsätzlich verwandt bleibt.

Nicht nur die figürliche Gestaltung im Schönauer Kodex, sondern auch die Initialen weisen Übereinstimmungen mit dem Rupertsberger Band auf. In der Initiale »F« (fol. 84) der ersten Handschrift (Abb. 10) findet sich eine zwar kompliziertere, aber zugleich altertümlichere Verwandte der Initiale »P« (fol. 139) der zweiten (Abb. 6). Aus dem Buchstabenstamm löst sich in beiden Varianten die Ranke, die relativ stämmig gestaltet ist. Während in der Schönauer Handschrift nur am unteren Ende ein Blatt den Übergang zum gespaltenen Buchstabenschaft überdeckt, umfängt im Rupertsberger »P« dieselbe Form auch den oberen Abschluss. Eigentümlich lebendige Ranken winden sich um den Schaft und füllen das Polster; die dreiblättrigen Enden scheinen wie mit kleinen abgespreizten Zehen am Buch staben zu kleben, sich um ihn zu schlingen und zugleich die jeweils vorderste Zehe entdeckungsfreudig in die Luft zu recken. Diese deutlich räumlichere Auffassung des Blattwerks im Rupertsberger Kodex zeugt wie die genannten veränderten Proportionen der Figuren, ihre kompaktere Körperlichkeit und freiere Gewandentwicklung, von einem weiteren Einfluss und dient gleichzeitig als Anhaltspunkt für eine jüngere Datierung.

Mit der Schönauer Handschrift hängt nämlich eine Reihe von weiteren Objekten zusammen, die auf ähnliche Weise auch mit dem Rupertsberger Kodex verwandt sind. Diese Gruppe von Vergleichsstücken steht offenbar in Verbindung mit Andernach, wie etwa das in Darmstadt aufbewahrte Sakramentar, das für Maria Laach hergestellt worden war.[67] In seiner Ausstattung sind drei recht unterschiedliche Stile zum Tragen gekommen[68], von denen der eher maasländisch aus-

[67] Darmstadt, HLB.: Hs 891; dazu Kroos: Kat. Nr. 749, in: *Die Zeit der Staufer* (s. Anm. 7), I, 577f; – s. auch Leo Eizenhöfer/Hermann Knaus, *Die liturgischen Handschriften der Hessischen Landes- und Hochschulbibliothek Darmstadt* (Die Handschriften der Hessischen Landes- und Hochschulbibliothek Darmstadt, 2), Wiesbaden 1968, Nr. 2, 38–43. – Die Handschrift war für Maria Laach bestimmt, ihre Beziehungen zu dem in Andernach hergestellten »Speculum virginum« (Köln, HAStK.: W 276a; dazu weiter unten) lassen eher ein dortiges Skriptorium vermuten; Kroos, ebd., 578, weist darauf hin, dass vorläufig der Entstehungsort ungewiss bleibe.

[68] Albert Boeckler, *Beiträge zur romanischen Kölner Buchmalerei*, in: Mittelalterliche Handschriften. Paläographische, kunsthistorische, literarische und bibliotheksgeschichtliche Untersuchungen. Festgabe zum 60. Geburtstag von Hermann Degering, Leipzig 1926, 15–28, bes. 20; s. auch Plotzek, *Zur rheinischen Buchmalerei* ... (s. Anm. 66), 329.

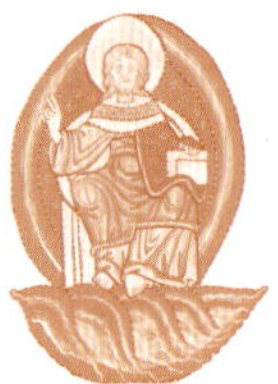

gerichtete, der sich gegen 1190 im sogenannten Gebetbuch der Hildegard von Bingen[69] fortsetzt, in unserem Kontext von geringer Bedeutung ist. Die anderen beiden Stilidiome sind hingegen für unsere Untersuchung durchaus relevant. Die Variante dieses mittelrheinischen Lokalstils in der Verkündigung und Geburt (fol. 7v; Abb. 11) kann die Verwandtschaft mit der Sprache der Rupertsberger Miniaturen bestätigen. So sind in der Vision I, 4 (fol. 22; Abb. 7) nicht nur die massiven Figuren vergleichbar sowie die uns schon vom Kodex der Elisabeth von Schönau vertrauten Gesichter mit ihren massigen Kinn- und Wangenpartien, sondern auch die Zeichnung der Falten mit den doppelten, spitzwinkligen Linien am Bettuch und dem verkürzten Wirbel des Schultergelenks sind hier wie dort ähnlich. Vergleichbar sind wiederum die etwas stämmigen Proportionen der Gestalten und ihr wuchtiges Stehen.

Eine auffällige Eigenart der Rupertsberger Miniaturen, nämlich die breit ausladenden Sockelpartien bei sitzenden Gestalten, findet im Darmstädter Sakramentar ebenfalls eine analoge Formulierung. Im Blatt der Maiestas und der Geißelung (Abb. 12) ragen die Oberkörper der beiden sitzenden Figuren über einem breiten, überdimensionierten Unterkörper auf. Am auffälligsten ist diese Proportionsverschiebung im Eingangsbild der Rupertsberger Handschrift (Abb. 5). Sowohl Volmar als auch Hildegard scheinen mit zarten, etwas zurückversetzten Oberkörpern gleichsam über einem mächtigen Sockel zu agieren, der durch ihre in weit ausschwingende Gewänder gehüllten Beine gebildet wird. In keinem Beispiel wird zugleich die wesentlich jüngere Entstehungszeit der Rupertsberger Handschrift deutlicher als in diesen Sitzfiguren: Als seien sie Vorboten des Muldenfaltenstils der Jahrhundertwende, sind bei den Rupertsberger Figuren die schwer wirkenden Falten in den Stoffen schon ein wenig um die darunter liegenden Körper in Schwingung geraten.

Auch die Art der Faltengestaltung ist in den Miniaturen des Sakramentars und denen des Rupertsberger »Scivias« unterschiedlich, sind doch bei letzterem die byzantinisierenden, mit Weißhöhungen eingezeichneten Faltenmuster reicher und ornamentaler aufgefasst. In dieser Hinsicht scheinen sich die Rupertsberger Bilder weiter von dem lokalen Idiom zu entfernen und stärker jenem Kölner Einfluss zu folgen, den Plotzek auch für die bisher genannten mittelrheinischen Handschriften geltend gemacht hat. Eine mehr zeichnerische Variante dieses Andernacher Stils kennt das mit einiger Sicherheit aus dem dortigen Augustinerinnenkloster stammende »Speculum virginum« in Köln.[70] In der Darstellung der Tugendleiter (Abb. 13) finden wir nicht nur die uns schon bekannten Proportionen der Figuren und Gesichter des ähnlichen Typs, sondern auch das Faltenrepertoire mit den doppelt geführten Hakenfalten an den Oberschenkeln. Vergleichen wir hierzu die Gotteskräfte, vor allem den Frieden – »mit dem Gesicht eines Engels«[71] – in Visio

[69] München, BSB.: Clm 935; dazu Elisabeth Klemm, *Das sogenannte Gebetbuch der Hildegard von Bingen*, in: Jahrbuch der kunsthistorischen Sammlungen in Wien 74 (1978), 29–78.

[70] Köln, HAStK.: W 276a; dazu Jutta Seyfarth, *Speculum virginum*, CC CM, 5, 60*–63*; s. auch Joachim Vennebusch: Die theologischen Handschriften des Stadtarchivs Köln, Teil 4, Köln/Wien 1986, 157f. Die Handschrift stammt wohl aus dem Augustinerinnenkloster St. Maria in Andernach; Seyfarth, ebd., 62*, betont die von Boeckler, *Beiträge* ... (s. Anm. 68), 20 festgestellte Händeidentität des Illustrators dieser Handschrift mit der ersten Hand des Darmstädter Sakramentars.

[71] Sc, CC, 436, Z. 178.

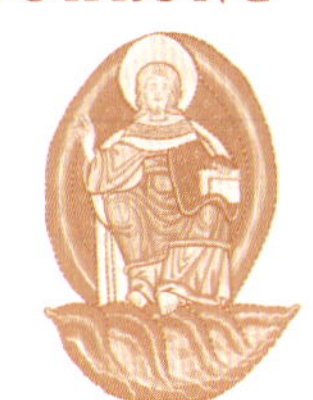

III, 6 (Abb. 4) mit den Jungfrauen des »Speculum virginum«, so lässt sich dasselbe Repertoire der doppelt geführten Haarnadelfalten am Oberschenkel erkennen, die sich aus einem einzelnen Strang entwickeln, wie sie in flüchtigerer Form auch die Beinpartie in der Federzeichnung charakterisieren.

Im Zeichenstil entspricht das »Speculum virginum« wie auch das Darmstädter Sakramentar dem Kölner Evangelistar aus St. Aposteln.[72] Die Gewänder der beiden Apostel Petrus und Johannes (Abb. 15) sind durch ein parzellierendes Muster von Falten strukturiert, wie wir sie auch noch im Rupertsberger Kodex finden. In manchen Bildern wird dieses System, so etwa in Visio II, 2 (Abb. 16), so scharf herausgearbeitet, dass die Gewänder in einzelne Parzellen unterteilt scheinen.

Paradebeispiel für diese streng artikulierte Variante des byzantinisierenden Faltenstils ist in Köln das Evangeliar von St. Pantaleon, eine Handschrift aus der Zeit um 1140.[73] Am hl. Pantaleon (Abb. 17) ist das bestimmende Stilelement am Muster der Binnenstruktur abzulesen, die von doppelten Haarnadelfalten, deren Enden gar noch durch einen kurzen Querstrich vertieft sind, von Querstegen und von eiförmigen Wirbeln an den Gelenkstellen bis hin zu spitzwinkligen Parzellen geprägt ist. Zwar ist keineswegs jede der Rupertsberger Miniaturen einheitlich von diesen Motiven bestimmt, gehören sie doch zu jener Arbeitsstufe, die nicht überall gleichartig durchgeführt wurde. Für unseren Interpretationsansatz bedeutsam ist jedoch, dass diese Formeln in einigen Beispielen, etwa in den Darstellungen der Synagoge und vor allem der trinitarischen Lichtgestalt (Abb. 16), sehr prominent eingesetzt worden sind, wodurch der Eindruck entsteht, sie hätten hier nicht nur gestalterische Aufgaben.

Über den Vergleich mit dem Evangeliar aus St. Pantaleon mag deutlich geworden sein, dass in den Rupertsberger Miniaturen die ganz ähnlichen Formeln eine andere Wertigkeit erhalten. So erfahren wir Gestalten wie die Gotteskräfte (Abb. 4) als mächtige Volumina, obwohl die Oberfläche ihrer Gewänder mit denselben For meln überzogen ist wie das Gewand des hl. Pantaleon (Abb. 17). Dienen diese Motive in der Kölner Handschrift dazu, den Körper der Gestalt aufzulösen, so scheinen sie in der Rupertsberger Miniatur zum Muster geworden zu sein, ohne dass dadurch die Geschlossenheit der Körper gestört würde. Alle Gewänder haben, wie wir dies schon an den Sitzfiguren beobachten konnten, an Monumentalität gewonnen, sind gleichsam von innen heraus mit Bewegung erfüllt und haben gemeinsam mit dem Körper ein greifbares Volumen erhalten. Damit verraten sie wiederum ihr jüngeres Stilverständnis als die bisherigen Vergleichsstücke.

[72] Köln, HAStK.: W 244; Günter Gattermann (Hrsg.), *Handschriftencensus Rheinland*, II (Schriften der Universitäts- und Landesbibliothek Düsseldorf, 18), Wiesbaden 1993, 1220; s. auch Plotzek, *Zur rheinischen Buchmalerei* ... (s. Anm. 66), 328.

[73] Köln, HAStK.: W 312a; s. Ausstellungskatalog *Ornamenta Ecclesiae*, II, Köln 1985, E 76, 291.

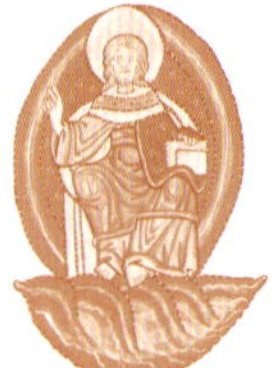

AUSBLICK: VARIANTEN DES STILS UND IHRE BEDEUTUNG

Anhand der bisherigen Vergleiche haben wir immerhin erfahren, dass die Rupertsberger Miniaturen in einem autochthonen, mittelrheinischen Stil, der wohl den Werken aus Andernach ebenfalls eigen ist, verwurzelt sein müssen und zugleich aber über diese hinausgehende kölnische Einflüsse verarbeitet haben. Kölnisches scheint eine Art Referenzstil zu bilden, werden doch so altertümliche Formen wie diejenigen des Evangeliars von St. Pantaleon geradezu auffällig zitiert. Der Verdacht, die Altertümlichkeit dieser Handschrift sei ihr bewusst als Zitat beigefügt, bestätigt sich auch an den Initialen. Auf der Eingangsseite wird für den Buchstaben »E« ein Typ von Spaltleisteninitiale gewählt, der in der übrigen Handschrift nicht wieder vorkommt. Vom Querbalken geht aus einer knorpligen Verdickung auf beide Seiten je eine einfache Ranke ab, deren Enden sich als zusammengerollte Blättchen um den Buchstabenkörper winden, und um die Gelenkstelle ist eine wulstige Schnalle in der Art der Ranken geschlungen. Diese Zierelemente sind zwar dreidimensional erfahrbar, nehmen aber keinerlei räumliche Bewegung wahr, sondern dehnen sich als symmetrische Ranken im Hohlraum des jeweiligen Buchstabens aus. Damit wird jener Initialtypus aufgegriffen, der insbesondere für die süddeutsche Buchmalerei des ersten Jahrhundertviertels, vor allem in den Zwiefaltener Handschriften, so prägend war. Eine von der Ranke her sogar kompliziertere Version kennt beispielsweise die Zwiefaltener Handschrift mit dem Apokalypse kommentar des Haimo von Auxerre (Abb. 18).[74]

Dass aber auch wesentlich jüngere Initialtypen vertraut sind, hat die Vergleichbarkeit der Initiale »P« (fol. 139; Abb. 6) mit dem Wiesbadener Kodex der Elisabeth von Schönau (Abb. 10) gezeigt. Stilistisch ist nun allerdings die Rupertsberger Initiale einiges jünger als die Schönauer. Nur ihre Grundzüge teilt sie mit dem mittelrheinischen Kodex, die Art der Rankenführung jedoch lässt einen weiteren Einfluss erkennen. Während in der Schönauer Handschrift die Ranke weitgehend flächig bleibt, wölben sich die Blätter des Rupertsberger Buchstabens im Raum und haben ein reges Eigenleben gewonnen. Licht und Schatten modellieren Blätter und Blütenkelch, um den sich die gefiederten, an ihren Spitzen wiederum nach außen sich reckenden Blätter zu schmiegen scheinen. Vergleichbar räumliche und fleischige Ranken kennt wiederum die Kölner Buchmalerei, so etwa die Flavius Josephus-Handschrift aus dem letzten Viertel des 12. Jahrhunderts (Abb. 19).[75]

---

[74] Stuttgart, WLB.: Cod. theol. et phil. 2° 217; dazu siehe v. Borries-Schulten, *Die romanischen Handschriften* ... (s. Anm. 57), Nr. 30, 54f. – Ebenfalls altertümlich ist die Initiale »P«, fol. 225v, deren flache Ranke mit den leicht gefiederten Blättern an Initialen aus der ersten Jahr hunderthälfte gemahnt, besonders aus Kölner oder Lütticher Arbeiten, so etwa Darmstadt, HLB.: Hs 330, fol. 105v; dazu *Bibelhandschriften, beschr. v. Kurt H. Staub; Ältere theologische Texte, beschr. v. Hermann Knaus* (Die Handschriften der Hessischen Landes- und Hochschulbibliothek Darmstadt, 4), Wiesbaden 1979, Nr. 7, 30f, beschr. v. Kurt H. Staub.

[75] Köln, HAStK.: W 276; s. dazu Vennebusch, *Die theologischen Handschriften* ... (s. Anm. 70), 155f; zum Initialstil siehe Ausstellungskatalog *Ornamenta Ecclesiae*, II, Köln 1985, 312.

Während wir für den Lokalstil eine Bindung an mittelrheinische Handschriften rekonstruieren können, ergibt sich aus diesen Beispielen keine Herleitung des Zeitstils. Es sind zudem nur wenige mittelrheinische Arbeiten des letzten Viertels des 12. Jahrhunderts überliefert.[76] An der unvollendeten Darstellung der letzten Miniatur (Abb. 2) war deutlich geworden, wie in den anderen Bildern die merkwürdige Diskrepanz zwischen dem byzantinisierenden Muster der Faltenbildung und der Auffassung von Körper und Gewand damit zusammenhängen muss, dass diese Faltenformeln gleichsam als Muster auf die Gewänder aufgesetzt wurden. Einen ähnlich musterhaften Gebrauch solcher Byzantinismen kennt beispielsweise auch die Buchmalerei aus dem Skriptorium von Helmarshausen in den 80er Jahren.[77] Viele Elemente, wie beispielsweise die um die Füße der Gotteskräfte mäandernden Gewänder (Abb. 6), die geschlossene Körper-Gewand-Bildung vor allem von Sitzfiguren, aber auch die räumliche Gestaltung der Rankeninitialen sprechen dafür, dass wir hier jenen Stil vor uns haben, der kurz vor der Umbruchzeit um 1190 anzusetzen ist.[78]

Vom Stilistischen her müssen wir infolgedessen eine Entstehungszeit dieser Handschrift bald nach dem Tode Hildegards im Jahre 1179 in Erwägung ziehen. Ergänzende Hinweise liefern uns einige kulturgeschichtliche Details. So könnten auf die vorgeschlagene Datierung auch die Rüstungen hindeuten, wenngleich sie – genau wie andere Motive in den Bildern – nur vage Anhaltspunkte liefern. Das lange Panzerhemd etwa der Victoria (Abb. 6) ist zwar, insbesondere mit einem darunter hervorlugenden Hemd (Abb. 14), eine Rüstung, die in der gesamten zweiten Hälfte des 12. Jahrhunderts getragen wurde. In die Zeit um 1170–1200 weisen dagegen die spitzen Helmformen.[79] Das jüngste Element allerdings scheint der Schild zu sein, der nicht mehr dem mandelförmigen normannischen Typus entspricht. Am nächsten verwandt scheinen Schildformen, die in einer Reihe von Kölner Siegeln vor kommen, so etwa im Siegel des Kanonikerstiftes St. Gereon (Abb. 20).[80]

Geschaffen wurden die Miniaturen somit zweifellos von einem Atelier, das von der mittelrheinischen, vielleicht Andernacher Tradition geprägt ist. Vom Zeitstil her übernimmt es jedoch Anregungen der kölnischen Buchmalerei. Soweit die Arbeitsabläufe heute noch zu rekonstruieren sind, muss es sich um Kräfte handeln, die zweifellos nicht nur diese Handschrift allein hergestellt haben, denn sie verfügen über ein ausgefeiltes Organisationssystem und eine breite Kennerschaft. Mit ihren Ausstattungskonzepten nehmen sie Bezug auf verschiedene andere Gattungen, wodurch sie zu neuen Bildkonzepten gelangen. Ob die Betonung des Traditionellen damit zusammenhängt, dass hier ältere Künstler tätig waren – dafür sprechen so altertümliche Zitate

---

[76] Das Trierer »Speculum virginum« setzt eher die kölnisch-maasländische Variante des Maria Laacher Sakramentars fort; dazu Trier, Bistumsarchiv: Ms. 132; Bonn, RhLM.: Inv. Nr. 15326–28 und Hannover, Kestnermuseum: Inv. Nr. 3984; s. dazu Seyfarth, *Speculum virginum* ... (s. Anm. 70), 71*-75*; Abb. in: *Die Zeit der Staufer* (s. Anm. 7), II, Abb. 187–189.

[77] Dazu etwa Ausstellungskatalog *Heinrich der Löwe und seine Zeit*, I, München 1995, G 79, 580.

[78] Eine der frühesten Veränderungen zeigt sich in einem Evangeliar aus dem Trierer Domschatz: Hs.142; dazu ebd., I, G 78, 577f.

[79] Ortwin Gamber, *Die Bewaffnung der Stauferzeit*, in: Die Zeit der Staufer (s. Anm. 7), III, 113–118, bes. 115.

[80] Köln, HAStK: St. Gereon U3/107; s. Ausstellungskatalog *Ornamenta Ecclesiae*, II, D 46 um 1180 (vor 1220), 49.

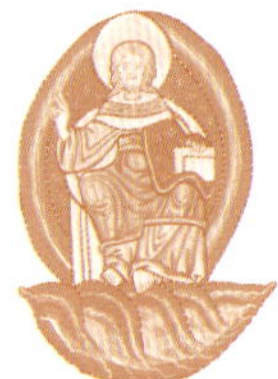

wie die Zwiefaltener Initialen – oder dass dem Werk noch eine besondere Altehrwürdigkeit verliehen werden sollte, lässt sich anhand einer rein formalen Untersuchung nur vermuten. Immerhin würde ja für eine Entstehung der Handschrift kurz nach dem Tode Hildegards auch die Annahme sprechen, dass gerade zu diesem Zeitpunkt Interesse bestanden haben könnte, eine Bilderhandschrift als Äquivalent des Textes zu gestalten und dabei die Bilder als die noch von Hildegard bestätigte Veranschaulichung ihrer Visionen erscheinen zu lassen.

Originalveröffentlichung in: Hildegard von Bingen. Prophetin durch die Zeiten. Zum 900. Geburtstag, hrsg. von Äbtissin Edeltraud Forster und dem Konvent der Benediktinerinnenabtei Sankt Hildegard Eibingen. Basel/Freiburg im Breisgau/Wien 1997, S. 340–358.

Teil I des Liber SCIVIAS Miniaturen 1–9

Erklärt und gedeutet von Sr. Maura Zátonyi OSB

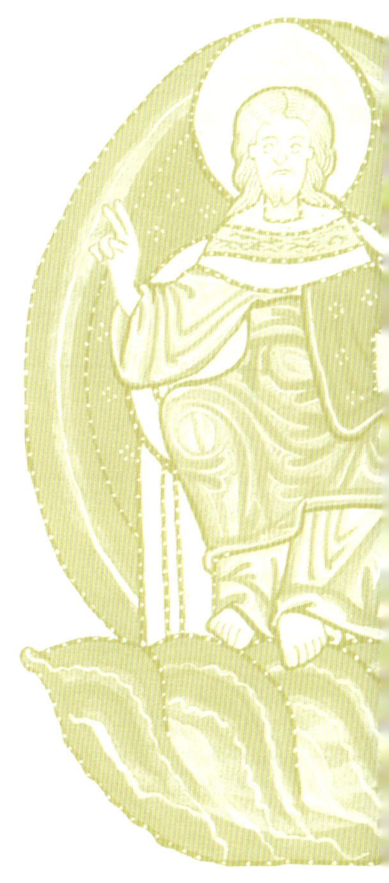

Die Miniaturen des ersten Teils des *Liber Scivias* laden zur Annahme der Botschaft Gottes ein:

»Daher soll jeder, der Erkenntnis im Heiligen Geist und Flügel im Glauben hat, diese meine Mahnungen nicht übergehen, sondern soll sie annehmen, indem er sie im Verkosten seiner Seele umfasst.«[1]

[1] Hildegard von Bingen: Wisse die Wege. Liber Scivias. Eine Schau von Gott und Mensch in Schöpfung und Zeit, Neuübersetzung von Mechthild Heieck, mit einer Einführung von Sr. Maura Zátonyi OSB, hrsg. von der Abtei St. Hildegard, Rüdesheim/Eibingen, Beuroner Kunstverlag 2010, S. 21.

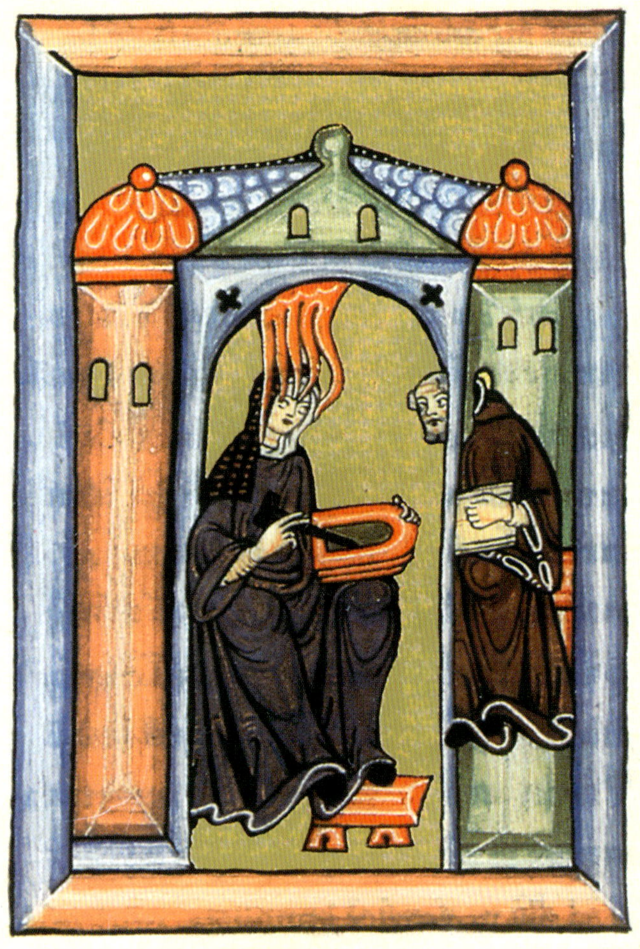

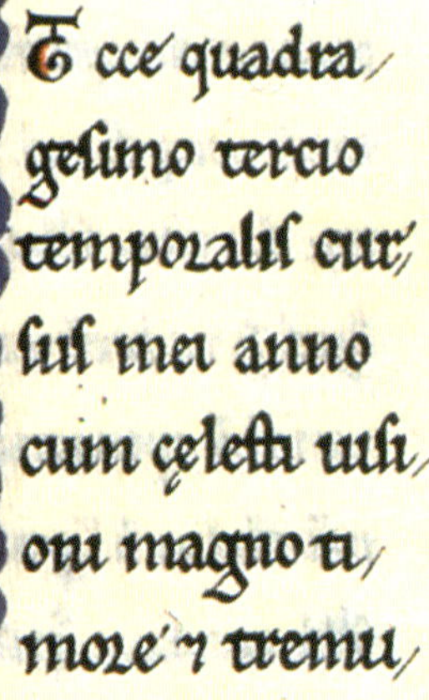

Ecce quadragesimo tercio temporalis cursus mei anno cum celesti uisioni magno timore et tremula intentione inhererem uidi maximum splendorem in quo facta est uox de celo ad me dicens. O homo fragilis et cinis cineris et putredo putredinis dic et scribe que uides et audis. Sed quia timida es ad loquendum et simplex ad exponendum et indocta ad scribendum ea dic et scribe illa non secundum os hominis nec secundum intellectum humane adinuentionis nec secundum uoluntatem humane compositionis sed secundum id quod ea in celestibus desuper in mirabilibus dei uides et audis ea sic edisserendo proferens quemadmodum et auditor uerba preceptoris sui percipiens ea secundum tenorem locutionis illius ipso uolente ostendente et precipiente propalat. Sic ergo et tu o homo dic ea que uides et audis et scribe ea non secundum te nec secundum alium hominem sed secundum uoluntatem scientis uidentis et disponentis omnia in secretis misteriorum suorum. Et iterum audiui uocem de celo michi dicentem. Dic ergo mirabilia hec et scribe ea hoc modo edocta et dic.

Factum est in millesimo centesimo quadragesimo primo filii dei Ihesu Christi incarnationis anno cum quadraginta duorum annorum septemque mensium essem maxime coruscationis igneum lumen aperto celo ueniens totum cerebrum meum transfudit et totum cor totumque pectus meum uelut flamma non tamen ardens sed calens ita inflammauit ut sol rem aliquam calefacit super quam radios suos ponit. Et repente intellectum expositionis librorum uidelicet psalterii euangelii et aliorum catholicorum tam ueteris quam noui testamenti uoluminum sapiebam non autem interpretationem uerborum textus eorum nec diuisionem

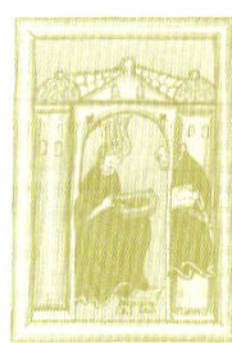

DIE SEHERIN

DIE ERSTE MINIATUR DES RUPERTSBERGER »SCIVIAS«-KODEXES stellt Hildegard dar, während sie mit feurigen Flammen überströmt in ihrer Schreibstube arbeitet und der vertraute Mönch und jahrzehntelang treue Helfer, Volmar, ihr beisteht. Dieses sogenannte Autorenbild erfüllt verschiedene Funktionen.

Der illuminierte *Scivias*-Kodex beginnt mit diesem Bild. Es ist also das Eingangstor zum ganzen Werk.

Diese Miniatur dient außerdem als Kommunikationsinstrument zwischen dem Text und dem Leser und schafft damit einen ersten Zugang zum Haupttext des *Scivias*.

Weil die Person Hildegards selbst dem Betrachter direkt vor Augen geführt wird, verbindet das Bild die Verfasserin mit dem Empfänger des Buches.

Das Gebäude und die Gegenstände, wie Griffel, Wachstäfelchen, sowie der goldfarbige Hintergrund bilden den Rahmen, in dem das Werk entstanden ist. In dieser Funktion vermittelt das Bild zwischen Leben und Werk Hildegards.

Die Miniatur illustriert die Vorrede des *Scivias*. Diese enthält eine großartige Vision, in der Gott Hildegard als seine Prophetin beruft. Die *Protestificatio*, d. h. »öffentliche Bezeugung«, wie die Vorrede auf Latein heißt, ist durchdrungen von der Atmosphäre der alttestamentlichen Prophetenberufungen des Ezechiel, Daniel und Jesaja. Hildegard übertrifft aber sogar diese alttestamentlichen Gestalten, die einst viele Geheimnisse Gottes erschauten. Sie empfängt nämlich die Gabe des kirchlichen Prophetentums zur geistlichen Auslegung des Wortes Gottes und rückt damit ganz in die Nähe der Größe des Johannes, der als Lieblingsjünger Jesu und Verfasser des vierten Evangeliums sowie der Apokalypse gilt.

Das Ereignis im Jahre 1141, das Hildegard in ihrem 43. Lebensjahr trifft und das sie in dieser Vorrede wiedergibt, hat einen ausdrücklich pfingstlichen Charakter. Die Feuerflammen auf dem Bild drücken aus, was Hildegard beschreibt: »*Ein feuriges Licht mit stärkstem Leuchten, das aus dem offenen Himmel kam, durchströmte mein ganzes Gehirn und meine Brust und entflammte sie.*«[2] Das lebendige Licht erleuchtet den gebrechlichen und zugleich auserwählten Menschen Hildegard. Eine Stimme aus dem Himmel gibt ihr den Auftrag, dem Volk die Wege Gottes zu zeigen, die sowohl die Wege Gottes zu den Menschen, als auch die Wege der Menschen zu Gott sind. »*Und ich habe diese Dinge nicht nach der Erfindung meines Herzens oder irgendeines Menschen geschrieben, sondern wie ich sie im himmlischen Bereich gesehen, gehört und durch die verborgenen Geheimnisse Gottes empfangen habe.*«[3]

[2] Wisse die Wege, S. 15.
[3] Wisse die Wege, S. 17.

altam profunditatem expositionis librorum
ut predixi sentiens. uiribusque receptis. de
egritudine me erigens uix opus istud
decem annis consummans ad finem
perduxi. In diebus autem HEINRICI
Moguntini archiepiscopi et Conradi Roma
norum regis et Cunonis abbatis in
monte beati DYSIBODI pontificis.
sub papa Eugenio hę uisiones et uerba
facta sunt. Et dixi et scripsi hec non secundum
adinuentionem cordis mei aut ullius ho
minis. sed ut ea in celestibus uidi. audiui
et percepi per secreta misteria dei. Et iterum
audiui uocem de celo michi dicentem.
Clama ergo et scribe sic.

INCIPIUNT CAPITULA LIBRI SCIVIAS
SIMPLICIS HOMINIS.

Capitula prime uisionis prime partis.

I. De fortitudine et stabilitate eternitatis
regni dei.

II. De timore domini.

III. De his qui pauperes spiritu sunt.

IIII. Quod uirtutes a deo uenientes. timentes deum
et pauperes spiritu custodiunt.

V. Quod agnitioni dei abscondi non possunt
studia actuum hominum.

VI. Salemon de eadem re.

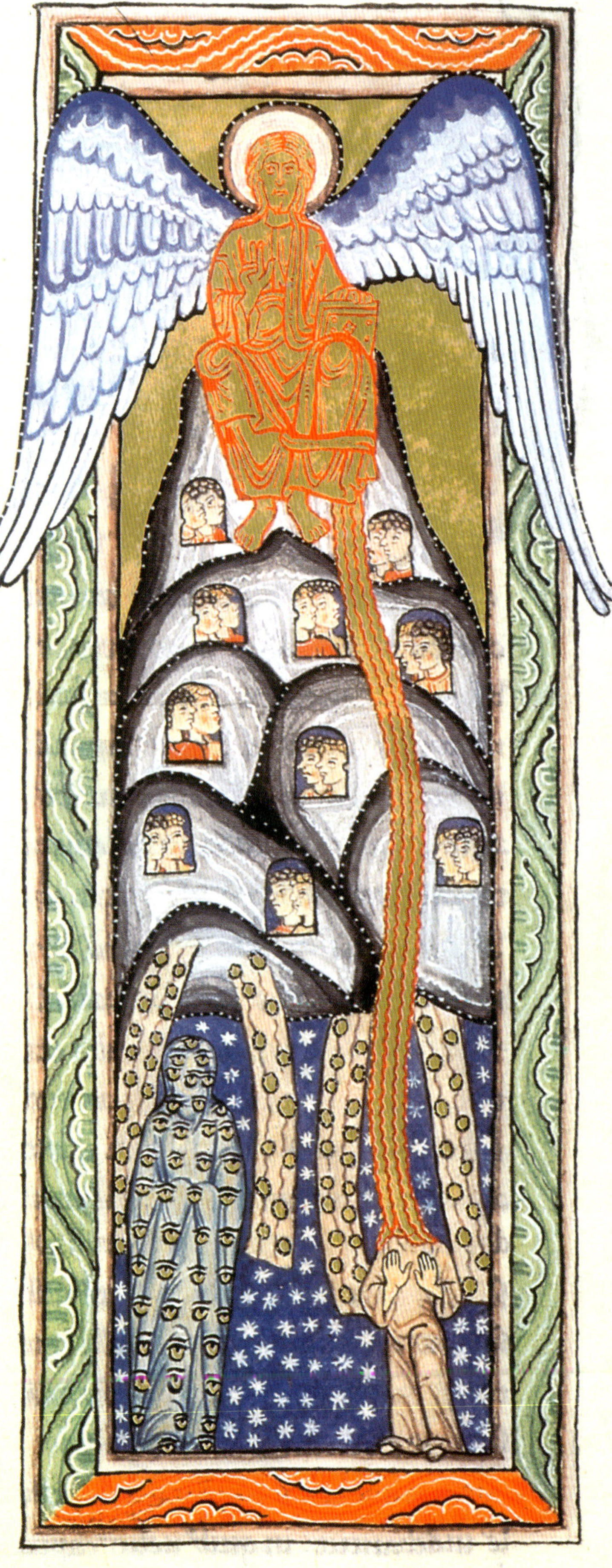

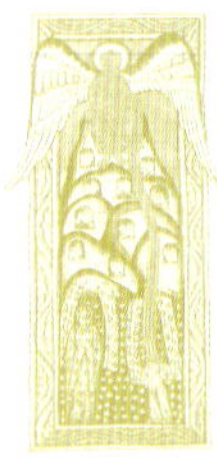

DER LEUCHTENDE

DER ÜBERAUS GROSSE LICHTGLANZ, der Hildegard in der *Protestificatio* überströmt, nimmt in der ersten Vision konkrete Gestalt an. Auf der dazu gehörigen Miniatur sehen wir den Bilderreichtum, der Hildegards Schau auszeichnet.

In dieser Eröffnungsvision richtet sich der erste Blick der Wahrnehmung auf Gott, dessen Stimme in der *Protestificatio* erscholl und dessen Gegenwart das ganze Buch *Scivias* erfüllt: »*Ich sah gleichsam einen großen eisenfarbenen Berg und auf ihm Einen von solcher Herrlichkeit sitzen, dass sein Glanz meine Augen blendete.*«[4] Gott, der Allherrscher und Allmächtige, ist zugleich auch behütender Schutz: Im Schatten seiner Flügel gewährt er Geborgenheit.

Die Miniatur mit der Lichtgestalt, dem Berg und dem sternenübersäten blauen unteren Feld fasst den Inhalt des in drei Bücher geteilten *Scivias* zusammen. Der thronende leuchtende Mann, der seine Flügel umschirmend ausbreitet, weist auf das erste Buch des *Scivias* hin, in dem die Vorgeschichte des Heils erzählt wird: Der Schöpfer und der erlösungsbedürftige Mensch, dessen Gott sich erbarmungsvoll annimmt, stehen im Mittelpunkt der Betrachtung. Das mittlere Feld, auf dem Menschengesichter in Fenstern erscheinen, deutet auf das zweite Buch hin: Es befasst sich mit der Kirche, die ihre Heilsmittel, die Sakramente, den Menschen anbietet und ihnen das Werk der Erlösung vermittelt. Die vielen lebendigen Funken auf dem blauen Hintergrund unten sind die Gotteskräfte. Im dritten Buch werden etliche von ihnen in mannigfaltigen Gestalten erscheinen. Sie bevölkern das Heilsgebäude.

Hier, in der ersten Vision, treten aus ihrer Schar vorerst zwei Gotteskräfte hervor und zeigen sich in ihrer eigenen Gestalt. Die auf der linken Seite stehende ist die Gottesfurcht, über und über mit Augen bedeckt. Neben ihr steht die Armut im Geiste, eine junge Frau, über deren Haupt sich solchen Lichtes Fülle ergießt, dass man ihr Antlitz nicht zu schauen vermag.

[4] Wisse die Wege, S. 18.

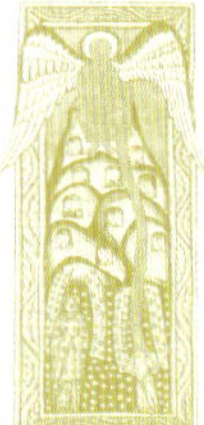

Nicht zufällig stehen diese beiden Gotteskräfte am Anfang. Die Gottesfurcht ist die erste der sieben Gaben des Heiligen Geistes, die Armut im Geiste leitet die Seligpreisungen ein. Von diesen beiden Tugenden aus entfaltet sich jeweils ein hoffnungsvoller Prozess. Außerdem sind diese beiden Haltungen wichtig, wenn der Mensch anfängt, mit dem geistlichen Leben ernst zu machen. Wenn der hl. Benedikt den Aufstiegsweg des Menschen zu Gott beschreibt, stellt er die Gottesfurcht an den Beginn dieses Weges (Benediktusregel Kap. 7). Die mit den Augen überbedeckte Gestalt in Hildegards Vision zeigt, was mit der Gottesfurcht gemeint ist: Sie ist eine Haltung vollständiger Aufmerksamkeit. In wachsamer Umsicht entflieht sie der Gottvergessenheit, der größten Gefahr, die den Menschen vom Heilsweg abbringt. Der Gottesfurcht verwandt ist die Armut im Geiste. Diese Gestalt der Vision stellt die Armut nicht als Mangel dar, sondern als ein vollkommenes Freisein für das Empfangen der göttlichen Gnade. Diese unscheinbare Frau in mattfarbenem Gewand ist so erfüllt vom himmlischen Glanz, dass sie durch und durch zu einer Lichtgestalt wird.

Wenn wir jetzt am Anfang des *Scivias* stehen und aufbrechen, um die Wege zu gehen, die uns Gott in diesem Werk weist, sollen uns diese beiden Gotteskräfte begleiten, um das Geschaute und Niedergeschriebene in Wachsamkeit und Bereitschaft aufzunehmen. Damit wir es nicht vergessen, wiederholt Hildegard am Ende jeder Vision des ersten Buches diese Worte: »*Daher soll jeder, der Erkenntnis im Heiligen Geist und Flügel im Glauben hat, diese meine Mahnungen nicht übergehen, sondern soll sie annehmen, indem er sie im Verkosten seiner Seele umfasst.*«[5]

[5] Wisse die Wege, S. 21.

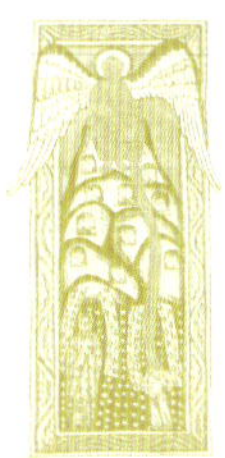

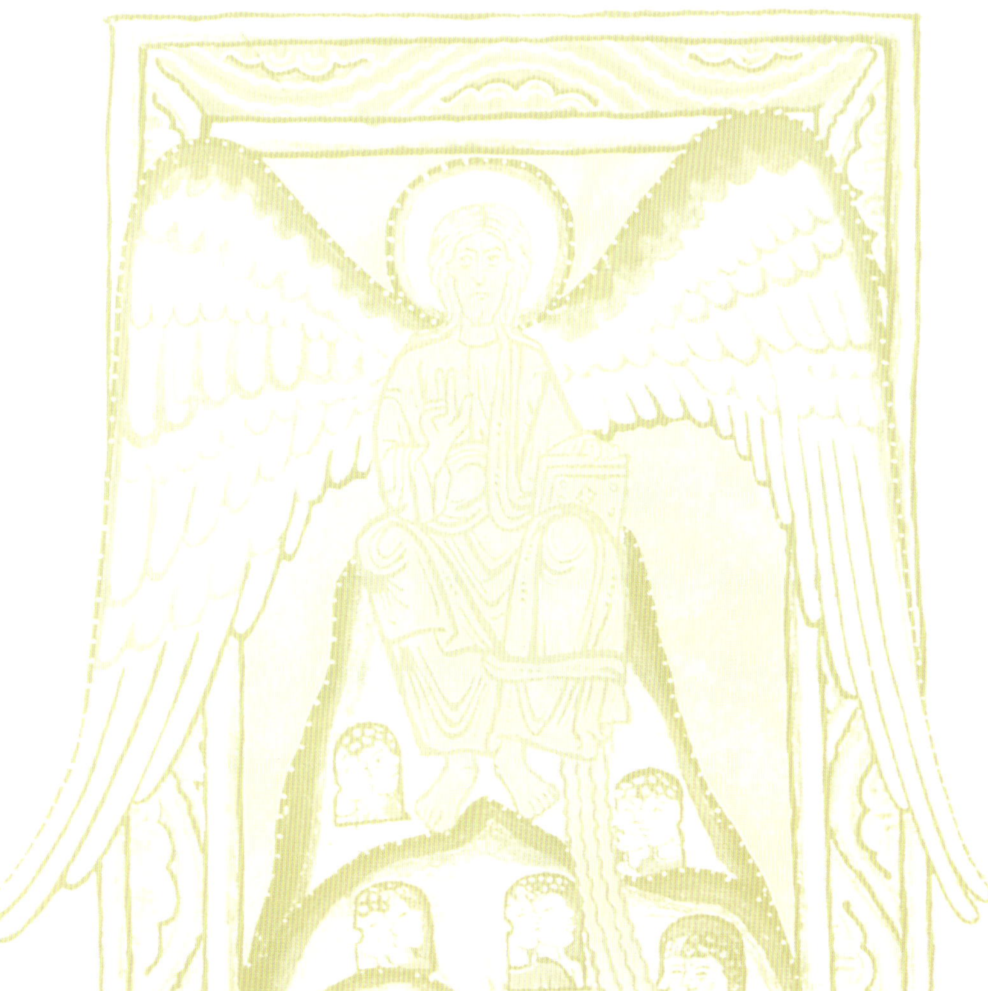

Gott, der seine ganze Schöpfung kraftvoll und gütig regiert,
durchströmt die mit dem Licht himmlischer Erleuchtung,
die ihn fürchten und ihm in süßer Liebe im Geist der Demut dienen.
Und wenn sie auf dem Weg der Gerechtigkeit ausharren, führt er sie
zu den Freuden der ewigen Schau.

xxi Quod uir non nisi in forti etate. non nisi nubilem uxorem ducat.
xxii De uitanda illicita et libidinosa pollutione.
xxiii Quare mulier post partum uel a uiro corrupta in occulto maneat et ab ingressu templi abstineat. Qui in coitu pregnantis se polluunt. homicide sunt.
xxiiii Osee de eadem re.
xxv De commendatione castitatis.
xxvi Johannes de eadem re.
xxvii Quod expulso adam deus paradysum muniuit.
xxviii Quod quia homo deo rebellis extitit. creatura ei prius subiecta se illi opposuit.
xxix De amenitate paradysi que sucum et uim terre tribuit. ut anima corpori.
xxx Quare deus hominem talem fecit quod peccare potuit.
xxxi Quod homo non debet summa perscrutari cum nec infima ualeat examinare.
xxxii Quod homo nunc clarior fulget quam prius in celo.
xxxiii Similitudo horti. ouis et margarite ad hominem.
xxxiiii De commendatione humilitatis et caritatis. que clariores ceteris uirtutibus existunt.

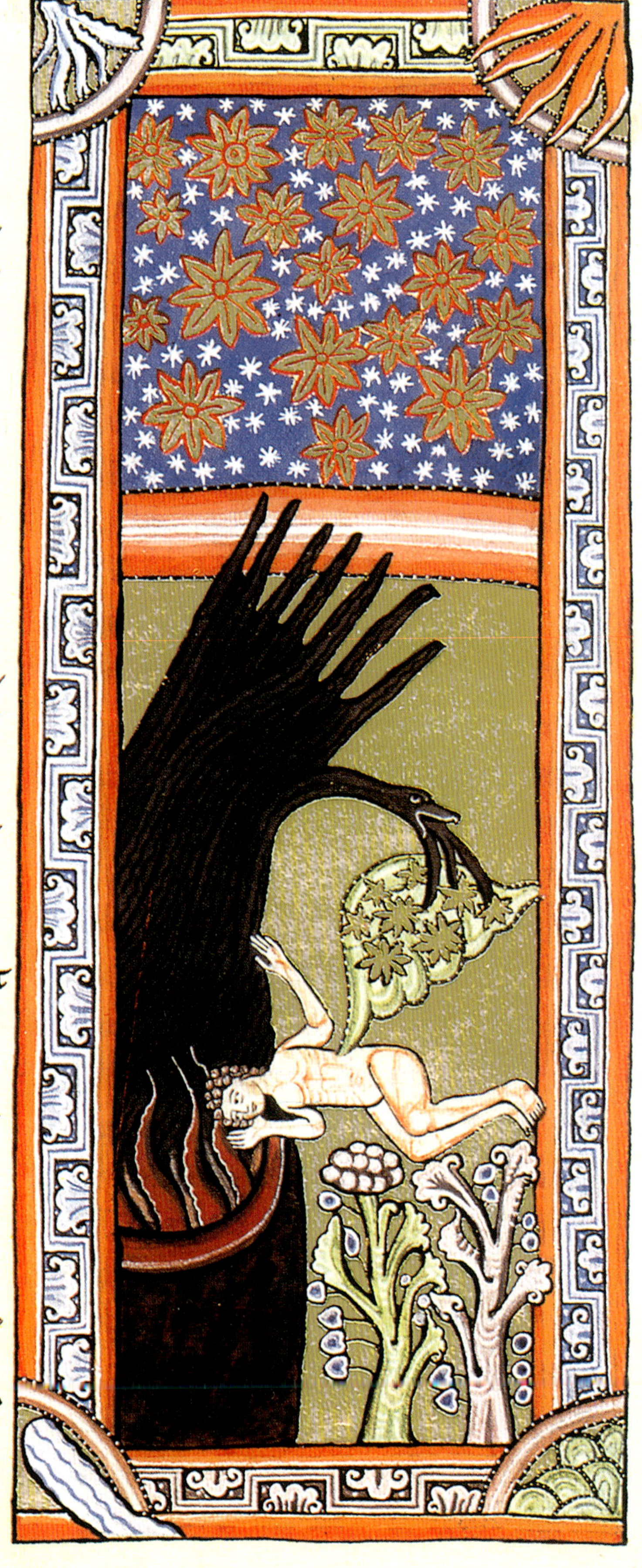

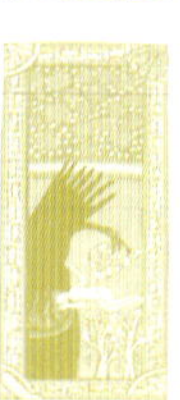

DER SÜNDENFALL

NACHDEM SICH IN DER ERÖFFNUNGSVISION das Gottesreich vor unseren Augen entfaltet hat, werden nun die ersten Seiten der Heiligen Schrift in ungewöhnlich anmutenden Bildern ausgelegt. Die Meditationen dieser Vision kreisen um drei Themen: den Anfang des Bösen, das Verhältnis zwischen Mann und Frau sowie die Erlösung. Theologisch gesehen stehen sie im engen Zusammenhang miteinander. Die Miniatur leistet deswegen Großartiges, indem sie diese heilsgeschichtlichen Momente in einem Bild zusammenfügt.

Ursprünglich hat Gott alles gut geschaffen. Luzifer, der Engelfürst, den Gott mit den schönsten Gaben beschenkt hatte, wandte sich in seinem Stolz von Gott ab. Sein Sturz stellt einen Anfang des Bösen in der Schöpfung dar. Die Auflehnung Luzifers spaltete die Schar der Engel. Die guten Engel beharrten in der Liebe Gottes – auf der Miniatur leuchten sie als Sterne im oberen Bereich. Die Anmaßung Luzifers bewirkte seinen Fall und die Entstehung der Hölle, die wie ein finsterer Nebel aus einem schwarzen See emporsteigt und von links aus die Miniatur verdunkelt.

Im Mittelpunkt des Bildes erscheint ein schlafender Mensch, aus dessen Seite eine sternengeschmückte Wolke, wie ein zartes grünes Blatt dargestellt, hervorgeht. Das bedeutet die erste Frau, Eva, »*die ein unschuldiges Herz hatte [und] die von dem unschuldigen Adam genommen war und die gesamte Fülle des Menschengeschlechtes nach der Vorausbestimmung Gottes in ihrem Schoß trug.*«[6]

Aus Neid wollte der Teufel den Menschen in seine tödliche Macht bringen und verführte ihn zum Ungehorsam Gott gegenüber. Mit dem Sündenfall des Menschen trat das Böse in die Geschichte hinein. Auch die Schöpfung verlor ihren gottgewollten Zustand und wurde mit hineingerissen in die Ruhelosigkeit. Die Symbole der Elemente an den vier Ecken der Miniatur deuten darauf hin.

»*Dass aber die erste Frau aus dem Mann gebildet wurde, bezeichnet die eheliche Verbindung zwischen Mann und Frau.*«[7] Die Betrachtungen über Ehe und Geschlechtlichkeit erklären, dass die Geschlechterliebe ursprünglich von Gott gewollt ist. Erst der Abkehr von Gott folgte die Verkehrung der Sexualität, die in Begierde und selbstsüchtiger Lust besteht. Liebende Hingabe führt zum gottgefälligen und ehrenhaften Vollzug menschlicher Geschlechtlichkeit. »*Und deshalb muss in diesen beiden die Liebe vollkommen sein wie in jenen ersten Menschen.*«[8] Ein abschließendes Lob auf die Jungfräulichkeit leugnet nicht, dass die Ehelosigkeit der gefallenen Menschennatur viel Verzicht, Leid und Kampf kostet.[9]

Als Antwort auf den Sündenfall lässt Gott seine Barmherzigkeit aufleuchten und offenbart seinen Heilsplan in der Menschwerdung seines Sohnes. Durch Demut und Liebe kommt der Eingeborene des Vaters in die Welt aus der Jungfrau.

Aus dieser Perspektive heraus erhält das Böse seinen heilsgeschichtlichen Platz. Der durch die Menschwerdung erlöste Mensch empfängt noch größere Würde als bei seiner Erschaffung: »*Und so leuchtet der erlöste Mensch in Gott und Gott im Menschen. Der Mensch besitzt nämlich in der Gemeinsamkeit mit Gott im Himmel jetzt eine strahlendere Leuchtkraft als zuvor.*«[10]

[6] Wisse die Wege, S. 27.
[7] Wisse die Wege, S. 28.
[8] Wisse die Wege, S. 28.
[9] Vgl. Wisse die Wege, S. 37–38.
[10] Wisse die Wege, S. 40.

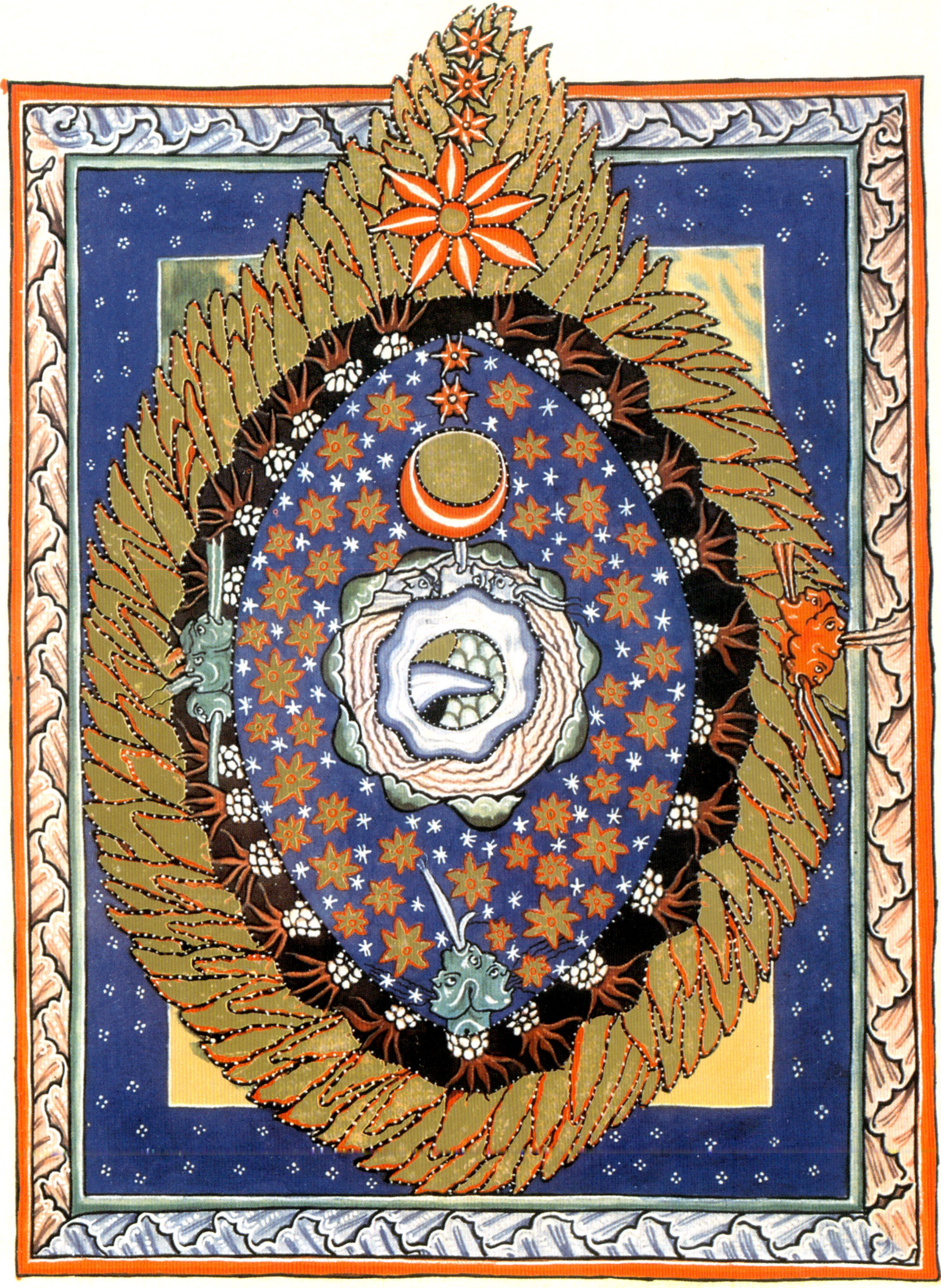

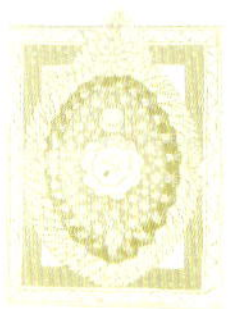

DAS WELTALL

DER IM GLAUBEN VERWURZELTE MENSCH DES MITTELALTERS erfasste die Seinswirklichkeiten in symbolischer Weltanschauung. Er war fähig, den Verweischarakter der sinnlichen Dinge auf das Übernatürliche hin zu verstehen, die vergängliche Welt galt ihm als Gleichnis der unvergänglichen. Hildegard, die über eine feine Sensibilität für Gottes Wirklichkeit verfügte, stand auch mit der Natur in Fühlung. In dieser dritten Vision lehrt sie uns, das Heilswirken Gottes in der Schöpfung zu lesen.

Der Gegenstand der Vision, der auf der Miniatur wie ein farbiges Mandala aussieht, ist ein eiförmiges Gebilde mit einer äußeren Feuerzone (golden gemalt), einer finsteren Sphäre, einer Äther- und einer feuchten Luftschicht. In diesen Bereichen walten Winde und Leuchten in verschiedener Größe. In der Mitte des Gebildes befindet sich eine Sandkugel mit einem Berg.

In diesem Bild wird das Weltall beschrieben, das im Laufe der Vision von der göttlichen Stimme in symbolischem Sinn ausgelegt wird. So lernen wir, das Weltall auf die Glaubensinhalte hin zu buchstabieren.

Das ganze Universum weist auf den allmächtigen und unfassbaren Gott hin. Die äußerste Feuerschicht bedeutet Gottes zweifaches Wirken: feurige Rache den Ungläubigen gegenüber, Tröstung den Gläubigen gegenüber. Der große Feuerball dieser Schicht ist die Sonne, die den eingeborenen Sohn Gottes, die Sonne der Gerechtigkeit, versinnbildlicht. Drei Leuchten, drei Planeten, stehen über dieser Sonne, im Geheimnis der Dreieinigkeit. Die Winde in dieser Schicht deuten auf die wahre Verkündigung hin. In diesem Sinn geht es mit der Deutung weiter in der nächsten Schicht voll von finsterem Feuer. Sie ist die Sphäre der Teufelsraserei. Ihre Winde sind die boshaften Reden des Teufels, ihr Feuer ist Menschenmord. Der reinste Äther, welcher der finsteren Hautschicht folgt, weist auf den Glauben hin. Die Lichtkugel, welche diese Sphäre beleuchtet, ist der Mond und zugleich das Symbol der unbesiegbaren Kirche. Zwei Leuchten, d. h. das Alte und das Neue Testament, geben der Kirche Halt. Eine Menge kleinerer Lichtkugeln durch den Äther

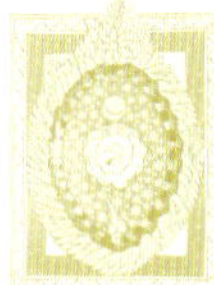

verstreut sind die glänzenden Werke der Hingabe in der Reinheit des Glaubens. Die feuchte Luft unterhalb des Äthers versorgt das ganze Weltall mit Wasser: Darin ist die Wirkung der Taufe zu erkennen. Die inmitten dieser Elemente schwebende Sandkugel, die Erde, weist auf den Menschen hin, der »*inmitten der Stärke der Geschöpfe Gottes* [...] *in tiefer Überlegung auf wunderbare Weise aus dem Lehm der Erde zu großer Herrlichkeit geschaffen ist.*«[11]

Die ganze Schöpfung steht dem Menschen zu Dienste. Aber durch den Sündenfall hat der Mensch das richtige Verhältnis zur Schöpfung verloren. Er betrachtet sie nun nicht mehr in ihrem zeichenhaften Charakter, sondern setzt sie absolut. Dadurch nimmt die Schöpfung in der Anschauung des Menschen den Platz des Schöpfers selbst ein. Solchen Missbrauch der Schöpfung durch den Menschen z. B. in der Wahrsagerei, in der Astrologie und in der Magie klagt Gott an: »*Die Menschen aber, die mich durch verkehrte Praktiken hartnäckig versuchen, so dass sie die Schöpfung, die zu ihrem Dienst geschaffen ist, erforschen und zu erfahren suchen, ob sie ihnen das, was sie wissen wollen, nach ihrem Willen kundtut, können sie etwa mit ihrer Untersuchung die von ihrem Schöpfer für sie festgesetzte Lebenszeit verlängern oder abkürzen?*«[12]

Dennoch hat nicht die Klage das letzte Wort, sondern das erlösende Erbarmen Gottes: »*Gestirne und andere Geschöpfe befrage nicht über Dinge, die dir zustoßen könnten, bete den Teufel nicht an, rufe ihn nicht herbei und befrage ihn nicht über irgendetwas. Wenn du nämlich mehr wissen willst, als dir zu wissen zusteht, wirst du von dem alten Verführer getäuscht.* [...] *Aber trotzdem wusste der Teufel nichts von der Erlösung des Menschen* [...].«[13] Dem erlösten Menschen beginnt die Schöpfung wieder von einem inneren Lichte her zu leuchten und die Liebe Gottes zu seinem Geschöpf zu offenbaren.

[11] Wisse die Wege, S. 50.
[12] Wisse die Wege, S. 52.
[13] Wisse die Wege, S. 59.

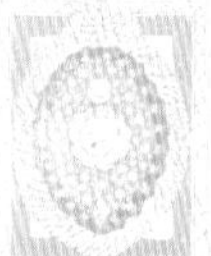

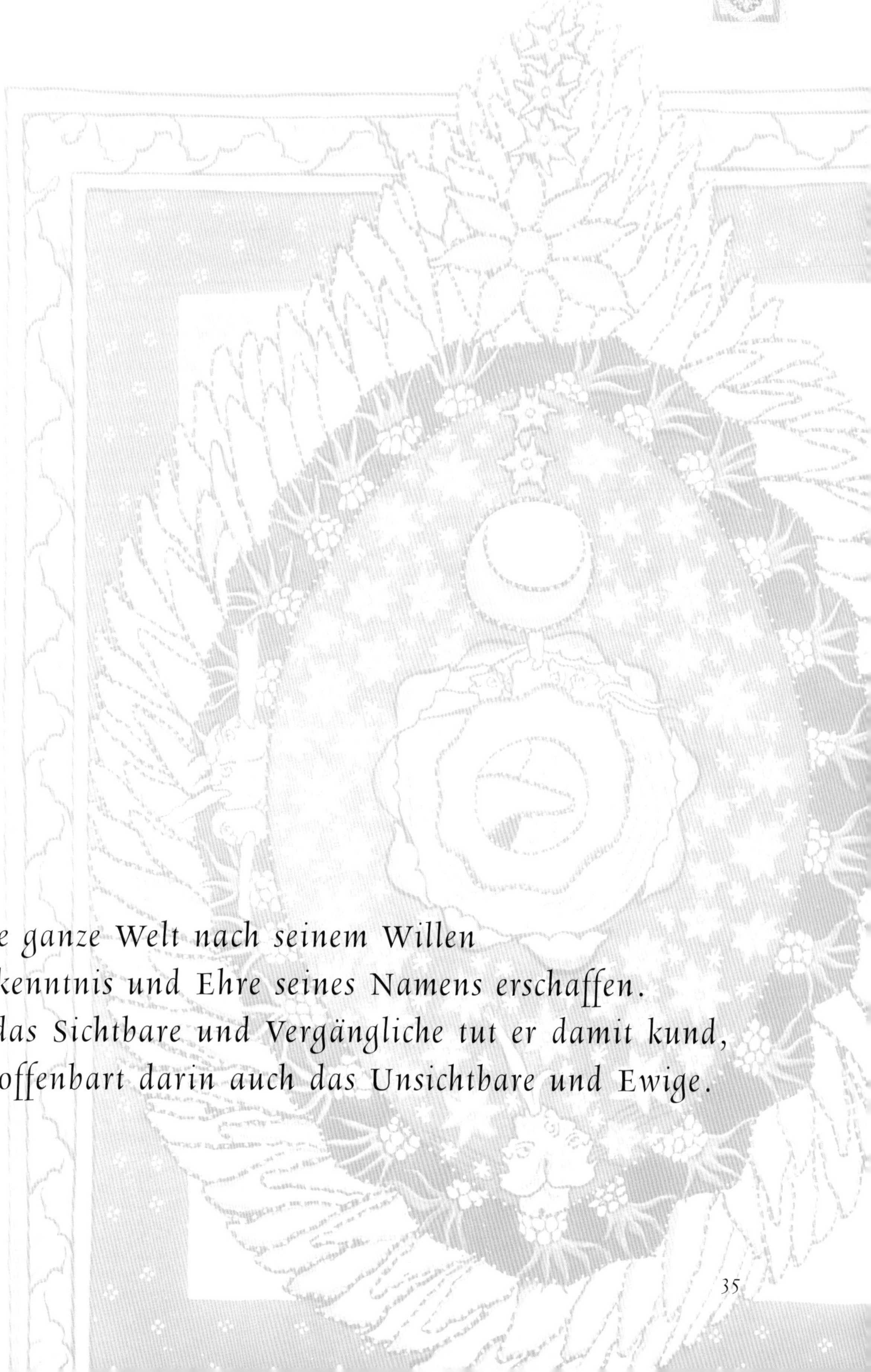

*Gott hat die ganze Welt nach seinem Willen
und zur Erkenntnis und Ehre seines Namens erschaffen.
Nicht nur das Sichtbare und Vergängliche tut er damit kund,
sondern er offenbart darin auch das Unsichtbare und Ewige.*

xxx Verba di ad homines. qd diuinis pceptis obediant · & malu abicientes. bonu in amore dei fideliter perficiant. xxxi· De fide catholica· xxxii· Verba ysaie ·

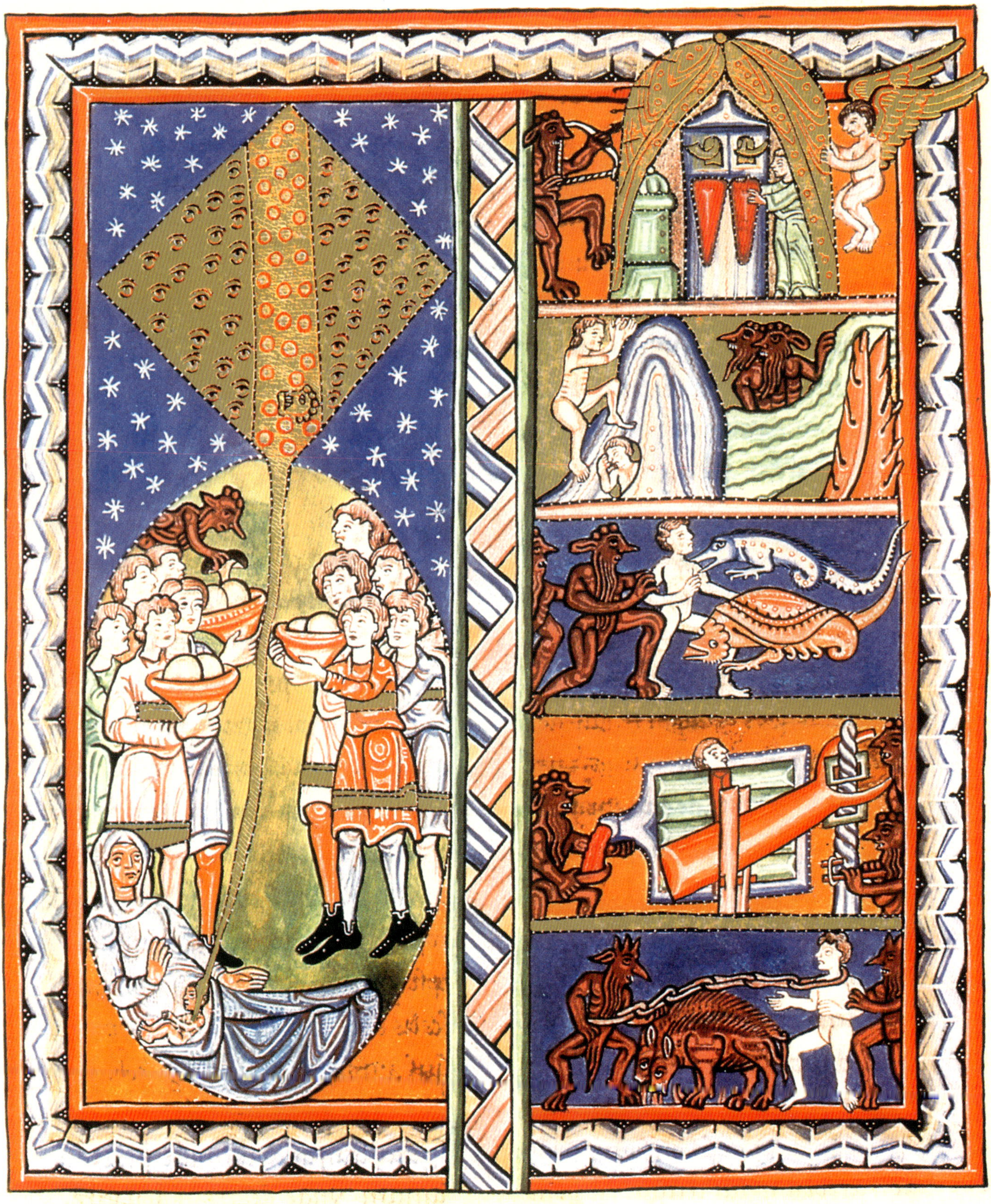

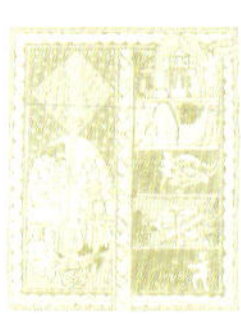

Die Seele und ihr Zelt

Der kosmologischen dritten Vision folgt eine Vision mit anthropologischen Ansätzen. Sie schildert den Weg des Menschen von den ersten Regungen im Mutterschoß bis zur Trennung der Seele vom Leib. Dem reichen Gedankengut entsprechend gehören zu der Vision drei Miniaturen. Die erste, die wir nun betrachten, mutet auf den ersten Blick kompliziert an, aber die Auslegung Hildegards hilft, die einzelnen Elemente zu verstehen.

Die liegende Frau mit einem Kind im Schoß auf dem linken Feld lässt vermuten, dass es hier um die Empfängnis des Menschen geht. Das glänzende Viereck bedeutet das Wissen Gottes: Es sieht »*die kommenden Menschen klar voraus, sowohl die, die verworfen werden, als auch diejenigen, die gesammelt werden.*«[14] Es stellt sich sofort die Frage: »*Was wird der Mensch tun, wenn Gott alles vorausweiß, was der Mensch tun wird?*«[15] Die Frage nach dem Verhältnis zwischen göttlichem Vorauswissen und menschlicher Freiheit durchzieht die ganze christliche Geschichte. Dabei ist zu betonen, dass Vorauswissen nicht mit Vorherbestimmung gleichgesetzt werden darf. Gott bestimmt keinen Menschen zum Bösen. Hildegard stellt sich der Klärung des Problems, indem sie in dieser Vision verdeutlicht, dass menschliche Freiheit sich nur im guten Handeln und im wahren Lobpreis Gottes verwirklichen kann, das böse und gottlose Handeln demgegenüber aber die Freiheit des Menschen verkehrt. In einem durchaus überraschenden Bild drückt Hildegard aus, dass diese Freiheit des Menschen von seinen Eltern beeinflusst wird: Die Menschen, die auf der Miniatur Milch in Gefäßen tragen und daraus Käse bereiten, deuten darauf hin, dass Männer und Frauen die Menschensamen in ihren Leibern tragen, und je nachdem welche Qualität der Same hat, werden die Eigenschaften des gezeugten Menschen geprägt. Aber der Mensch wird dadurch keineswegs determiniert; ihm ist die Freiheit anvertraut und damit die Verantwortung für sein Leben aufgegeben.

Weiterhin sehen wir auf dem linken Feld der Miniatur, dass ein Feuerstrahl die Seele, das Herz des Menschen, in Besitz nimmt, sein Gehirn berührt und sich durch alle Glieder hindurch ergießt.

[14] Wisse die Wege, S. 69.
[15] Wisse die Wege, S. 70.

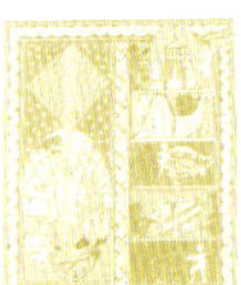

Nachdem sich der Mensch so im Mutterschoß gebildet hat und geboren ist, beginnt er, sich zu Taten zu regen. Drei Pfade, wie Hildegard sie nennt, trägt der Mensch in sich: die Seele, die Sinne und den Körper, wobei die Kräfte der Seele weiter gegliedert werden in Erkenntnis, Wille, Gemüt und Verstand. Mit ihnen allen zusammen wirkt der Mensch in seiner Leib-Seele-Einheit seine Taten. In der berühmten Baum-Allegorie erklärt Hildegard die Funktionen dieser Kräfte im Menschen: »*Aber die Seele ist im Leib auch wie der Saft im Baum und ihre Kräfte sind gleichsam die Gestalt des Baumes. Der Verstand ist in der Seele wie die Grünkraft der Zweige und Blätter am Baum, der Wille wie die Blüten, das Gemüt ist wie die erste hervorbrechende Frucht, der Vernunft wie die voll ausgereifte Frucht, das Wirken der Sinne jedoch ist gleichsam seine Höhe und die Ausdehnung in die Breite.*«[16]

Der Weg des Menschen ist vom Kampf gekennzeichnet. In einer großen allegorischen Rede beklagt die Seele die damit verbundenen Leiden. Die Bilder des rechten Feldes der Miniatur geben die mannigfaltigen Anfechtungen der pilgernden Seele wieder. Die hässlichen Tiere und die Folter auf der Kelter versinnbildlichen die Angriffe des Teufels und die von der eigenen Psyche kommenden bedrohlichen Triebe. Inmitten der Qualen bekommt die Seele Kraft und Trost in der Erinnerung an ihre Heimat, an die Mutter Zion. Endlich gelangt die Seele zum Zelt, das sich als ein uraltes Symbol der Menschheit erweist. Das Zelt gilt als Heimat in der Heimatlosigkeit, und ist zwar noch keine bleibende Stätte, aber eine Vorwegnahme der ewigen Heimat. Übertragen bedeutet das Zelt den Selbststand der menschlichen Persönlichkeit: Der Mensch findet darin sein eigenes Profil und wird fähig, sich gegen die Gefährdungen zu schützen, sich der Welt zu öffnen und auch Geborgenheit zu finden.

[16] Wisse die Wege, S. 79.

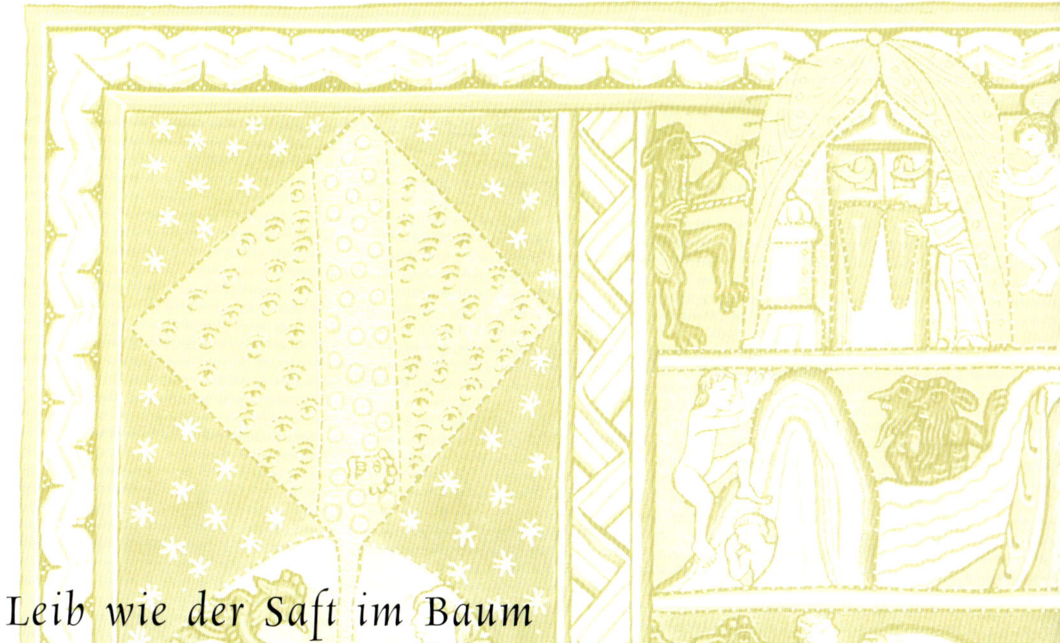

*Die Seele ist im Leib wie der Saft im Baum
und ihre Kräfte sind gleichsam die Gestalt des Baumes.
Der Verstand ist in der Seele wie die Grünkraft der Zweige
und Blätter am Baum, der Wille wie die Blüten,
das Gemüt wie die erste hervorbrechende Frucht,
die Vernunft wie die voll ausgereifte Frucht.*

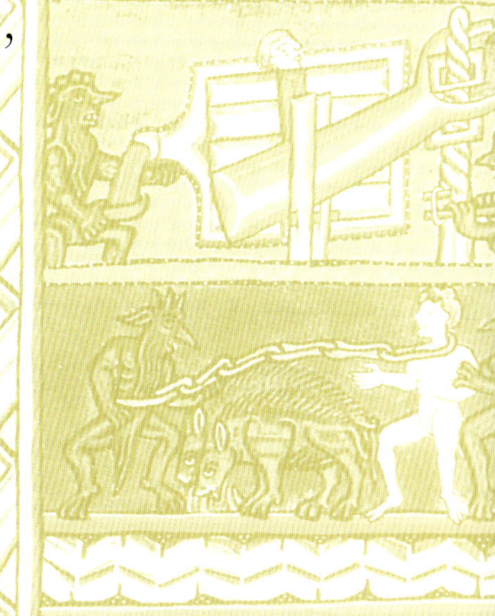

clypeos rubri coloris suspendi. & in cuius fenestras tubas ex ebore factas posui. In medio autem eiusdem turris mel effudi. & ex hoc p̄ciosum ungentū cum aliis aromatib; feci. ita quod ex ipso ꝑ totum idem tabernaculū maximus odor diffunderetur. Ad occidentem uero nullum opus posui. quia pars illa ad seculū uersa erat. S; interim dum in hoc labore occupata essem. inimici mei pharetras suas arripientes. sagittis suis tabnaculū meum aggressi sunt. S; ego p̄ studio operis mei quod faciebam. tam diu insaniam eoꝝ ñ attendi. usq; dum ianua eiusdem tabnaculi sagittis impleretur. Nulla tamen earundem sagittarum nec ianuam nec calibē eiusdem tabnaculi ꝑforare ualebat. unde nec ego ab eis ledi poteram. Quod illi uidentes maximam inundationem aquarum emiserunt. quatinus & me & tabernaculum meum deicerent. S; tamen in hac malicia sua nichil pfecerunt. Quapropter eos audacter derisi dicens. Faber qui hoc tabernaculū fecit. uobis sapientior & fortior fuit. Unde sagittas uras colligentes eas deponite. quia nullā uictoriam uoluntatis ure amodo in me poterunt ꝑficere. Ecce que uulnera ostendunt. Ego multo dolore & labore plurima bella aduersū uos pegi. cum me morti tradere uelletis. sed tamē ñ potuistis. quia fortissimis armis munita. acutos gladios contra uos uibrabam. ꝑ quos me a uobis strenue defendebam. Recedite & recedite. quia ultra me habere non poteritis.

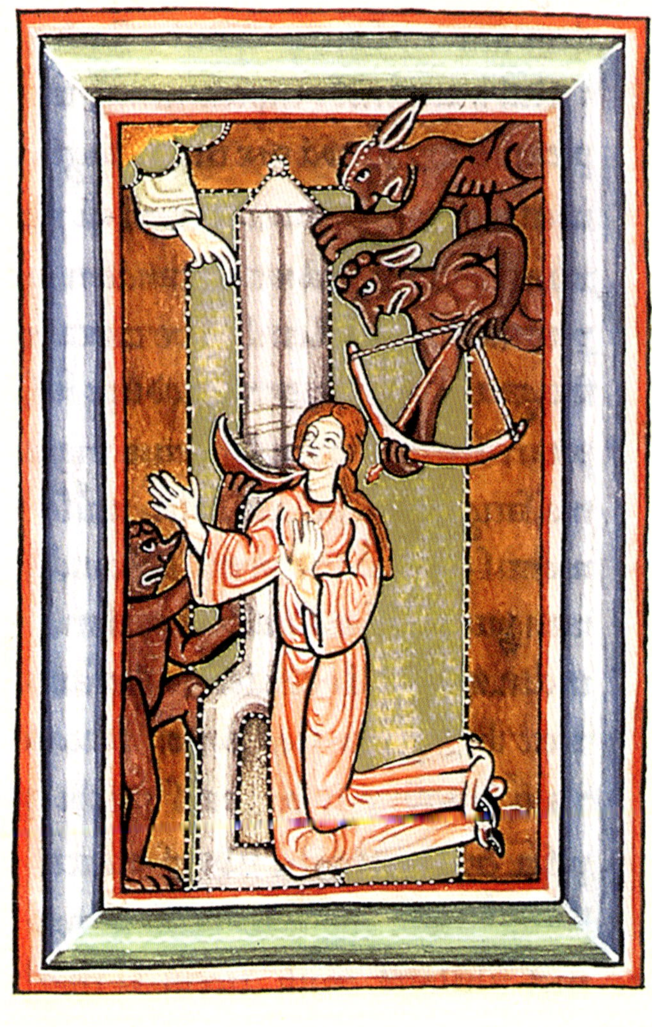

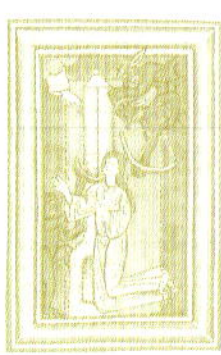

TREUE IN DER VERSUCHUNG

HILDEGARD SPRICHT IN IHRER VISION VON EINER KUGEL, auf die viele Stürme eindringen. Der Künstler malt auf der Miniatur bereits die hinter den visionären Bildern stehende Wirklichkeit: den Menschen, der Anfechtungen ausgesetzt ist und um Gottes Hilfe fleht. Indem sich die Menschenseele ihrer Situation bewusst wird, wachsen in ihr Selbsterkenntnis und Gotteserkenntnis in gleichem Maße.

Der Mensch nimmt seinen irdischen Zustand als ein Fremdsein wahr, das von äußeren und inneren Versuchungen gekennzeichnet ist. Einerseits lauert der Teufel auf den Menschen, um sich seiner zu bemächtigen, was auf der Miniatur sehr anschaulich dargestellt wird: Teuflische Gestalten zielen mit ihren Pfeilen auf den Menschen. Andererseits erfährt der Mensch seine Widersprüchlichkeit, indem die fleischliche Begierde ihn am guten Werk hindert. Gott hat den Menschen als Leib-Seele-Einheit erschaffen, deswegen ist die Leiblichkeit des Menschen eine Gottesgabe. Infolge des Sündenfalls ist aber das harmonische Verhältnis zwischen Leib und Seele gebrochen, und der Mensch erlebt die Begierden des Leibes als Gefährdung.

In dieser seiner geschöpflichen Existenz steht der Mensch am Scheideweg.

Wenn er Gott gegenüber seine kreatürliche Abhängigkeit leugnet, wird er auf sich selbst zurückgeworfen. Herzenshärte, Traurigkeit, Zweifel und Verzweiflung markieren dann seinen Weg. In einem Aufschrei bekennt die Seele: »*Die alte Schlange* [...] *flößt mir den trotzigen Mut zum Sündigen ein, indem sie meine Erkenntnis von der Furcht des Herrn ablenkt, sodass ich mich nicht zu sündigen fürchte und sage: ‚Wer ist denn Gott? Ich weiß nicht, wer Gott ist!‘ In ihrer trügerischen List jedoch verleitet sie mich zur Verstocktheit, sodass ich im Bösen verhärte. Aber im tödlichen Gift der Bosheit nimmt sie mir die geistliche Freude, sodass ich mich weder am Menschen noch an Gott zu freuen vermag, wobei sie mich in den Zwiespalt der Verzweiflung führt, dass ich zweifle, ob ich gerettet werden kann oder nicht.*«[17]

[17] Wisse die Wege, S. 67–68.

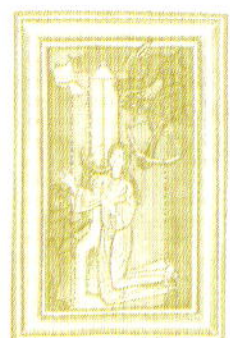

Der andere Weg, den der Mensch einschlagen kann, ist das treue Ausharren in aller Versuchung, die er in seiner gefallenen Natur erfährt. Das Schlüsselmoment ist die »Erinnerung«. Sie verbindet Gottesfurcht, Wahrheit und Demut: Der Mensch gedenkt dadurch seines Ursprungs in Gott und seiner Realität als gefallenes und erlöstes Geschöpf, und in dieser lebendigen Gottes- und Selbsterkenntnis weiß er sich dem Kampf zu stellen: »*Aber wenn ich mich durch die Gabe Gottes daran erinnere, dass ich von Gott erschaffen bin, dann entgegne ich inmitten all diesen Bedrängnissen den teuflischen Einflüsterungen auf folgende Weise: ‚Ich werde der hinfälligen Erde nicht nachgeben, sondern sehr tapfer kämpfen.*«[18]

Mögen die Feinde mit ihren Pfeilen auf ihn zielen, mögen negative Regungen wie Zorn, Hass oder Stolz den Menschen bedrücken, er wird stehen bleiben können, wenn er im Aufblicken zu Gott seine Zuflucht nimmt. Solange der Mensch in allen Stürmen des Lebens noch zu Gott aufseufzen und ihn als Du ansprechen kann, bleibt ihm immer ein Schimmer der Hoffnung. Auf der linken oberen Ecke der Miniatur bricht gerade dieser Lichtstrahl in die sonst so bräunlich-dunkle Szene hinein: Gottes Hand. Und Hildegard hört auch die Stimme Gottes, die dem tapfer kämpfenden Menschen seine Hilfe verheißt: »*Wenn das Böse in dir aufsteigt, sodass du nicht weißt, wie du es abschütteln sollst, dann bist du von der Einwirkung meiner Gnade berührt. [...] Dann rufe sogleich laut, bete, bekenne und weine, damit Gott dir zu Hilfe eilt, das Böse von dir nimmt und dir Kräfte zum Guten gibt. [...] Aber ich reiche [den Bußfertigen] die Hand und wandle ihnen diese Bitternis in Süßigkeit, sodass sie diese Buße, die sie unter großer Schwierigkeit begonnen haben, in Ruhe beenden.*«[19]

---

[18] Wisse die Wege, S. 68.
[19] Wisse die Wege, S. 83–84.

Wenn ich mich durch die Gabe Gottes
daran erinnere, dass ich von Gott erschaffen bin,
dann werde ich inmitten aller Bedrängnisse
nicht nachgeben, sondern tapfer kämpfen.

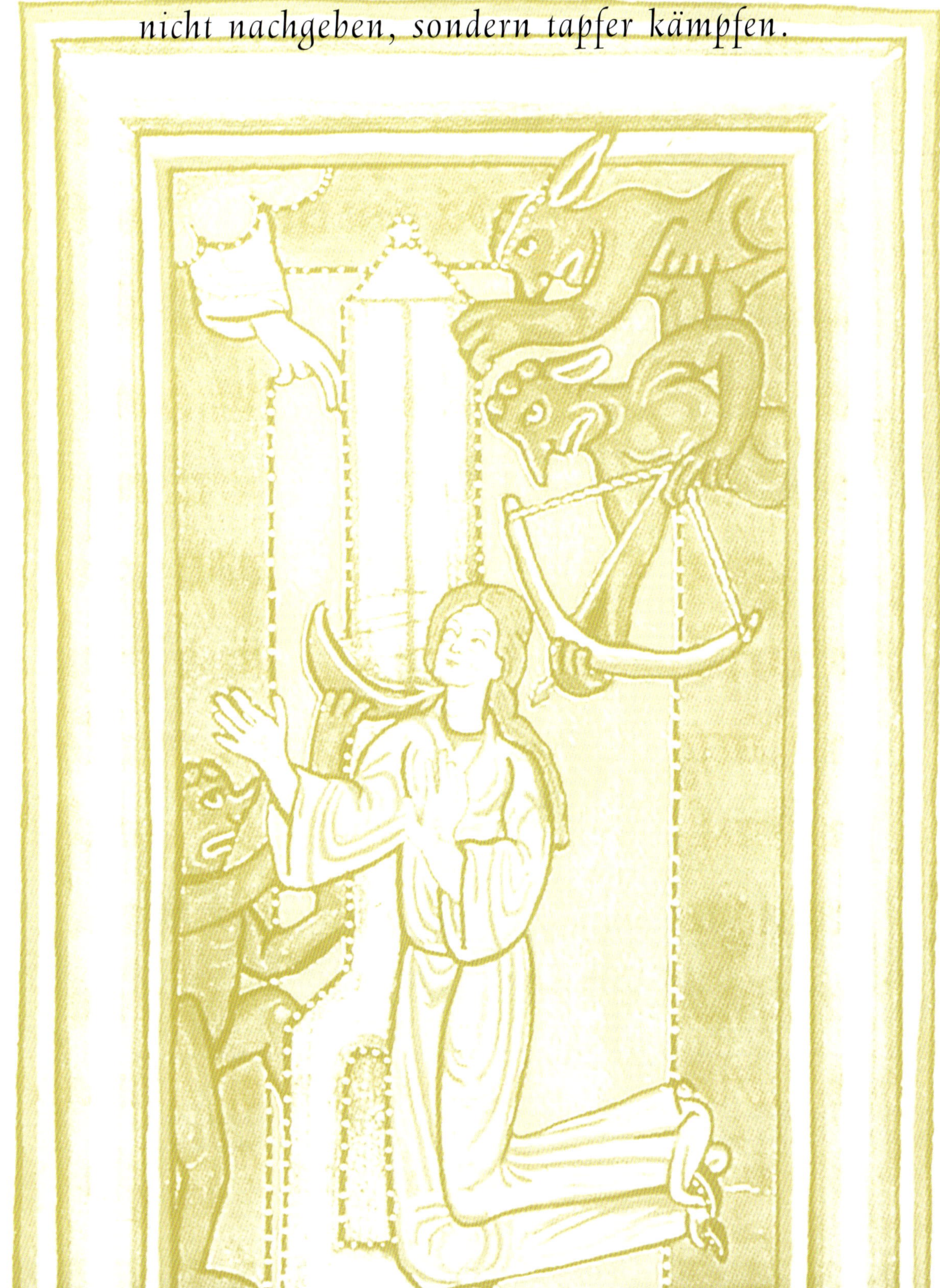

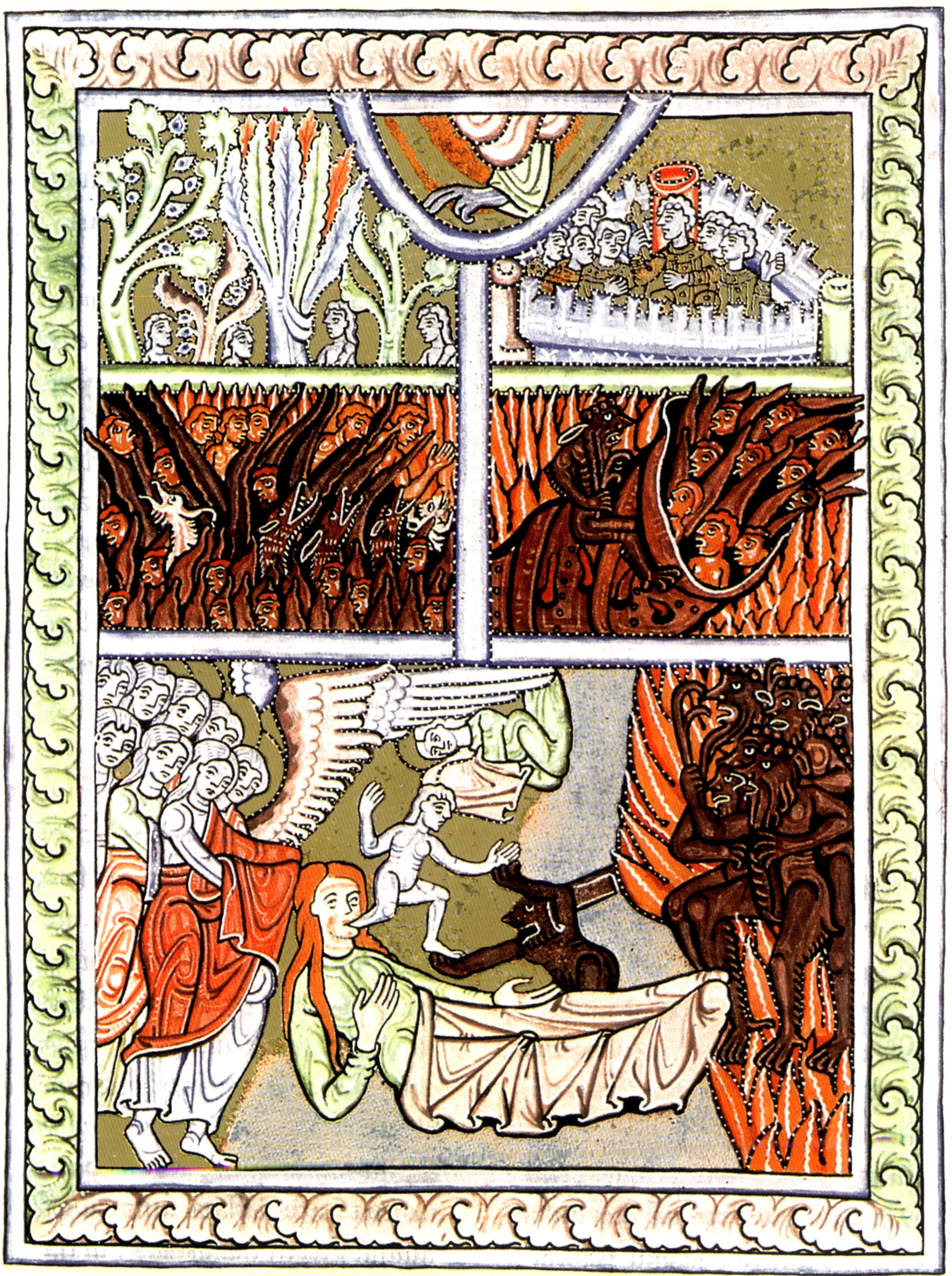

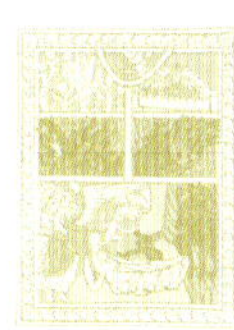

DER AUSZUG DER SEELE AUS IHREM ZELT

PARALLEL ZU TAFEL 5, die den Anfang des Menschenlebens zum Gegenstand hat, gestaltet sich diese Miniatur, welche die letzten Augenblicke des menschlichen Daseins auf Erden und die Ankunft im Jenseits veranschaulicht.

Jeder Mensch muss sich mit dem Tod konfrontieren. Für den mittelalterlichen Menschen war diese Tatsache selbstverständlicher als für uns, die wir Kinder des 21. Jahrhunderts sind, eines Zeitalters, in dem der Tod im allgemeinen Bewusstsein ausgeblendet wird.

Der Tod bedeutet die Trennung der Seele vom Leib. Wie am Anfang die Seele in der Form einer Feuerkugel den menschlichen Leib in Besitz genommen hat, scheidet sie aus dem Körper, dessen uralte Metapher das Zelt ist. Die Auseinandersetzung mit der Realität des Todes ruft sicherlich in jedem Menschen zunächst Angst hervor. Sei es ein Mensch im 12. Jahrhundert oder im 21. Jahrhundert, die Frage bleibt dieselbe: »*Ich werde mein Zelt verlassen. Aber ich Unglückliche, die voller Trauer ist, wohin werde ich gehen?*«[20] Wie jede ethische Religion, so glaubt auch das Christentum an das Gericht nach dem Tode, in welchem ein Gericht das Leben des Menschen überprüft und dementsprechend dann die jenseitige Existenz bestimmt wird. Der christliche Glaube lehrt, dass Gott durch dieses Gericht den Menschen nicht einschüchtern will, sondern dass er gerade dadurch die Freiheit des Menschen ernst nimmt. Jede Bagatellisierung des Gerichts stellt die menschliche Freiheit in Frage.

Hildegard sieht, dass – während sich die Seele vom Leib löst – gute und böse Engel zugegen sind, die auf das Urteil Gottes, des gerechten Richters, warten und die Seele, sobald sie vom Körper befreit ist, an den Ort führen, der ihnen nach ihren Verdiensten zugewiesen wird. Die Phantasie der Menschen im Mittelalter wusste sich das jenseitige Leben, die Hölle und den Himmel, in lebendigen Bildern vorzustellen. Die Miniatur malt diese Szenen ganz plastisch aus: das verzehrende Feuer der Hölle, in der sich abscheuliche Gestalten herumtreiben, und den wonnigen Ort des Himmels mit dem Bild eines lieblichen Gartens und einer geschmückten Stadt.

[20] Wisse die Wege, S. 69.

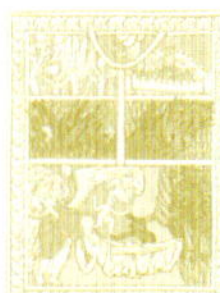

In dieser Miniatur werden viele Themen angestimmt, die Hildegard später sowohl im *Scivias* als auch in ihren anderen Werken weiter ausführt: Der Kampf der guten und bösen Geister um die Seele bildet den Inhalt des *Ordo virtutum*; das Gericht des Jüngsten Tages erscheint in einer großartigen Vision am Ende des *Scivias*; den Orten des Jenseits begegnen wir im *Liber Vitae Meritorum* (Buch der Lebensverdienste), in dem die verschiedenen Strafen und die selige Pracht der himmlischen Stätte geschildert werden.

Die Vision betont immer wieder die freie Wahlmöglichkeit des Menschen zwischen Gut und Böse. Aber auch die Konsequenzen der daraus folgenden Entscheidung werden nicht geleugnet. Dennoch wird die Barmherzigkeit Gottes all das übersteigen, was die menschliche Gebrechlichkeit verschuldet hat: »*Die selige, unaussprechliche Dreifaltigkeit hat sich der Welt offenbart, als der Vater seinen eingeborenen Sohn, der vom Heiligen Geiste empfangen und aus der Jungfrau geboren war, in die Welt sandte, damit die Menschen, die in großer Verschiedenheit geboren wurden und in vielen Sünden verstrickt sind, durch ihn auf den Weg der Wahrheit zurückgeführt werden. Von den Fesseln der Körperschwere befreit, werden sie ihre guten und heiligen Werke mit sich führen und die Freuden des himmlischen Erbes erlangen.*«[21]

[21] Wisse die Wege, S. 69.

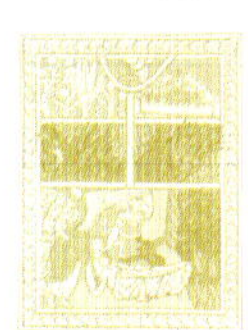

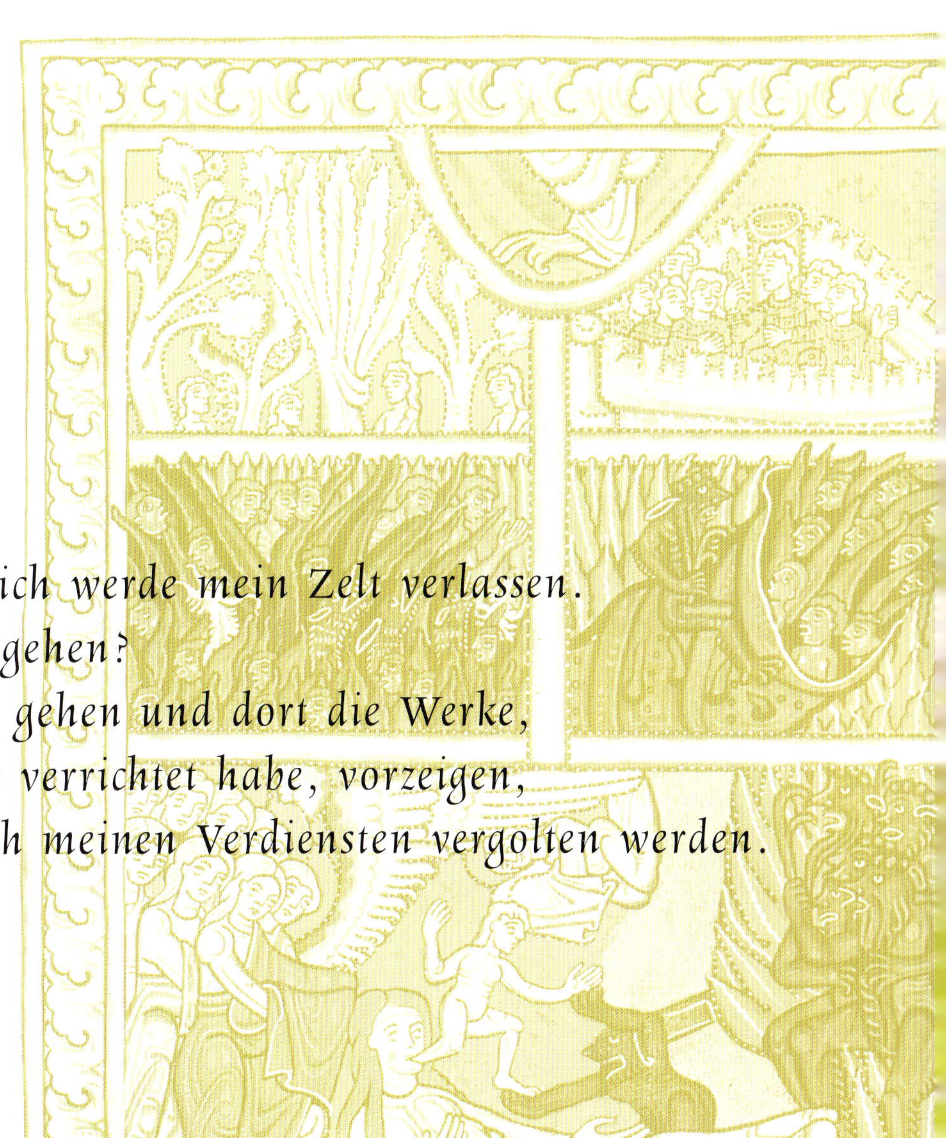

Und die Seele sprach: ich werde mein Zelt verlassen.
Aber wohin werde ich gehen?
Ich werde zum Gericht gehen und dort die Werke,
die ich in meinem Zelt verrichtet habe, vorzeigen,
und dort wird mir nach meinen Verdiensten vergolten werden.

i. De synagoga matre incarnationis domini. filii dei.
ii. Verba salemonis.
iii. Verba ysaie prophete.
iiii. De diverso colore synagoge.
v. De cecitate eius et quod in
corde abraham. in pectore
moyses. in uentre eius reli-
qui prophete. quid significet.
vi. Quod magna ut turris. habens circulum in capite. si-
milem aurore.
vii. Verba ezechielis. Item
viii. Comparatio de samsone. et de
saul et de dauid ad eandem

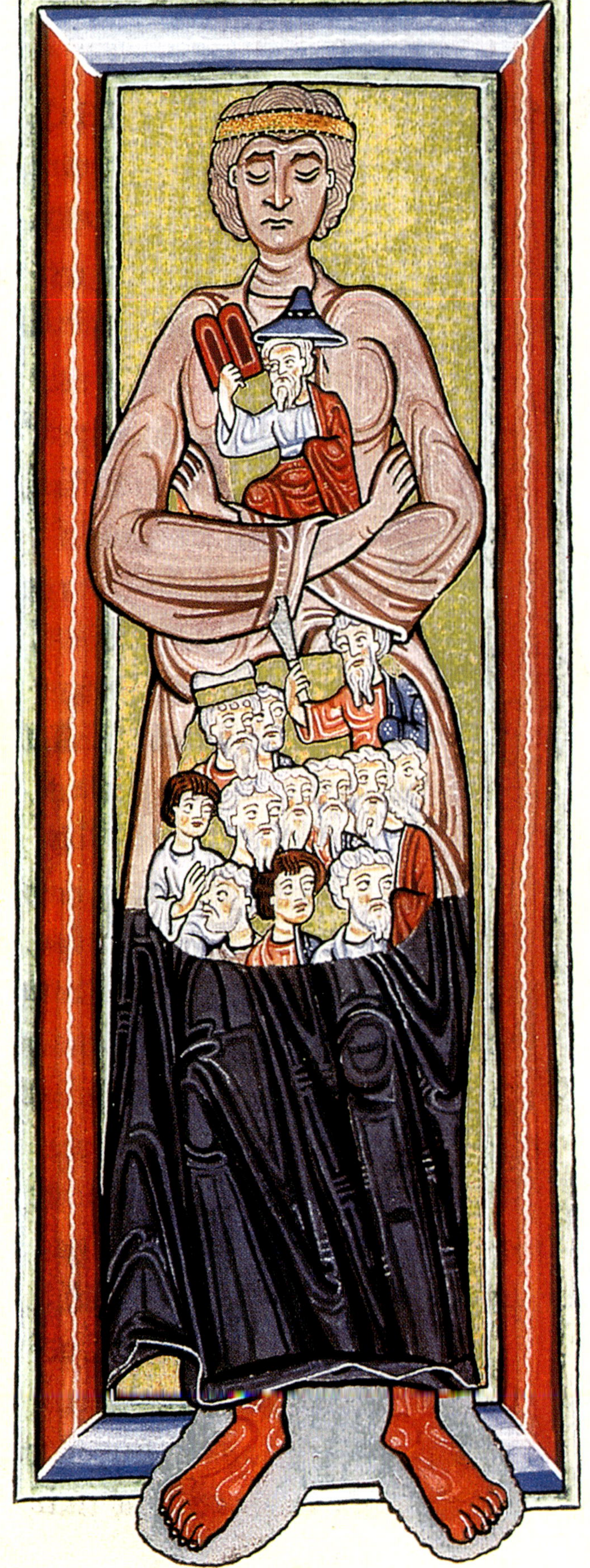

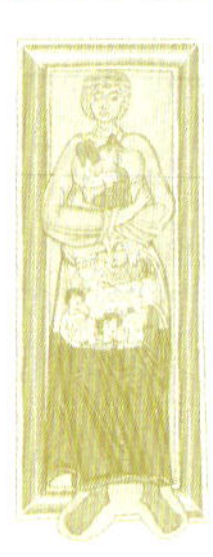

Die Synagoge

Eine traurige Frauengestalt begegnet uns in dieser Miniatur. Sie stellt die Synagoge dar. Wer schon mal mittelalterliche Figuren der Synagoge meistens zusammen mit der Kirche gesehen hat, wo die Synagoge als eine Frau mit verbundenen Augen und gebrochenem Zepter dargestellt ist, kann nur staunen über die ehrenvolle und würdige Haltung dieser Synagoge des *Scivias*.

Einige Überlegungen aus dem Umfeld führen zum tieferen Verständnis dieser Vision. Das Verhältnis der Christen zu den Juden bildet seit der urchristlichen Zeit ein Thema theologischer Reflexion. Wie Michael Zöller in seiner Studie bemerkt, steht der *Scivias* »*mit seiner Kritik, aber auch mit seiner Solidarität und Hoffnung gegenüber der Synagoge im Horizont der Theologie seiner Zeit.*«[22] Ein zweiter Hinweis auf den Kontext dieser Vision soll die geschichtliche Situation der damaligen Zeit ins Gedächtnis rufen, und zwar die Judenverfolgung im Jahre 1096 und die ersten beiden Kreuzzüge (1096–99, 1147–49), die grausamen Umgang mit den Juden veranstalteten. Vor diesem Hintergrund bekommt der dritte Aspekt, der biographische, einen großen Wert: die Tatsache, dass Hildegard mit den Juden eine durchaus positive Beziehung pflegte. Ihre Lebensbeschreibung bezeugt dies: »*Wenn aber Juden zu ihr kamen, um sie zu befragen, wurden auch sie durch ihr eigenes Gesetz widerlegt und mit Worten frommer Ermahnung zum Glauben an Christus ermuntert.*«[23]

Traurig mutet diese Gestalt auf der Miniatur an und auch einige Details an ihr weisen auf das Versäumnis der Synagoge hin, nämlich dass sie das Heil nicht erkannt hat: die blinden Augen (»*Denn die Synagoge blickte nicht auf das wahre Licht, weil sie den eingeborenen Sohn Gottes verachtete.*«[24]), die schwarze Farbe ihres Gewands von der Leibesmitte bis zu den Füßen (Sie

[22] Zöller, Michael: Gott weist seinem Volk seine Wege. Die theologische Konzeption des ‚Liber Scivias' der Hildegard von Bingen, Tübingen 1997, S. 211.

[23] Vita Sanctae Hildegardis. Leben der Heiligen Hildegard von Bingen. Canonizatio Sanctae Hildegardis. Kanonisation der Heiligen Hildegard, übersetzt und eingeleitet von Monika Klaes, (Fontes Christiani Bd. 29), Freiburg i. Br. 1988, S. 133.

[24] Wisse die Wege, S. 88.

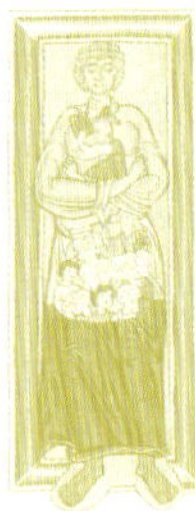

ist »*durch Übertretung des Gesetzes und durch Untreue gegenüber dem Bund ihrer Väter befleckt.*«[25]) Am schärfsten fällt das Urteil aus, wenn der Tötung Christi gedacht wird: Die Füße der Synagoge sind blutigrot, »*denn in der Zeit ihrer Vollendung hat sie den Propheten der Propheten getötet.*«[26]

Dennoch bleibt die Vision nicht bei der Sünde der Synagoge stehen, sondern zeigt in hoffnungsvolle Richtung. Die blutigen Füße sind von einer blendendweißen, ganz reinen Wolke umschwebt: Da »*erhob sich die Kirche, als sich die Lehre der Apostel nach dem Tod des Gottessohnes über den ganzen Erdkreis verbreitete.*«[27] Außerdem trägt die Synagoge die Propheten in sich: Abraham in ihrem Herzen, Moses in ihrer Brust und die anderen Propheten in ihrem Schoß – sie alle erwarteten die Schönheit der Kirche. Von der Synagoge wird gesagt, dass sie das Morgenrot, das Kommen Christi und das Entstehen der Kirche, staunend von ferne erschaute; und in einem anderen Zusammenhang wird sie selbst als Morgenrot genannt und dies als Symbol von Verheißung und Erfüllung im Alten und Neuen Testament interpretiert: »*Erhebt sich nicht die Morgenröte vor der Sonne? Doch die Morgenröte vergeht und die Leuchtkraft der Sonne bleibt. Was heißt das? Das Alte Testament ist zurückgetreten und die Wahrheit des Evangeliums bleibt bestehen; denn was die Menschen des Alten Bundes in den Gesetzesvorschriften im Fleisch beachteten, das vollzieht das neue Volk im Neuen Bund auf geistige Weise; was jene im Fleisch zeigten, erfüllen diese im Geist.*«[28] In diesem Sinn kann Hildegard das wunderbare Wort über die Synagoge verkündigen: Sie ist »*die Mutter der Menschwerdung des Gottessohnes.*«[29]

[25] Wisse die Wege, S. 87.
[26] Wisse die Wege, S. 88.
[27] Wisse die Wege, S. 88.
[28] Wisse die Wege, S. 89.
[29] Wisse die Wege, S. 86.

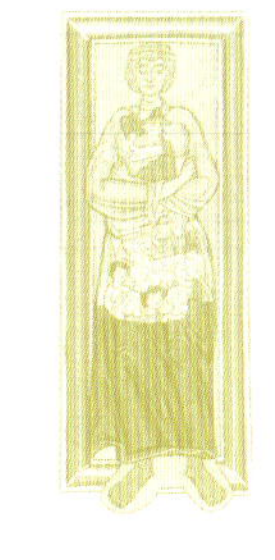

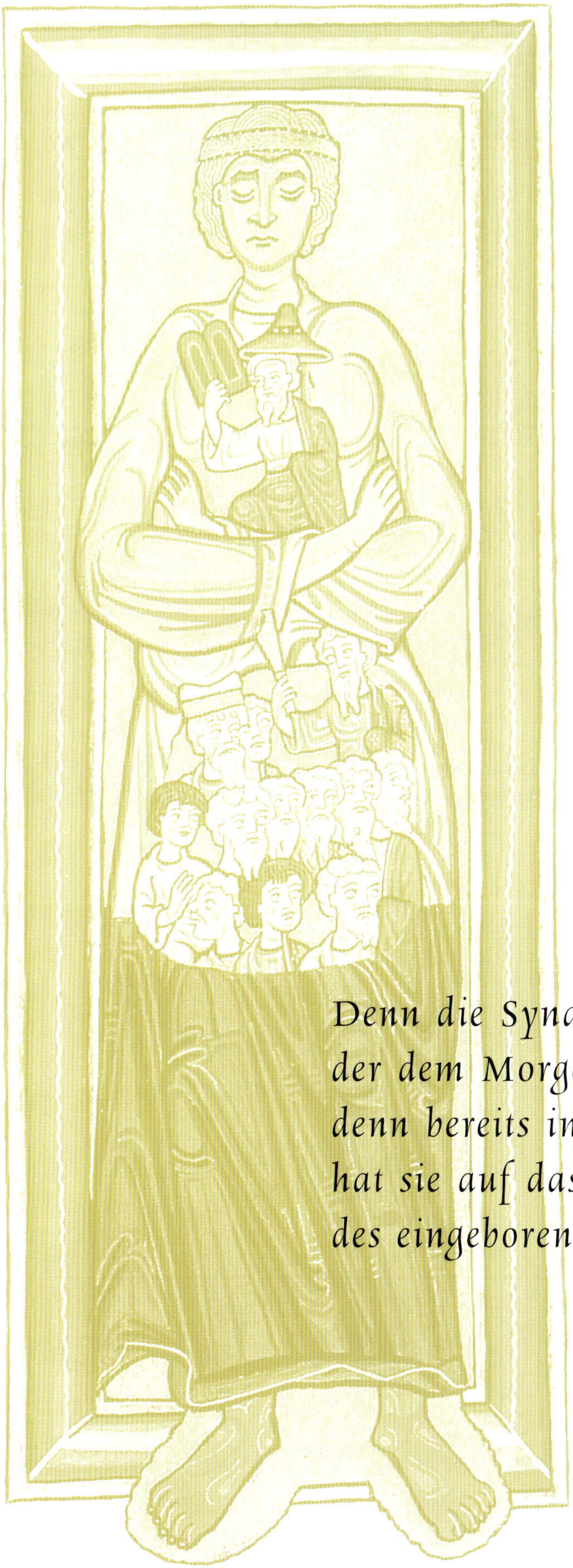

Denn die Synagoge trägt einen Stirnreif,
der dem Morgenrot ähnlich ist,
denn bereits in ihrem Ursprung
hat sie auf das Wunder der Menschwerdung
des eingeborenen Gottessohnes hingewiesen.

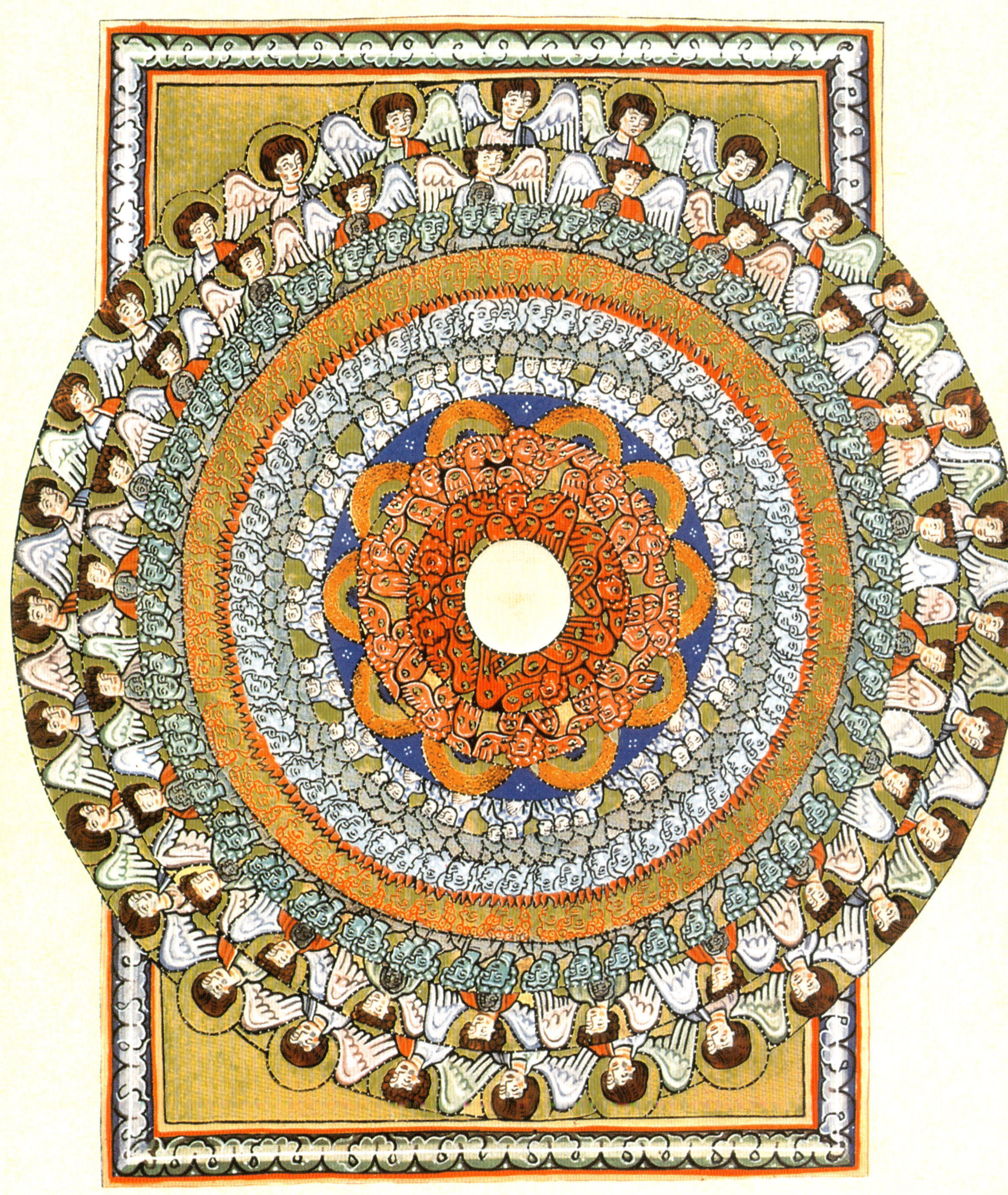

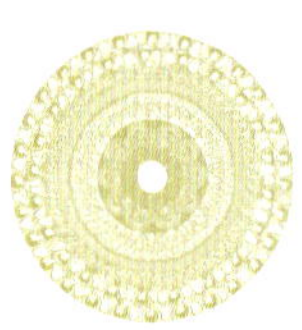

DIE CHÖRE DER ENGEL

DIE MINUZIÖSE AUSARBEITUNG ALLER DETAILS und die sorgfältige Fertigkeit des Künstlers faszinieren jeden Betrachter dieser Miniatur. Bei genauem Hinblicken erkennt man, dass hier neun Engelchöre dargestellt werden.

Die Vorstellung von den Engelchören reicht zurück in biblische, liturgische und patristische Tradition. Hildegard wird diese Lehren gekannt haben durch ihre monastische Bildung, was aber die Originalität ihrer Vision nicht einschränkt. Die neun Engelchöre werden nämlich bei ihr auf eigenartige Weise gegliedert: statt dreimal drei bilden die ersten zwei, dann die folgenden fünf und schließlich die letzten beiden Chöre eine zusammengehörende Einheit. Hinter diesen Zahlen stehen geistliche Deutungen: Die ersten beiden Reihen weisen darauf hin, dass »*der Leib und die Seele des Menschen Gott dienen müssen.*«[30] Sie schließen sich um fünf andere Reihen, wobei die Zahl fünf die fünf Sinne des Menschen bedeutet, die durch die fünf Wunden Jesu Christi gereinigt sind. Die innersten Engelchöre sind zwei an der Zahl, weil sie die zweifache Liebe, zu Gott und zu dem Nächsten, darstellen.

Die allgemeine Berufung der Engelwesen gilt zum Heil der Menschen und zur Ehre Gottes, ihr heilsgeschichtlicher Dienst wird aber weiter differenziert. Davon gibt uns diese Vision Auskunft, indem sie uns die einzelnen Chöre vorstellt.

Erster Chor: Engel – Sie »*haben gleichsam Flügel an der Brust und zeigen an sich menschliche Antlitze, auf denen wie in klarem Wasser Gesichtszüge von Menschen erscheinen.*«[31] Die Engel sind vom Verlangen, Gottes Willen zu erfüllen, beflügelt und ihr Antlitz deutet auf die Schönheit der »rationalitas«, der Vernunft, hin, die Gott Engeln und Menschen geschenkt hat. Die Engel achten darauf, dass der Wille Gottes auch in den Menschen erfüllt wird.

[30] Wisse die Wege, S. 92.
[31] Wisse die Wege, S. 92.

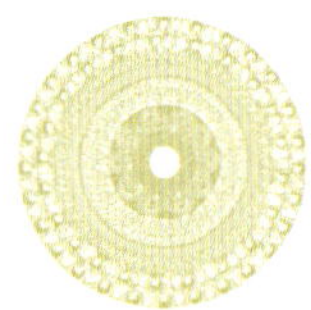

Zweiter Chor: Erzengel – Sie haben »*ebenfalls Flügel an ihrer Brust und zeigen an sich ein Antlitz wie von Menschen, auf dem das Bild des Menschensohnes wie in einem Spiegel aufleuchtet.*«[32] Die Erzengel stehen im Dienst der Menschwerdung Gottes, indem sie ihren Geheimnissen auf vielerlei Weise zuvorgekommen sind.

Dritter Chor: Kräfte – Sie haben »*gleichsam ein Menschengesicht und leuchten von der Schulter abwärts in hellem Glanz.*«[33] Der Mensch steht inmitten des Kampfes zwischen Gut und Böse. Die »Kräfte« helfen dem Menschen bei diesem Kampf und zeigen Gott, dem Schöpfer, alle die Schlachten, welche die Menschen gegen den Teufel aushalten.

Vierter Chor: Mächte – Sie stehen da »*strahlend hell.*«[34] Sie stellen die Heiterkeit und die Schönheit der Macht Gottes dar.

Fünfter Chor: Fürstentümer – »*Sie haben Häupter wie Menschen, über denen brennende Fackeln zu sehen sind; von der Schulter abwärts sind sie wie von einer eisenfarbenen Wolke umhüllt. [...] Sie deuten darauf hin, dass diejenigen, die durch Gottes Geschenk in der Welt als Fürsten über die Menschen bestellt sind, die aufrichtige Stärke der Gerechtigkeit anlegen sollen.*«[35]

Sechster Chor: Herrschaften – Sie »*haben menschliche Gesichter und Füße. Auf ihren Köpfen tragen sie Helme und sind mit marmorgleichen Gewändern bekleidet.*«[36] Sie zeigen, dass Gott die »rationalitas«, die Vernunft, des Menschen, die durch die Ursünde gefallen war, wieder erhob, und zwar durch seinen menschgewordenen Sohn.

Siebter Chor: Throne – Sie »*zeigen an sich keine Menschengestalt, sondern leuchten wie das Morgenrot.*«[37] Sie versinnbildlichen auch das Geheimnis der Menschwerdung Gottes, in der sich die Gottheit zur Menschheit neigte.

Achter Chor: Cherubim – Sie sind »*voller Augen und Flügel und haben in jedem Auge einen Spiegel und in dem Spiegel erscheint ein Menschenantlitz.*«[38] Die Cherubim, die mit den Seraphin die innersten Reihen bilden, stehen in unmittelbarer Nähe Gottes. Sie versinnbildlichen das Wissen Gottes, das nach biblischem Verständnis eine liebende Erkenntnis bedeutet. In dieser Erkenntnis schauen sie die Mysterien himmlischer Geheimnisse und zugleich die Menschen, in denen auch diese Erkenntnis glüht und die sich nach dem Himmel sehnen.

Neunter Chor: Seraphim – Sie »*glühen wie Feuer und haben sehr viele Flügel, an denen sich wie in einen Spiegel alle Rangstufen der kirchlichen Stände zeigen.*«[39] Die Erkenntnis der Cherubim ist gepaart mit der glühenden Liebe der Seraphim, die ebenso in Sehnsucht flammen und auf Gott schauen. In diesem innersten Kern der Gottesschau sind die weltlichen und geistlichen Amtsträger aufgehoben. Dieses Bild spricht alle Verantwortlichen an und erinnert sie an die gnadenvolle Würde ihrer Berufung.

[32] Wisse die Wege, S. 93.
[33] Wisse die Wege, S. 93.
[34] Wisse die Wege, S. 94.
[35] Wisse die Wege, S. 94.
[36] Wisse die Wege, S. 94.
[37] Wisse die Wege, S. 95.
[38] Wisse die Wege, S. 95.
[39] Wisse die Wege, S. 95.

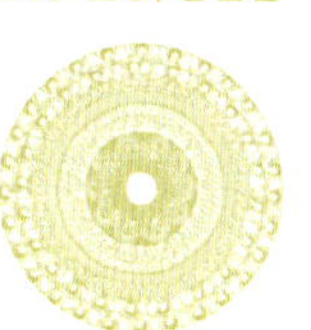

Die Engelchöre geben »*in jeder Art von Musikinstrumenten mit herrlichen Stimmen Widerhall von den Wundern, die Gott in den glückseligen Seelen bewirkt.*«[40] Die konzentrischen Kreise verdichten sich um das große Mysterium Gottes, das die reinen Geister bereits schauen dürfen und nach dessen Schau die Menschen sich sehnen. In tiefer Ehrfurcht wird dieses Geheimnis nicht dargestellt: Die Mitte der Miniatur, auf die sich der großartige Reigen der Engelwesen bewegt, ist weiß – Gottes Geheimnis ist verhüllt, denn »*solange* [der Mensch] *sterblich ist, wird er das, was ewig ist, nicht vollkommen erkennen können.*«[41]

Gott hat die seligen Geister der Engel zum Heil der Menschen wie auch zur Ehre seines Namens bestimmt.
Sie leisten den Menschen Hilfe in ihren Nöten und tun den Menschen die Entscheidungen seiner Geheimnisse kund.

[40] Wisse die Wege, S. 96.
[41] Wisse die Wege, S. 96.

Teil II des Liber SCIVIAS
Miniaturen 10–18

Erklärt und gedeutet von Sr. Hiltrud Gutjahr OSB

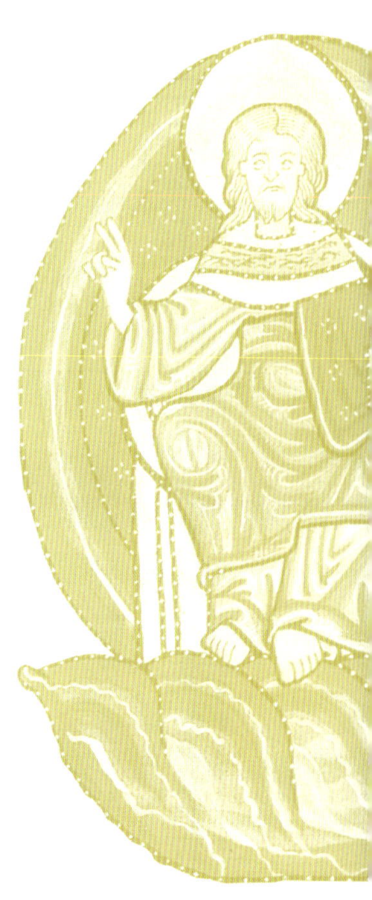

Die Miniaturen des zweiten Teils des *Liber Scivias* stehen unter der Einladung Gottes:

»Wer dies mit wachen Augen sieht
und mit widerhallenden Ohren hört,
soll meine geheimnisvollen Worte,
die mir, dem Lebendigen, entströmen,
umarmen und küssen.«[42]

[42] Wisse die Wege, S. 107.

Quod homo secreta di n̄ debet plus scrutari. quā ipse uult manifestare.

Quod filii di nat' in mundo morte sua diabolū supauit ⁊ electos suos ad hereditatē suā reduxit

Verba osee de eadē re.

Qd̄ corp' filii di in sepulchro p triduū iacens resurrexit. ⁊ homini uia ueritatis de morte ad uitā ostensa ē. ⁊ qđ eos apparuit.

Qd̄ filii di a morte resurgens discipulis suis frequent' ad corroborandū

Qd̄ filio di ascendente ad patrē. sponsa ei' diuersis ornamtis fun data ē.

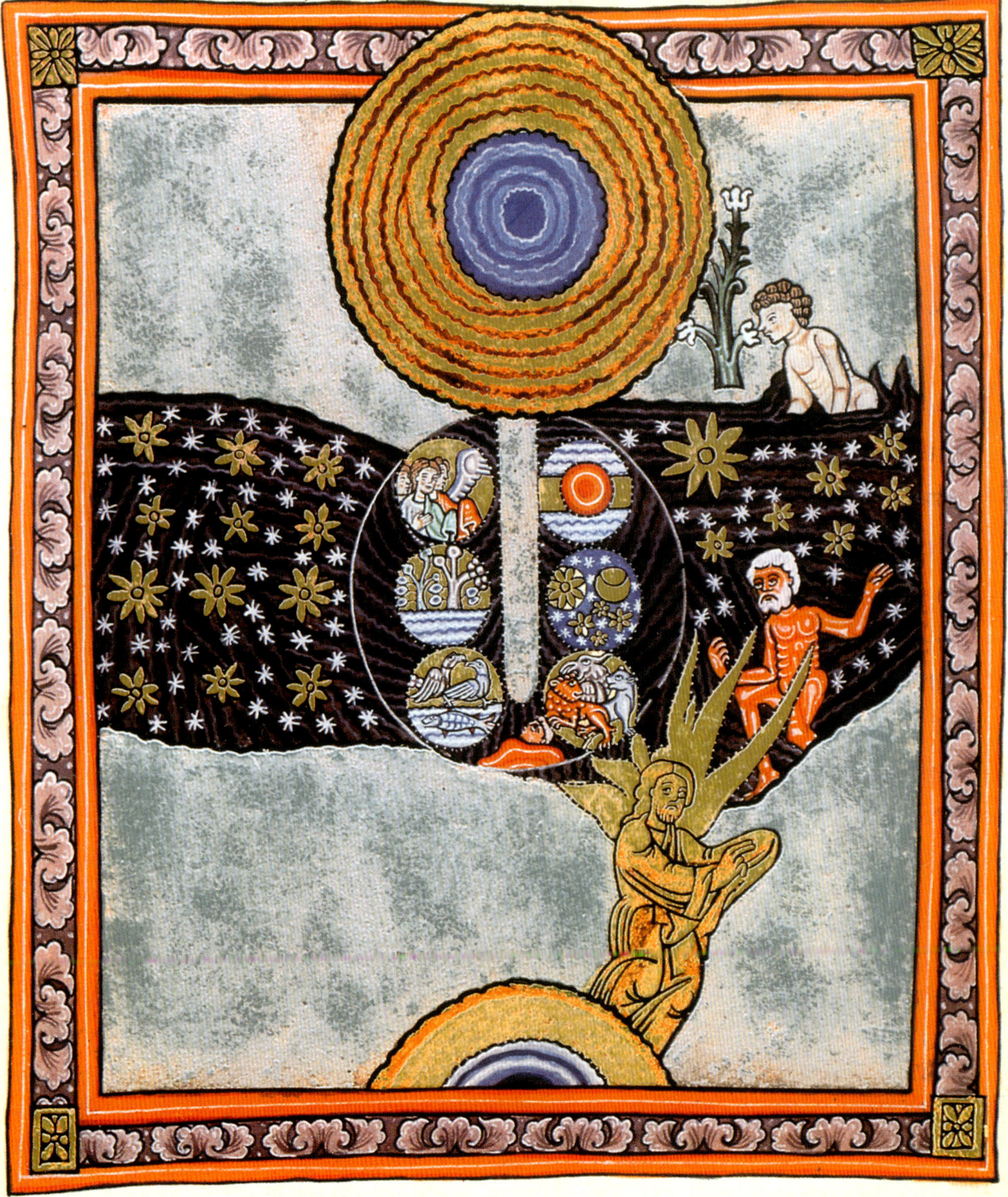

DER ERLÖSER

DER LEBENDIGE GOTT, *der alles durch sein WORT erschaffen hat, hat durch dieses fleischgewordene WORT sein Geschöpf, den elenden Menschen, der sich in die Finsternis gestürzt hatte, zurück zur Erlösung im Glauben geführt.«*[43]

Auf dieser Miniatur sind die Schöpfung und der Sündenfall, die Menschwerdung, die Erlösung und Verherrlichung in einem einzigen Bild dargestellt, das Hildegard, »*vom geheimnisvollen Hauch befruchtet,*«[44] schaute. Von dem hellleuchtenden Feuerkreis in der oberen Bildhälfte, der den allmächtigen und lebendigen Gott bezeichnet, und der einen himmelblauen Lichtkreis in sich trägt, geht das Leben aus. Aus diesem hellleuchtenden Feuer mit der blauen Flamme im Inneren schlägt eine Lichtflamme nach unten in eine dunkle Luftkugel, die mit dem Schöpfungswerk Gottes angefüllt ist. Das Sechstagewerk der Schöpfung leuchtet in der Luftkugel in kleinen Bildern auf.

1. Trennung von Licht und Finsternis in der Engelwelt
2. Scheidung des Wassers über und unter dem Firmament
3. die Erde mit ihren Pflanzen
4. Sonne, Mond und Sterne
5. die Tiere der Luft und des Wassers
6. die vierfüßigen Tiere

Die blitzende weißglühende Flamme bedeutet das Wort Gottes. (Es sprach und es geschah. So vollendete Gott Himmel und Erde.) Sie ist in der Miniatur auf einen kleinen Lehmklumpen gerichtet, der am Grunde der Luftkugel liegt. »*Das WORT blickte auf die arme hinfällige Materie der weichen und doch zähen Gebrechlichkeit der menschlichen Natur.*«[45] Diese wurde von der Flamme erwärmt und angehaucht und so ins Leben gerufen. Der lebendige Mensch in der oberen rechten Bildhälfte riecht an einer blendendweißen Blume, die das leuchtende Feuer, Gott, dem Menschen als Zeichen seiner Liebe anbietet. Er kostet sie nicht mit dem Mund und berührt sie nicht mit den Händen. Der Mensch nimmt das Angebot Gottes nicht im Gehorsam an, er

[43] Wisse die Wege, S. 99.
[44] Wisse die Wege, S. 99.
[45] Wisse die Wege, S. 102.

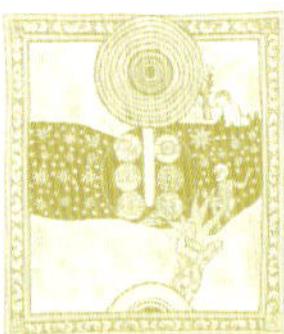

wendet sich von Gott ab und fällt in die dichteste Finsternis, in den Tod, aus dem er sich aus eigener Kraft nicht erheben kann.

Die Mitte der Miniatur zeigt das Schöpfungswerk Gottes von der Finsternis durchzogen, ausgebreitet wie ein breites Band. Weil die Menschen in die verschiedenen Laster verwickelt sind, breitet sich der Tod in der Welt aus. In dieser Finsternis befinden sich viele kleine und große Sterne. Diese stehen für die Patriarchen und Propheten, die Gott in die Finsternis sandte. Drei sehr große Leuchten stehen für die Patriarchen Abraham, Isaak und Jakob, die Verheißungsträger im Alten Bund. Ihnen folgen die Propheten, die kleinen Sterne. Ein riesengroßer Stern (unter der Blume im finsteren Feld) kündet von Johannes dem Täufer, der sich blitzend der erwähnten Flamme zuwendet und auf den Sohn Gottes hinweist, der als starker Liebeswille wie ein Morgenrot aufleuchtet. Aus Maria (sie ist nicht in der Miniatur zu sehen) ersteht der Erlöser, der von der Finsternis zurückgestoßen wird und blutrot und erbleichend aber mit großer Kraft die Finsternis zurückschlägt, so dass der Mensch, der am Boden liegt, sich aufrichten kann.

Das Wort Gottes hat durch seinen Tod am Kreuz die Erlösung bewirkt, die Menschen barmherzig zu ihrem Erbe zurückgeführt und vom Tod befreit. Dies zeigt der Lichtmensch in der unteren Bildhälfte, der aus der Morgenröte (aus der Jungfrau Maria) hervorgeht. Er steigt auf zum Vater in großer Herrlichkeit. Nun ist der Himmel offen für den Menschen.

In der Vision wird gezeigt, wie Gott den Menschen durch sein fleischgewordenes Wort zu sich führt.

»Der Schöpfer hat sein Geschöpf dadurch geschmückt, dass er ihm seine große Liebe schenkte. So ist alles Gehorchen der Kreatur nur ein Verlangen nach dem Kuss des Schöpfers. Und alle Kreatur empfängt den Kuss des Schöpfers, da Gott ihr alles schenkt, was sie braucht.«[46]

[46] Das Buch der Lebensverdienste, S. 238.

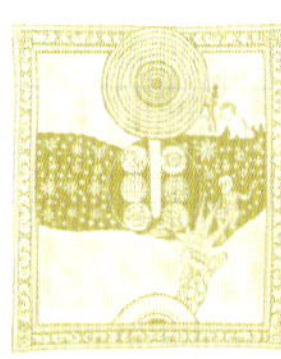

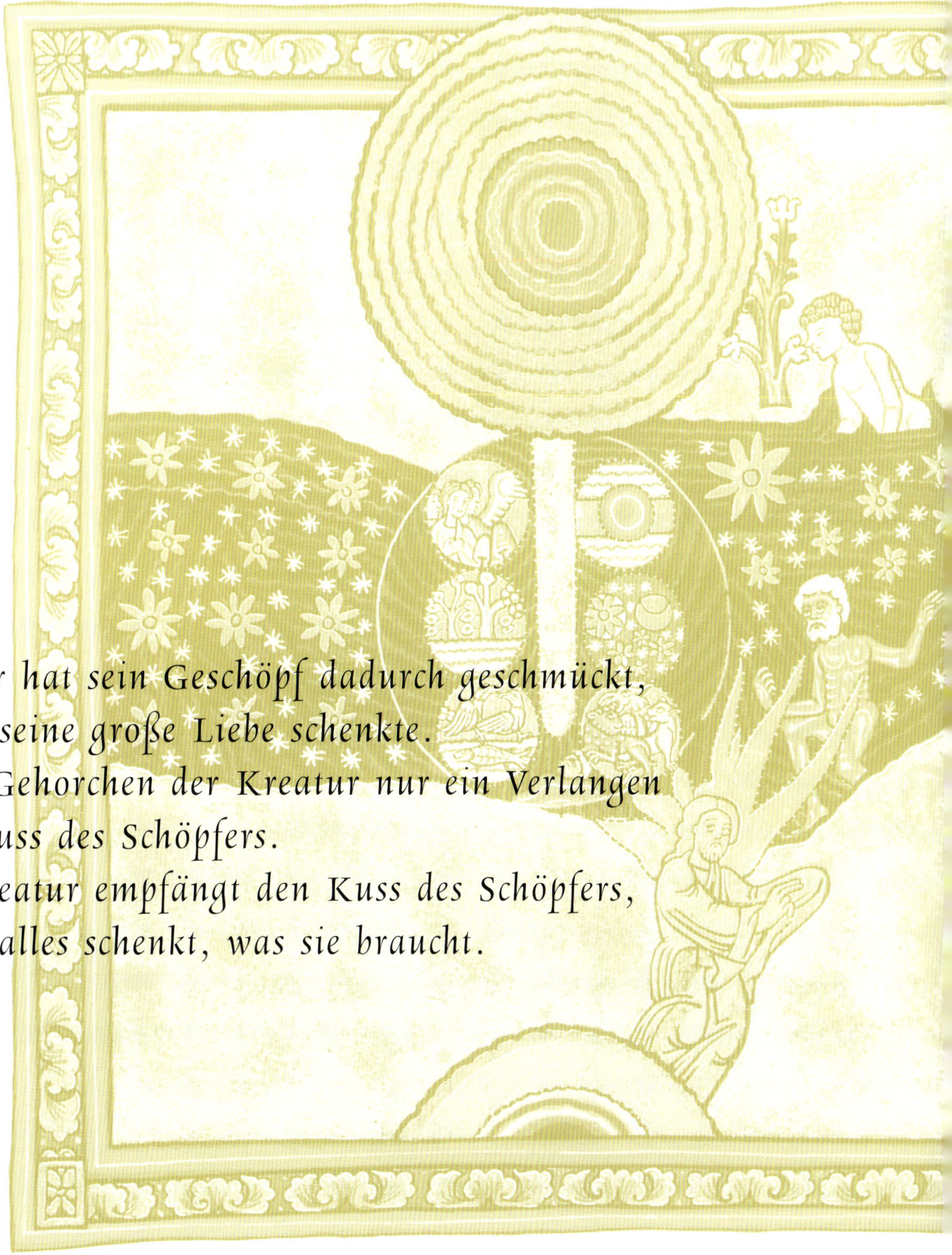

Der Schöpfer hat sein Geschöpf dadurch geschmückt,
dass er ihm seine große Liebe schenkte.
So ist alles Gehorchen der Kreatur nur ein Verlangen
nach dem Kuss des Schöpfers.
Und alle Kreatur empfängt den Kuss des Schöpfers,
da Gott ihr alles schenkt, was sie braucht.

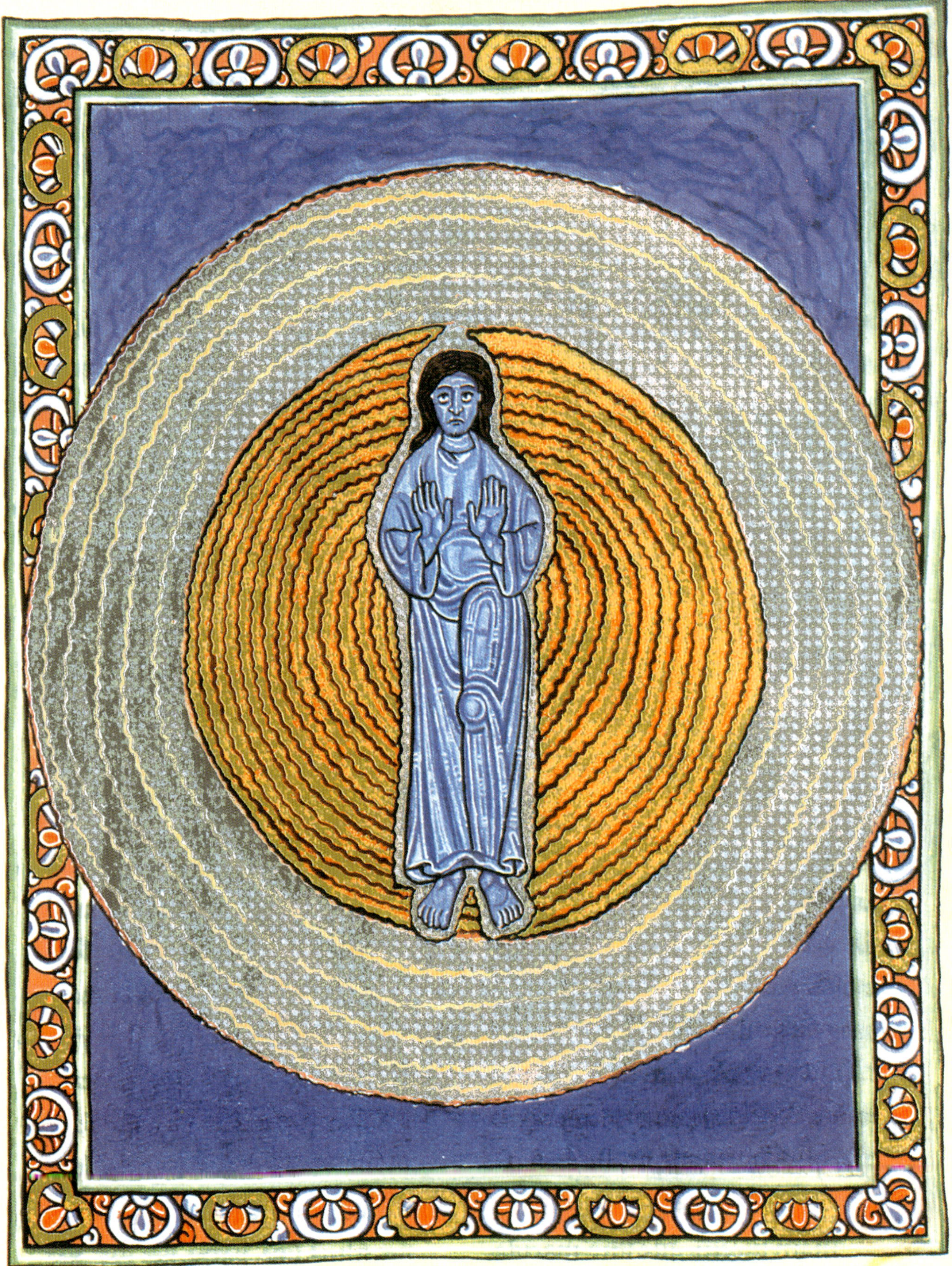

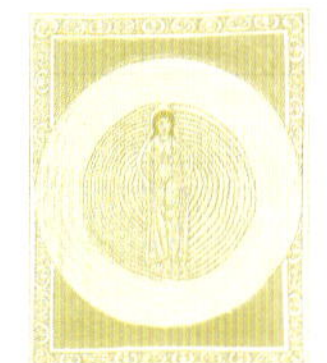

DIE WAHRE DREIHEIT IN DER WAHREN EINHEIT

DER MENSCH SOLL ES NIEMALS VERGESSEN, *mich, den Einen Gott, in diesen drei Personen anzurufen; denn deshalb habe ich sie dem Menschen offenbart, damit er umso glühender in Liebe zu mir entbrenne, da ich ja aus Liebe zu ihm meinen Sohn in die Welt gesandt habe.«*[47]

Hildegard schaute »*ein überhelles Licht und in ihm die saphirblaue Gestalt eines Menschen, die durch und durch von einem sanften rötlichen Feuer glühte.«*[48] Die Bildebene der Vision bringt am schönsten zum Ausdruck, wie sich die drei göttlichen Personen in ihrer Einheit gegenseitig durchdringen, ohne aufzuhören, Person zu sein, schreibt Michael Zöller in »Gott weist seinem Volk seine Wege.«

Die Miniatur zeigt inmitten einer goldfarbenen Kreisfläche, umgeben von breitem silbernen Rand, die saphirblaue Menschengestalt. Von oben einströmendes Licht hebt deren Umrisse hervor. Es ist Jesus Christus, der Erlöser; eins mit dem Vater und dem Heiligen Geist. Seine Hände nehmen die Gebetshaltung des Empfangens des Vaterwillens im Gehorsam und in der Ehrfurcht an. Der überhelle Lichtkreis bezeichnet den Vater, der in der Miniatur den Schmuckrand durchbricht. Er ist der Urquell allen Seins, ohne Ursprung, Fülle des Lichtes. In ihm ist der Sohn, der vor aller Zeit seiner Gottheit nach vom Vater gezeugt, doch dann in der Zeit, gemäß der Menschheit Fleisch wurde, doch sich nie von ihm trennte in der Zeit. Er ist die Fülle der Fruchtbarkeit. Die Goldscheibe mit den Wellenlinien in der Miniatur verweist auf den Heiligen Geist als funkelndes Feuer, der Leben allen Lebens ist, ohne Dürre finsterer Sterblichkeit. Das überhelle Licht, das rötliche Feuer, die saphirblaue Menschengestalt bilden ein einziges Licht in gleicher Kraft und Stärke. Dabei vermischen sich die drei göttlichen Personen nicht, sondern jede der Personen wahrt in der Gottheit ihre Identität.

Hildegard wird noch mehr erklärt, wie die Dreifaltigkeit in einer Gottheit zu betrachten ist, das im Bild nicht zum Ausdruck kommt. Dreiheit und Einheit in Gott bilden sich in der Schöpfung und in den Geschöpfen ab. Sie spricht von den drei Kräften des Steines, der Flamme und des Wortes.

Der dreifaltige Gott offenbart sich den Menschen als seinen Geschöpfen aus Liebe. Als »die umarmende Mutterliebe Gottes« nährt das Wort Gottes die Menschen zum Leben. »*So erkenne, o Mensch, den einen Gott in drei Personen, der dich in der Kraft seiner Gottheit erschaffen und dich von dem Verderben erlöst hat. Vergiss nicht deines Schöpfers.«*[49]

»*Umfasse Gott so im Licht deiner Lebenskraft, bevor die Stunde der Rechtfertigung für deine Werke kommt, wenn alles offenbar werden wird.«*[50]

»*Lob sei der Dreieinigkeit! Sie ist Klang und Leben, Schöpferin des Alls, Lebensquell von allem, Lob der Engelscharen, wunderbarer Glanz all des Geheimen, das den Menschen unbekannt, und in allem ist sie Leben«*[51]

[47] Wisse die Wege, S. 109.
[48] Wisse die Wege, S. 108.
[49] Wisse die Wege, S. 113.
[50] Wisse die Wege, S. 113.
[51] Lieder, S. 231.

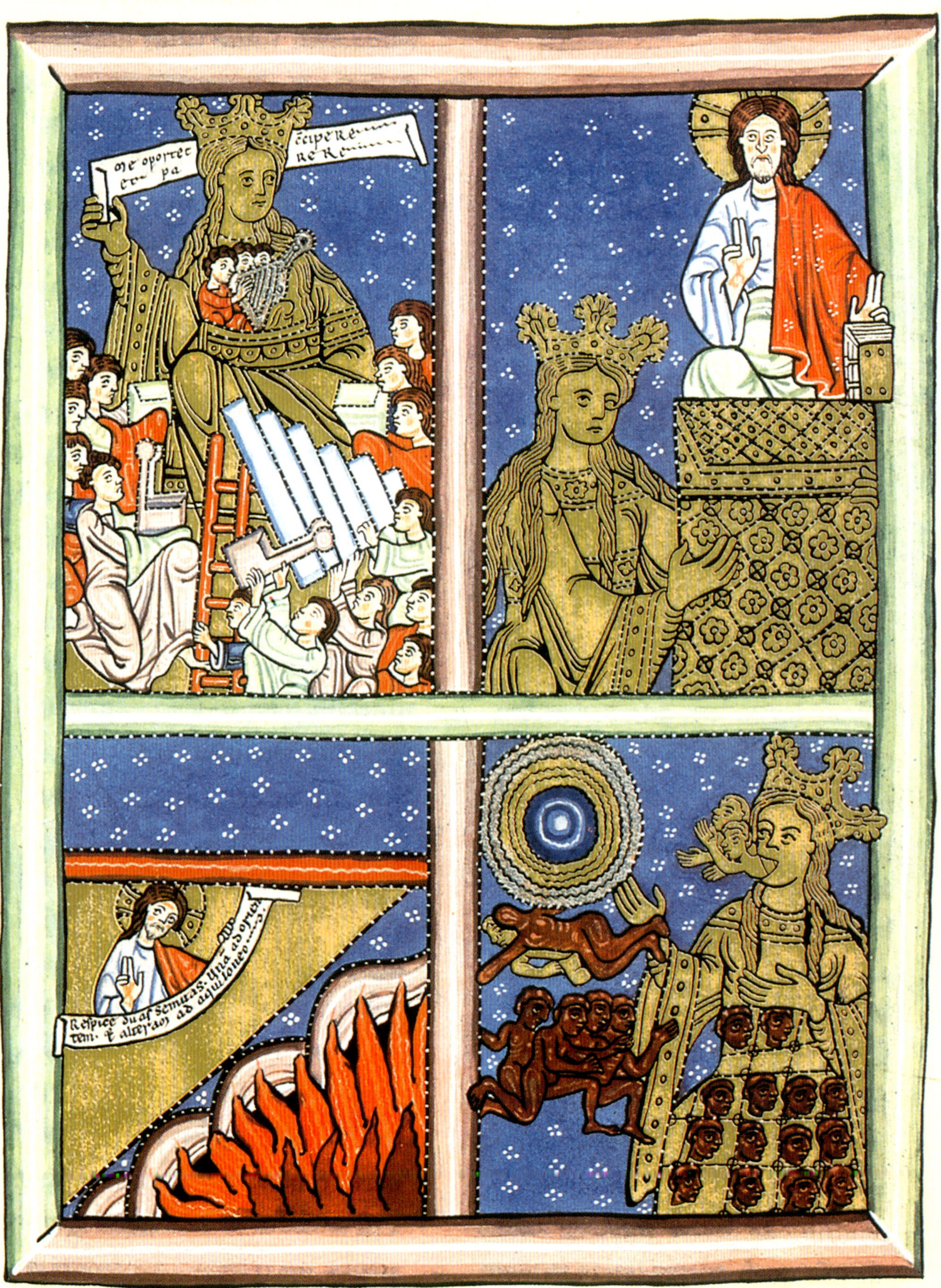
Me oportet cōcipere
et pa rere
Respice duas semitas. unā ad orientem. & alterā ad aquilonem

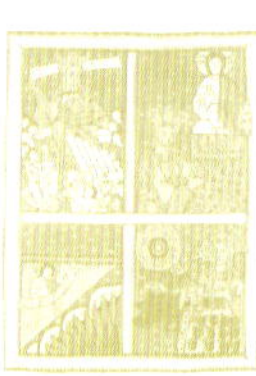

Mutterschaft aus dem Geiste und dem Wasser

»Der vollständige Bau aus lebenden Seelen, *der im Himmel aus lebendigen Steinen errichtet wird, ist mit dem unermesslichen Schmuck der Tugenden seiner Kinder geziert. Er umfasst sie wie eine sehr große Stadt eine riesige Menschenmenge umfasst und ein weites Netz eine ungeheure Menge Fische.*«[52]

Nachdem in den ersten beiden Miniaturen des zweiten Buches *Scivias* das Erlösungswerk des dreifaltigen Gottes erläutert wird, beschreiben die folgenden Bilder die Vergegenwärtigung der Erlösung in der Kirche und ihren Sakramenten. »*Gott schenkt den Menschen durch die Kirche das Heil, indem er ihnen durch die Sakramente seinen Weg in die Nachfolge seines Sohnes eröffnet, sie auf ihm festigt und stärkt und die Menschen, wenn sie gesündigt haben, in der Buße wieder auf den Weg Gottes zurückführt.*«[53]

Die Miniatur zeigt in Teildarstellungen das Wesen der Kirche und das Sakrament der Taufe. Riesengroß wie eine Stadt erscheint der Seherin die Frauengestalt als die neue Braut und Mutter. Sie erstrahlt von einem überhellen Licht, denn die wahre Sonne Jesus Christus durchstrahlt sie, ihr Haupt mit einem Schmuck umkränzt, vom Schmuck der Apostel und Märtyrer. Aber sie ist noch nicht vollendet, deshalb nicht in voller Gestalt sichtbar. Die heilsgeschichtliche Entwicklung der Kirche als der jungfräulichen Braut des Sohnes Gottes ist in der Miniatur im lichtvollen Glanz der Gestalt angedeutet.

Der »Ort« der Kirche ist der Altar, den sie rechts oben mit ausgebreiteten Händen umfasst. Auf dem Altar zeigt sich Christus, der zugleich Hoherpriester und Opfergabe ist. Vom Altar aus überblickt die Kirche den gesamten Horizont der Welt.

Ihr eigenes Wesen drückt die Kirche auf dem Spruchband links oben mit den Worten aus: »*Ich muss empfangen und gebären.*«[54] Auf der Brust blitzt ein rötlicher Schein wie Morgenrot. Das Lied, das daraus ertönt, preist Maria als die »funkelnde Morgenröte«. Engel eilen herbei und bereiten Stufen, Leitern und Sitze für die Menschen, durch die die Kirche vollendet werden soll.

[52] Wisse die Wege, S. 118.
[53] Michael Zöller, S. 248.
[54] Wisse die Wege, S. 117.

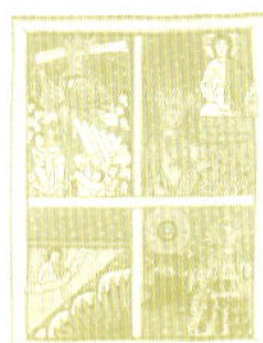

In der unteren Teildarstellung der Miniatur ist die Taufe dargestellt als Wiedergeburt der Gläubigen aus Geist und Wasser. In ihrem Leib trägt die Kirche das Fischernetz Petri, in das Menschen gleich dunkelhäutigen Fischen hinein schwimmen. »Die gesegnete Mutter« zieht diese zu ihrem Haupt empor, so dass sie durch ihren Mund verwandelt in Licht hervorgehen. Sie sind für das neue Leben in Christus geboren. Die Frauengestalt weist auf den dreifaltigen Gott hin, denn die Täuflinge sind auf den Vater, den Sohn und den Heiligen Geist getauft.

Und die Kirche spricht zu jedem ihrer Kinder:

»Lege den alten Zustand der Ungerechtigkeit ab und bekleide dich mit der neuen Heiligkeit. Denn das Tor zu deinem Erbe ist dir wieder erschlossen. Bedenke also, wie du belehrt worden bist, den als deinen Vater zu erkennen, zu dem du dich bekannt hast.Blicke nun also auf die beiden Pfade, den einen nach Osten (Reich Gottes), den anderen nach Norden (Region des Teufels). Wenn du daher mit deinen inneren Augen gewissenhaft auf mich schaust, wie du im Glauben belehrt wurdest, werde ich dich in mein Reich aufnehmen. Wenn du mich aufrichtig liebst, werde ich tun, was du willst. Wenn du mich aber verachtest und dich von mir abwendest und du zum Teufel eilst, als ob er dein Vater wäre, wird dich das Verderben ereilen.«[55]

In der Miniatur werden die beiden Wege durch die klare farbliche Trennung zwischen dem Höllenfeuer und dem Licht Gottes dargestellt.

Die Mutter Kirche schaut ihre Kinder, die durch sie hindurchgegangen waren und nun im Licht wandeln, gütig an und sagt mit trauriger Stimme: *»Diese meine Kinder werden wieder zum Staub zurückkehren. Trotzdem empfange und gebäre ich viele, die mich, ihre Mutter, mit verschiedenen Drangsalen ermüden und bedrücken. Denn sie bekämpfen mich durch Irrlehrer und Schismatiker, mit nutzlosen Streitereien, mit Räubern und Mördern, Ehebrechern und Unzüchtigen und mit anderen Verirrungen dieser Art. Jedoch sehr viele von ihnen erstehen in wahrer Reue zum ewigen Leben, auch sehr viele verfallen in falscher Verhärtung dem ewigen Tod.«*[56]

[55] Wisse die Wege, S. 117.
[56] Wisse die Wege, S. 117–118.

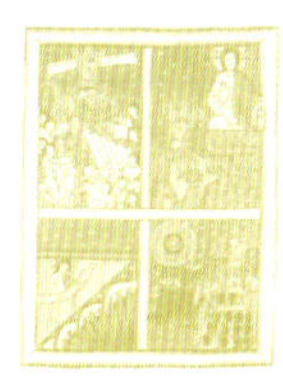

Daher siehst du nun eine Frauengestalt
von solcher Größe wie eine große Stadt.
Sie bezeichnet die Braut meines Sohnes – die Kirche –
die durch die Wiedergeburt im Geist und im Wasser
immer neu ihre Kinder gebärt.
Kein Gegner vermag sie zu erobern,
da sie den Unglauben von sich vertreibt
und sich gläubig ausbreitet.

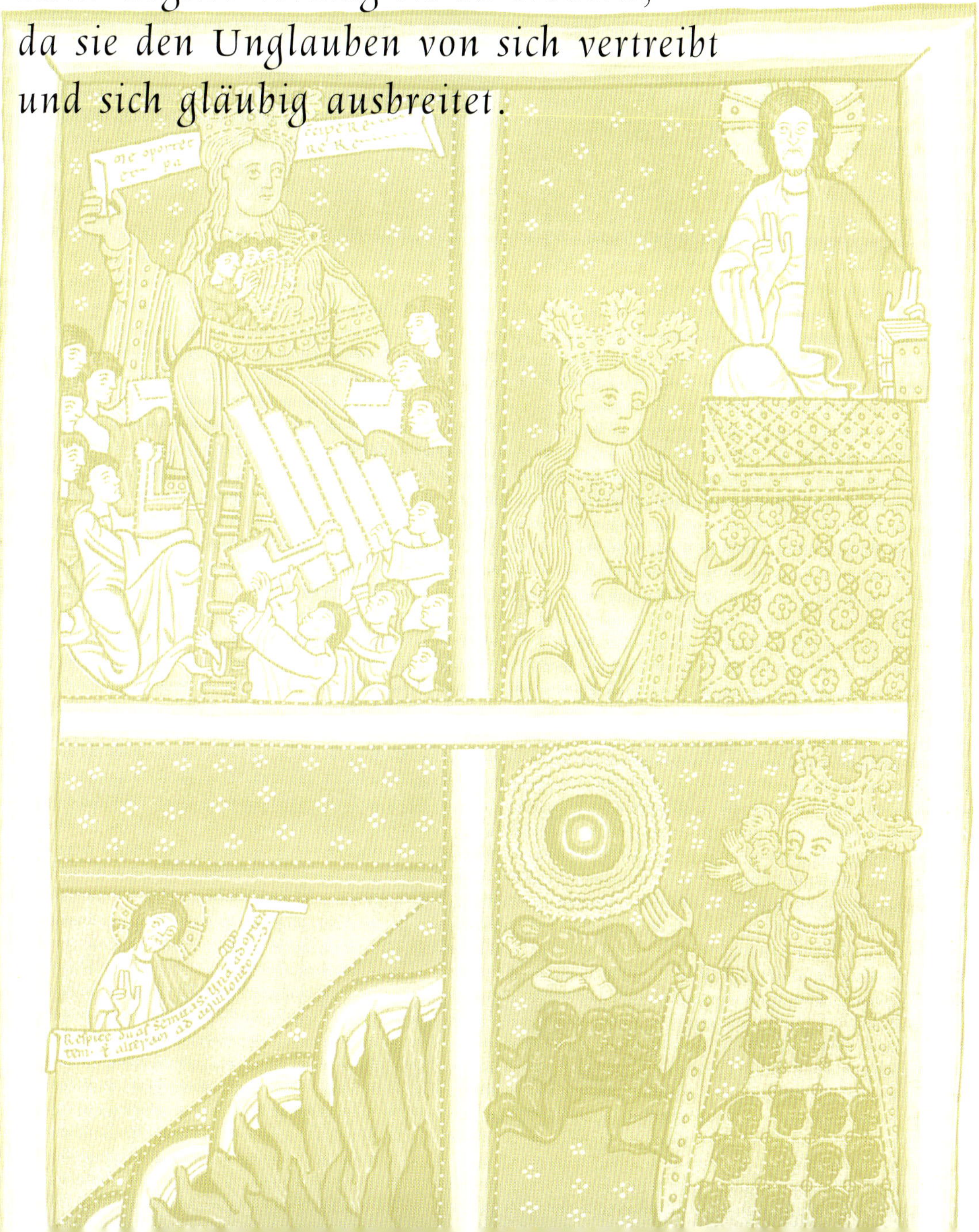

I. Quod omnis baptizatus per unctionem episcopi ornari et stabiliri debet.

II. Quod immensa et indeficiens dulcedo spiritus sancti datur in confirmatione.

III. Quod ineffabilis trinitas in confirmatione manifestatur et viridissimis virtutibus declaratur.

IIII. Quod ecclesia unctione spiritus sancti munita numquam in errore perversitatis deici potest.

V. Verba moysi de eadem re.

VI. Quod baptizati in unctione crismatis a pontifice decorantur.

VII. Verba libri regum ad eandem rem.

VIII. Quod baptizatus et non confirmatus claritatem baptismatis habet. sed ornatum et fulgorem unctionis superiorum doctorum suorum non habet.

VIIII. Quod in honore spiritus sancti per solos episcopos confirmatio exercenda est.

X. Qui confirmandum manibus tenet. in carnali procreatione ei non coniungatur.

XI. Qui post baptismum ad diabolum revertitur. nisi peniteat condempnabitur. qui autem baptismum fideliter sequitur. a deo suscipitur. ecclesia pro filiis suis deum exorante.

Tres modi quibus ecclesia resonat ut tuba.

XII. De diversitate baptizatorum multimoda.

XIII. Verba ezechielis de eodem.

Quarta visio secunde partis.

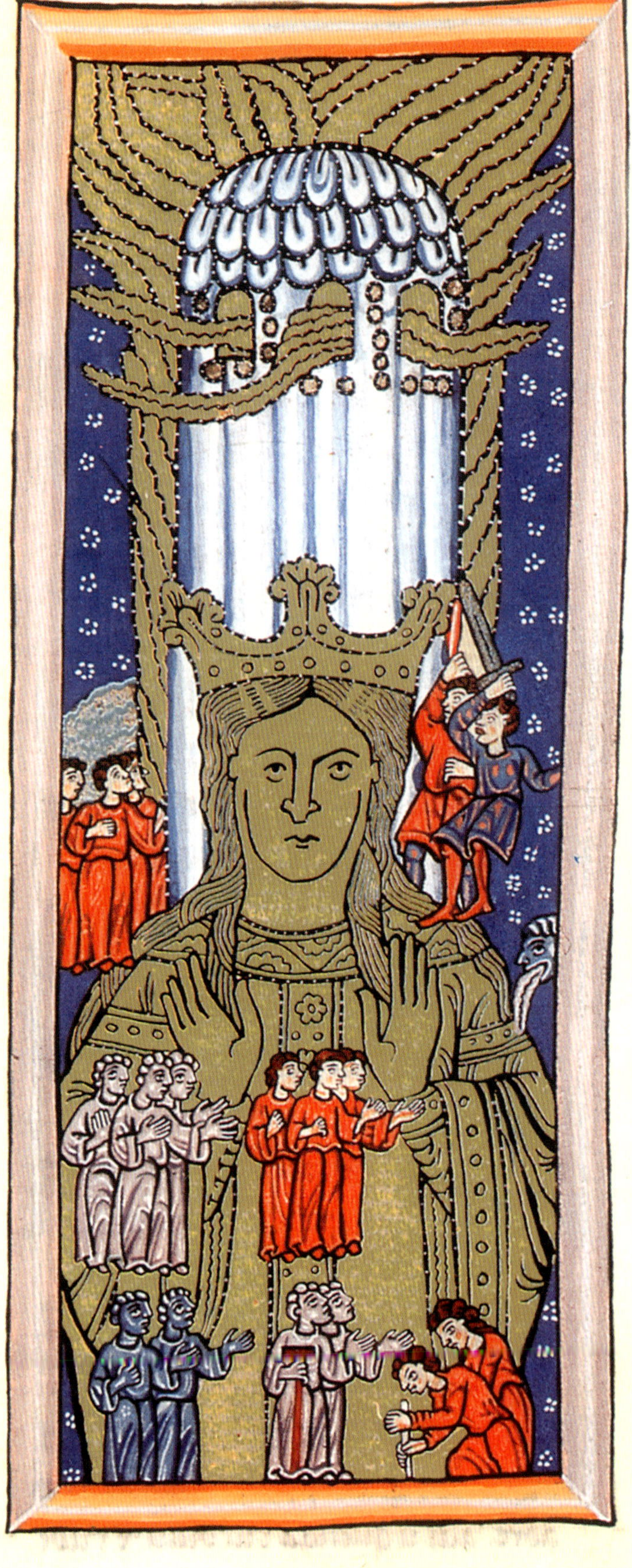

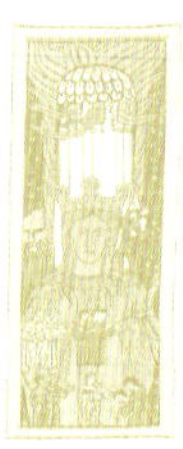

Gesalbt mit dem Heiligen Geiste

W**ie die Kirche, die neue Braut des Lammes** – *sie hat ihren Ursprung in der Sonne der Gerechtigkeit, die die Welt in ihrer Taufe geheiligt hat – nach der Erleuchtung durch die Fluten in der Feuerglut des Heiligen Geistes zur Vollendung ihrer Schönheit geschmückt und gestärkt ist, so muss auch der gläubige Mensch, der die Wiedergeburt in Geist und Wasser (die hl. Taufe) empfangen hat, durch die Salbung des höheren Lehrers bezeichnet und gefestigt werden.«*[57]

Ein großer runder Turm aus einem weißen Stein mit der Frauengestalt, der Kirche, in der Menschen hindurch ziehen, prägen diese Miniatur. Der Turm aus einem einzigen weißen Stein symbolisiert den Heiligen Geist in seiner leuchtenden Klarheit, der alle Geschöpfe umkreist. Aus den drei Fenstern des Turmes, die mit Smaragden besetzt sind (diese bedeuten die Tugenden und Mühen der Apostel) bricht ein heller Glanz hervor. Der Dreifaltige Gott tut sich in der Ausgießung der Gaben des Heiligen Geistes kund. So wie die Kirche vom Heiligen Geist erfüllt, gestärkt und geführt ist, so sollen auch die Getauften gefirmt, d.h. mit Heiligem Geist erfüllt werden.

Das Visionsbild zeigt die Frauengestalt vor dem Turm, die Kirche im Heiligen Geist gefestigt. Die Kirche ist mit der feurigen Gabe des Heiligen Geistes ausgerüstet, so dass sie »*niemals durch den Irrtum irgendeiner Sünde wird gestürzt werden können. Denn durch den himmlischen Schutz wird sie sich immer an der Liebe ihres Bräutigams erfreuen.*«[58] Dies verdeutlicht die Miniatur in der goldenen (göttlichen) Farbe der Kirchengestalt, die mit geöffneten Händen in der Haltung des Empfangens in der Mitte vor dem weißen Turm steht, der ebenso in goldenes Licht getaucht ist. Hildegard schaute Menschen, die durch den Leib der Gestalt hindurch zogen, in großer Herrlichkeit aufleuchten. Sie haben die Unschuld der Herzensreinheit der Taufe bewahrt als Kinder des Lichtes. Sie sind von der Stirn bis zu ihren Füßen von Goldglanz übergossen, von der Salbung im Heiligen Geist. Andere leuchten ohne Goldglanz, weil sie nur im Bad der Taufe gereinigt sind, nicht die Salbung mit Chrisam besitzen, sie sind noch nicht gefirmt, noch nicht mit Heiligem Geist gesalbt. Die Kirche ruft den Menschen zu: »*Fürchtet den Vater, liebt den Sohn, glüht im Heiligen Geist!*«[59]

[57] Wisse die Wege, S. 138.
[58] Wisse die Wege, S. 140.
[59] Wisse die Wege, S. 144.

»*O Mensch, lass dich in der Wiedergeburt zum Heil reinigen und mit der Salbung der Heiligkeit salben, meide den Tod und folge dem Leben.*«[60] Dass einige der Menschen auf einen hellen Glanz blicken (auf den dreifaltigen Gott), andere auf einen unruhigen Schein, der im Osten flackert, ist im Bild nicht klar zu erkennen.

Die Menschen, die den reinen Glanz betrachten, haben helle Augen und starke Füße und gehen beherzt im Leib der Gestalt umher. Weil sie nach dem Himmlischen trachten, richten sie sich nach den Geboten Gottes in ihrer hingabebereiten Einstellung. Andere haben kranke Augen und schwache Füße, gehen mit Krücken und gebeugt in der unteren Bildhälfte. Sie werden vom Wind hin und her geweht, weil sie sich hochmütig in abweichenden Sitten ergehen.

Diese Vision zeigt auch die Verschiedenheit der Getauften, Menschen mit hellen Augen und schwachen Füßen, die vor der Kirchengestalt in der Luft umher schweben. Sie hinken in der Erfüllung der Gebote. Menschen mit kranken Augen und starken Füßen wanken matt vor der Gestalt dahin. Sie haben ihren Sinn mehr auf das Irdische als auf das Himmlische gerichtet. Andere machen sich von der Gestalt davon, bekämpfen die Kirche, belästigen sie mit Irrtümern. Dass einige dann wieder zurückkehren durch Buße, andere verhärtet bleiben im Stolz, ist in der Miniatur nicht zu sehen.

Gott festigt die Menschen durch die Firmung auf ihrem Weg, die Taufe zu leben.

[60] Wisse die Wege, S. 144.

Die Kirche wird niemals durch den Irrtum irgendeiner Sünde
noch durch die Torheit des Irrtums gestürzt werden können.
Denn durch den himmlischen Schutz
wird sie sich immer an der Liebe ihres Bräutigams erfreuen.

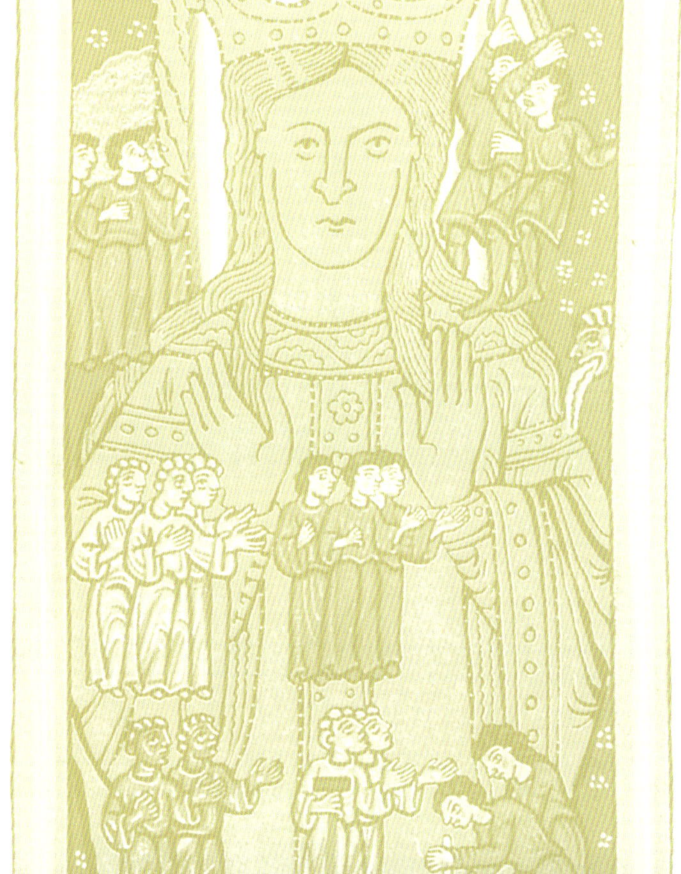

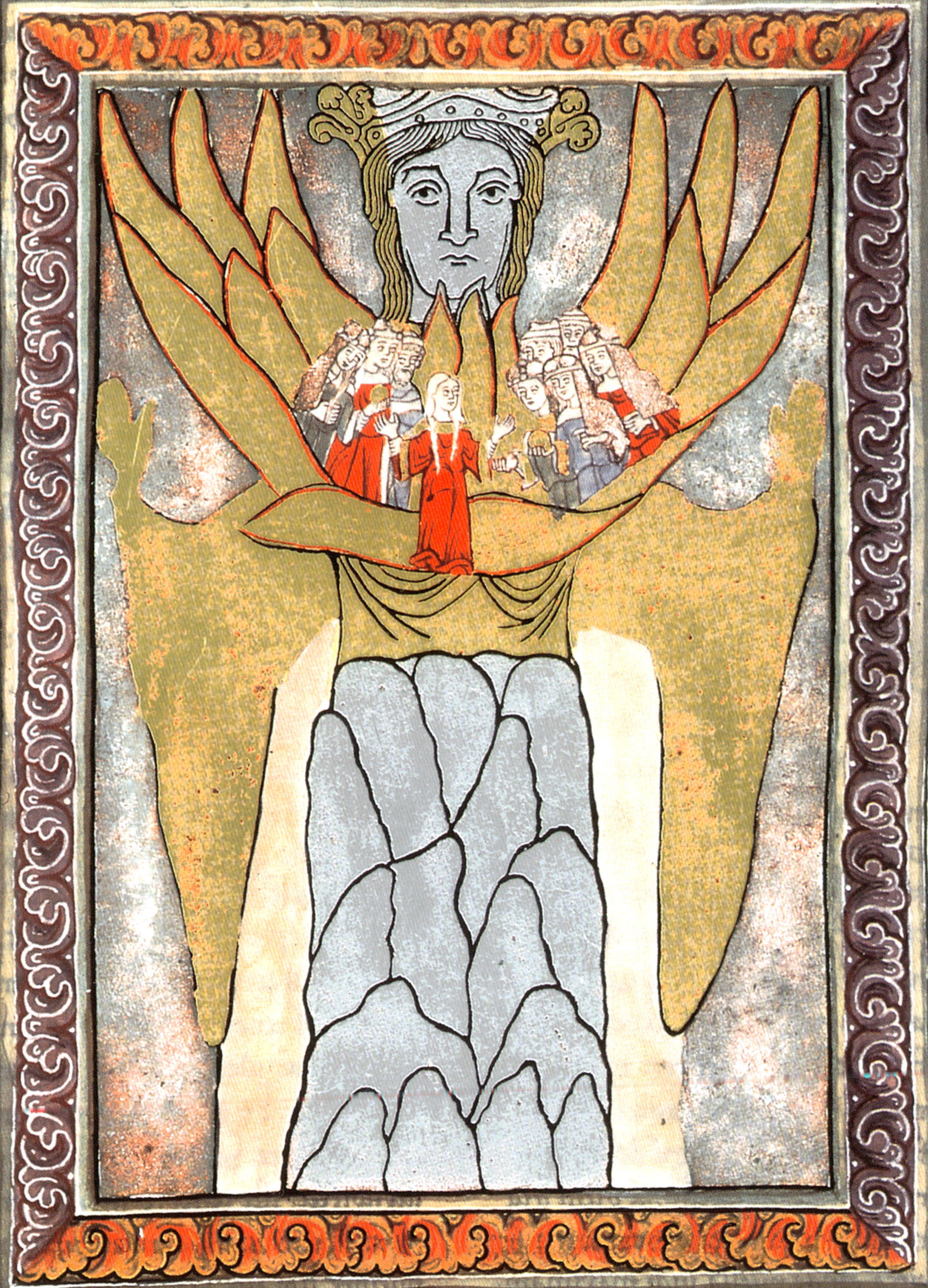

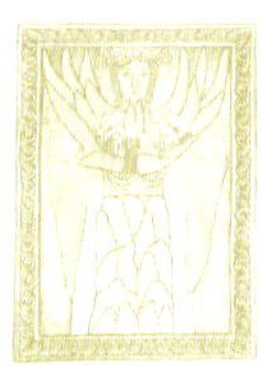

Der mystische Leib

Gott weist seine Wege in den Ständen der Kirche und ruft so alle Menschen in die Nachfolge seines Sohnes. Diese Darstellung vermittelt nur andeutungsweise, welche Durchblicke Hildegard zum Mysterium der Kirche geschenkt wurden.

»Betrachte doch die Sonne, den Mond und die Sterne. Ich habe die Sonne geformt, damit sie am Tag leuchtet, und den Mond und die Sterne, damit sie in der Nacht leuchten. Die Sonne aber bezeichnet meinen Sohn, der aus meinem Herzen hervorgegangen ist und die Welt erleuchtet hat. Der Mond bezeichnet die Kirche, die meinem Sohn in wahrer himmlischer Vermählung angetraut ist. Die Sterne, die sich in ihrer Leuchtkraft unterscheiden, bezeichnen die Angehörigen der verschiedenen Stände des kirchlichen Lebens.«[61]

Die Miniatur zeigt die Kirche als mystischen Leib, der von den Ständen der Weltlichen, der Kleriker, der Ordensleute gebildet wird.

Eine Frauengestalt ist vom Scheitel bis zur Kehle umstrahlt von einem schneeweißen kristallklaren Glanz, ihr Oberkörper ist wie in ein goldenes Licht getaucht. Sie verbreitet einen Lichtschein bis in den Himmel. Die apostolische Lehre umgibt die unversehrte Braut, die Kirche. *»Sie hat die reinste Menschwerdung dessen verkündet, der vom Himmel in den Schoß der Jungfrau hinabstieg und der der stärkste und leuchtendste Spiegel aller Gläubigen ist.«*[62]

Die Priester, die Nachfolger der Apostel, haben dem Volk die geistige Speise zu reichen und Gott ein unbeflecktes Opfer darzubringen. In weitem Gewand mit erhobenen Händen steht die Kirche in der Haltung der Betend-Segnenden, der »Orante«. Auf ihrer Brust entspringt ein Blütenkelch, der wie Flügel geöffnet ist und wie Morgenrot leuchtet. Eine schöne mädchenhafte Gestalt im roten Gewand mit zum Gebet erhobenen Händen schaute Hildegard an der Brust, im Blütenkelch der Gestalt. Sie hörte eine Stimme vom Himmel sprechen: *»Das ist die Blüte im himmlischen Zion, die Mutter und Blüte der Rosen und die Lilie der Täler. O du Blüte, du*

[61] Wisse die Wege, S. 152.
[62] Wisse die Wege, S. 152.

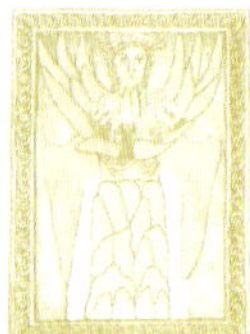

wirst dem Sohn des allmächtigen Königs vermählt werden, dem du, wenn du zu deiner Zeit erstarkt bist, eine sehr namhafte Nachkommenschaft hervorbringen wirst.«[63]

Diese Aussage deutet auf Maria hin.

Hinter Maria, tiefer im Blütenkelch, werden acht Gestalten sichtbar, die für eine ungeheure Schar von Menschen stehen. Sie leuchten heller als die Sonne, sind mit Gold und Edelsteinen, mit verschiedenen Symbolen ihres Standes geschmückt. Einige tragen Schleier, andere Mitren auf dem Haupt. Es sind die Jungfräulichen, die die Milde und das Leiden des Gottessohnes in himmlischer Liebe nachahmen, die der Glaube in ihren Herzen entzündet. Diese werden Töchter Zions genannt. Bei ihnen ertönt Zitherspiel, alle Art von Musik, Jubel und Freude. Sie singen das neue Lied.

Unter dem Glanz der Morgenröte schaute Hildegard zwischen Himmel und Erde dichteste Finsternis heranrücken durch den Sündenfall. »*Wenn der Sohn Gottes nicht am Kreuz gelitten hätte, würde jene Finsternis es keineswegs zulassen, dass der Mensch zur himmlischen Herrlichkeit gelangt.«*[64] Die Darstellung der Finsternis fehlt. (Vermutlich sollte sie durch eine dunkle Tönung der beiden freigebliebenen Pergamentstreifen rechts und links der bergeshohen Gestalt angedeutet werden.)

Die Miniatur ist nicht dem Visionstext entsprechend ausgemalt. So müsste der breite Gürtel der Kirche unter der Brust mit dem Blütenkelch purpurn- und hyazinthfarbig sein. Hier sind die Ordensleute angesiedelt, als Gürtel der Kirche, weil sie von der Menschwerdung des Sohnes Gottes ergriffen und die Lebensweise der Engel im Gotteslob führen.

Ein anderer Glanz wie eine blendenweiße Wolke umgibt die Gestalt vom Nabel abwärts. Er bedeutet das Leben der Laien. Diese tragen sehr zur Verherrlichung der Kirche bei, wenn sie Gott liebend in aufrichtiger Demut und Hingabe umfangen. Der dreifache Glanz der Stände in der Kirche breitet sich in den Nachkommen der Generationen aus, angedeutet in den Sitzreihen und Stufen im Leib der Kirche. In ihrem untersten Teil ist die Kirche unvollendet.

[63] Wisse die Wege, S. 151.
[64] Wisse die Wege, S. 151.

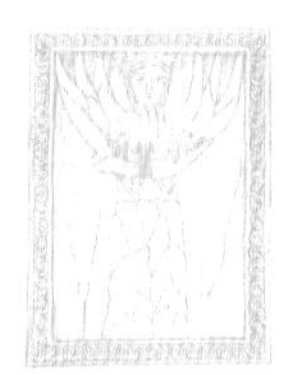

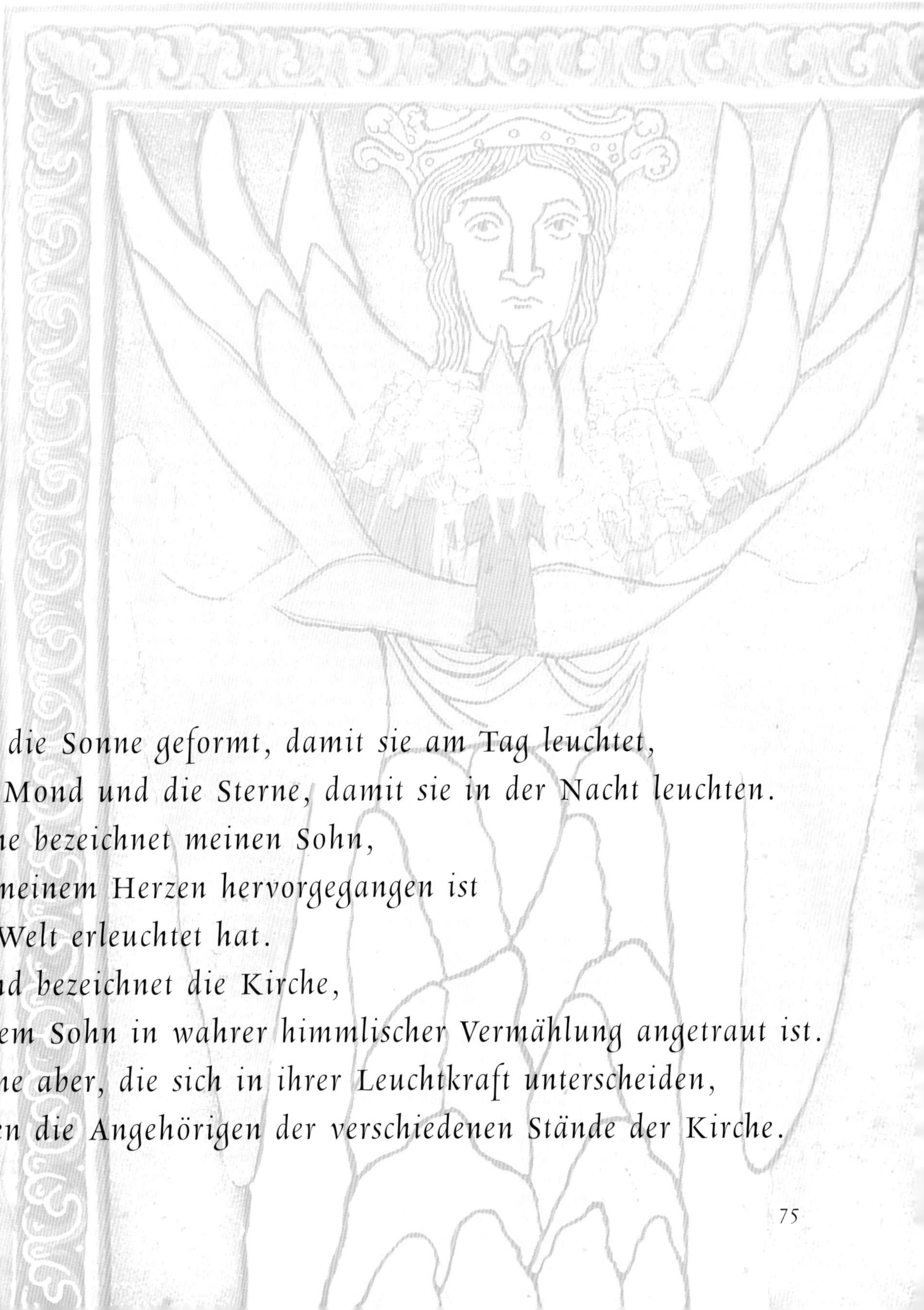

Ich habe die Sonne geformt, damit sie am Tag leuchtet,
und den Mond und die Sterne, damit sie in der Nacht leuchten.
Die Sonne bezeichnet meinen Sohn,
der aus meinem Herzen hervorgegangen ist
und die Welt erleuchtet hat.
Der Mond bezeichnet die Kirche,
die meinem Sohn in wahrer himmlischer Vermählung angetraut ist.
Die Sterne aber, die sich in ihrer Leuchtkraft unterscheiden,
bezeichnen die Angehörigen der verschiedenen Stände der Kirche.

lxxxvi. Quod nemo propter pondus peccatorum
suorum desperet.

lxxxvii. Euuangelium de eodem.

lxxxviii. Quod peccata et per elemosinam et per cor
poralem satisfactionem deleri de-

lxxxviiii. De libro sapientie. §-bent

xc. Quod elemosina lacus uoluptatum hominum

xci. Qui elemosinam dant. et qui §sunt.
eam susceperunt. hoc in uanum non faci

xcii. Quod pauperes et diuites. et hono§ant.
rem potestatis appetentes. unumquemque
secundum intentionem suam remunerat.

xciii. Quod sacerdotes exorando et coher
cendo moneant populum de confessi

xciiii. Quod sacerdotes aucto §one.
ritatem magisterii populo non osten
dentes. non sacerdotes sed lupi uo

xcv. Quod elemosina coram deo §cantur.
ululant super iniquitatem sacerdotum.
et celi iniquitatem eorum susceperunt.

xcvi. Quod sacerdotes habent potestatem
ligandi et soluendi.

xcvii. Verba euangelii de eodem.

xcviii. Quod nullus absque culpabili
culpa ligandus est.

xcviiii. Quod si aliquis innocens constrictus
fuerit. propter honorem dei solu
tionem querere debet.

c. Quod rebelles ad christum reuerti no
lentes. et obdurati nullam misericordiam
querentes. antiquum serpentem
imitantur.

cii. Verba diaboli.

ciii. Quod homines de tenebrositate
infidelitatis per incarnationem
filii dei educti sunt.

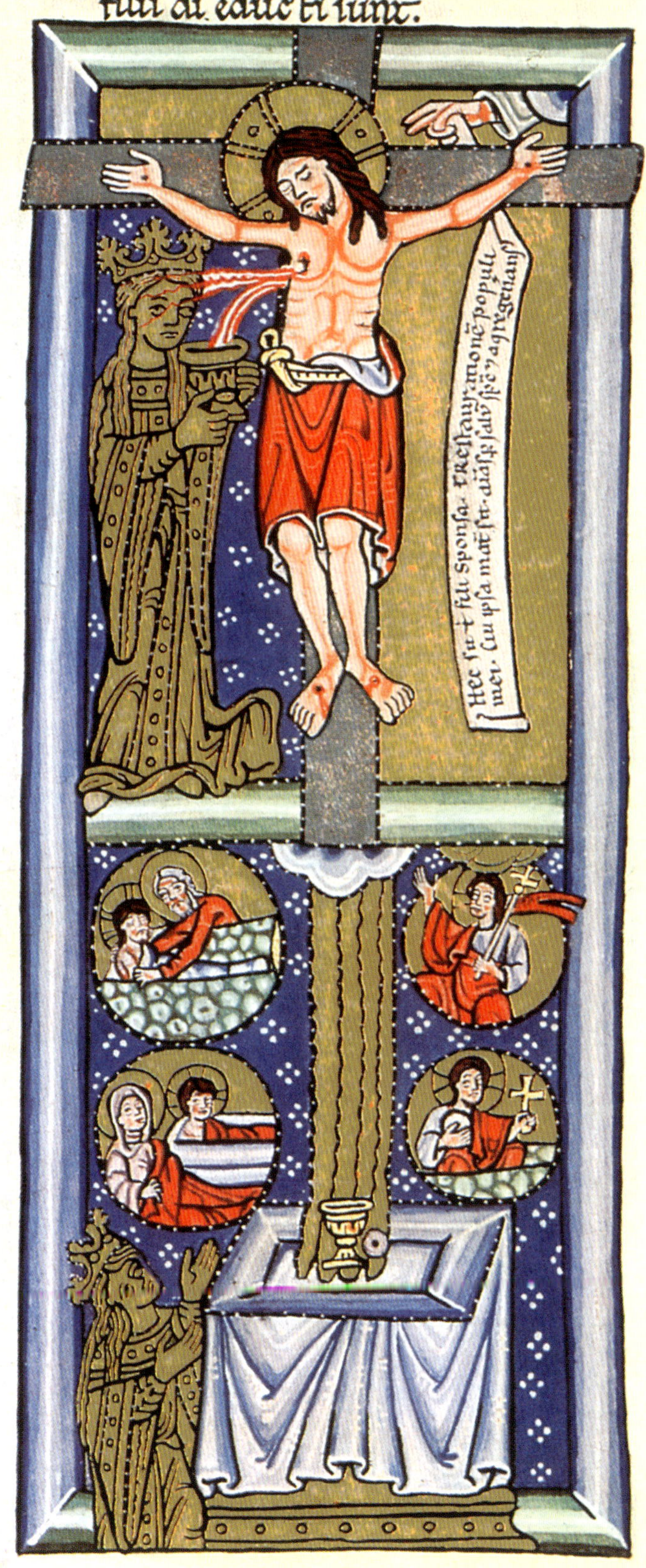

Das Opfer Christi und der Kirche

Diese Vision über den Ursprung der Kirche, über die Feier der hl. Messe und das Sakrament der Eucharistie steht in der Mitte des Buches »Wisse die Wege« und umfasst die Hälfte des zweiten Teils. »*Die Vergegenwärtigung des Heilswerkes vor Gott und den Gläubigen in der Eucharistiefeier erscheint als komplexes Beziehungsgeschehen zwischen Gott und der Kirche, indem sich die heilsgeschichtliche Vergangenheit, die Gegenwart und die eschatologische Bestimmung der Kirche in Gedächtnis, Opfer und Kommunion miteinander verbinden.*«[65]

Die Kirche als Braut Christi wird unter dem Kreuz mit Fleisch und Blut ihres Bräutigams beschenkt und fordert diese Mitgift in der heiligen Messe von Gott ein.

Hildegard schaut den Anfang, den Ursprung, der Kirche (obere Bildhälfte der Miniatur). Die Kirche ging wie ein Lichtglanz aus dem ewigen Ratschluss hervor und wurde durch göttliche Macht dem Sohn Gottes, der am Kreuze hing, zugeführt. Überströmt vom Blut der Seitenwunde des Herrn wurde sie durch den Willen des himmlischen Vaters dem Sohne Gottes angetraut. Als Hochzeitsgabe empfing sie sein heiliges Fleisch und Blut. Und Hildegard hörte, wie die Stimme vom Himmel sprach: »*Diese, mein Sohn, sei dir angetraut zur Erneuerung meines Volkes, dem sie Mutter sein soll, indem sie die Seelen durch die Erlösung in Geist und Wasser neu gebärt.*«[66] Die Kirche ist dem Sohne Gottes im Dienste der Demut und Liebe geeint, sie geleitet ihre Kinder zur himmlischen Heimat. Deshalb empfängt sie sein heiliges Fleisch und Blut als Lebensnahrung auf dem Weg.

In der unteren Bildhälfte schaute Hildegard einen Altar, zu dem die Kirche häufig hinzutrat. Mit tiefer Ehrfurcht schaute sie immer wieder auf ihre Brautgabe und zeigte sie dem Vater und seinen Engeln

Wie einst aus dem Schoß der Jungfrau, so geht sein Fleisch aus der Unversehrtheit der Kirche im Glauben hervor und wird den Glaubenden zu ihrer Heiligung gereicht. Durch den Mund des Priesters erbittet die Kirche ihre Hochzeitsgabe, den Leib und das Blut Jesu Christi. Deshalb umleuchtet die Herrlichkeit des Himmels den Altar, Engel steigen herab. Das Licht bleibt solange über dem Altar, bis sich der Priester nach der Vollendung des hl. Opfers entfernt. Die Kirche schenkt durch die Opferung des hl. Blutes den Seelen das Heil, das neue Leben in Jesus Christus.

[65] Michael Zöller, S. 293.

[66] Wisse die Wege, S. 199.

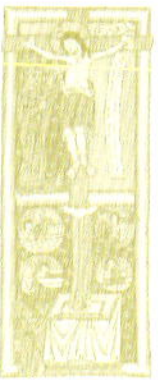

Mit dem »Sanctus« beginnt das unaussprechliche Mysterium: der Himmel öffnet sich und ein feuriges Blitzen fällt auf die Opfergaben hernieder. Göttliche Glut aus der Kraft des Vaters durchflutet diese (goldener senkrecht verlaufender Strom). Wie der Mensch beim Atmen die Luft einzieht und sie wieder ausatmet, so zieht das himmlische Feuer die Gaben von Brot und Wein mit unsichtbarer Kraft in jene verborgene Höhe empor, die ein sterbliches Auge nicht zu schauen vermag. Dann senkt es sich wieder auf den Altar herab. Die Gaben sind durch den Hauch des Heiligen Geistes in das wahre Fleisch und Blut des Herrn verwandelt, obwohl die Gestalten von Brot und Wein bleiben. Geheimnis des Glaubens! Dann leuchteten die Sinnbilder der Geburt, des Leidens, des Begräbnisses, der Auferstehung und Himmelfahrt des Herrn wie in einem Spiegel auf.

Wenn auf dem Altar zum Gedächtnis des Sohnes das Opfer von Brot und Wein dargebracht wird, tritt dem Vater im Himmel vor Augen, was sein Sohn aus Liebe zu den Menschen in der Welt gelitten hat. In diesem Leiden schaut der Vater alle bis zum Ende der Welt voraus, die dieses Sakrament im Glauben annehmen. Hildegard hört den Vater sprechen: »*Esst und trinkt den Leib und das Blut meines Sohnes zur Tilgung der Sünde Evas, damit ihr wieder in euer rechtmäßiges Erbe eingesetzt werdet.*«[67] Durch aufrichtigen Glauben sollen wir im Sichtbaren das Unsichtbare empfangen und in die Erlösung eingehen, in die befreite liebende Verbundenheit mit dem dreifaltigen Gott als Kinder Gottes.

In einer weiteren Miniatur ist der Empfang der Lebensspeise dargestellt. Hildegard sah fünf verschiedene Gruppen von Menschen, die zum Empfang des Sakramentes hinzutraten. »*Die einen waren am Leib leuchtend und in der Seele feurig.*«[68] Sie glauben, ihre Seelen werden durchströmt und entflammt vom Heiligen Geist. »*Andere aber erscheinen am Leib blass und in der Seele finster.*«[69] Lau ist ihr Glaube, schwach ihre Überzeugung. »*Einige aber sind am Körper behaart und starren an ihrer Seele, von vielfacher Unreinheit menschlicher Befleckung besudelt.*«[70] Sie leben schamlos dahin in schmutzigen Lastern. »*Andere aber sind am Leib von spitzen Dornen umgeben und erscheinen an der Seele wie Aussätzig.*«[71] Mit Zorn, Hass und Neid haben sie ihr Herz umzäunt. »*Andere jedoch erscheinen am Körper blutig und in der Seele übel riechend wie ein verwesender Leichnam.*«[72] Sie haben ihre Hand nach dem Leben anderer ausgestreckt, weil sie ihre Augen von der Furcht Gottes abgewandt haben. Dennoch wird der Quell der Erlösung sie durchströmen, wenn sie sich durch würdige Buße reinigen.

Der Vater erwartet von uns, dass wir glauben. Den Menschen aus dem Erdenlehm zu formen oder aus Brot und Wein das Fleisch und Blut des Sohnes Gottes zu bilden, ist für Gott eine Kleinigkeit. Jesus bleibt beim Vater im Himmel und bei den Menschen auf der Erde in der Eucharistiefeier.

67 Wisse die Wege, S. 199–200.
68 Wisse die Wege, S. 200.
69 Wisse die Wege, S. 235.
70 Wisse die Wege, S. 235.
71 Wisse die Wege, S. 236.
72 Wisse die Wege, S. 236.

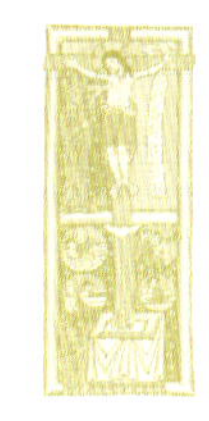

Als Christus, das unschuldige Lamm,
zum Heil der Menschen
auf dem Altar des Kreuzes erhöht wurde,
erschien die Kirche im reinen Glanz des Glaubens
aus dem geheimen Ratschluss
der göttlichen Geheimnisse im Himmel.

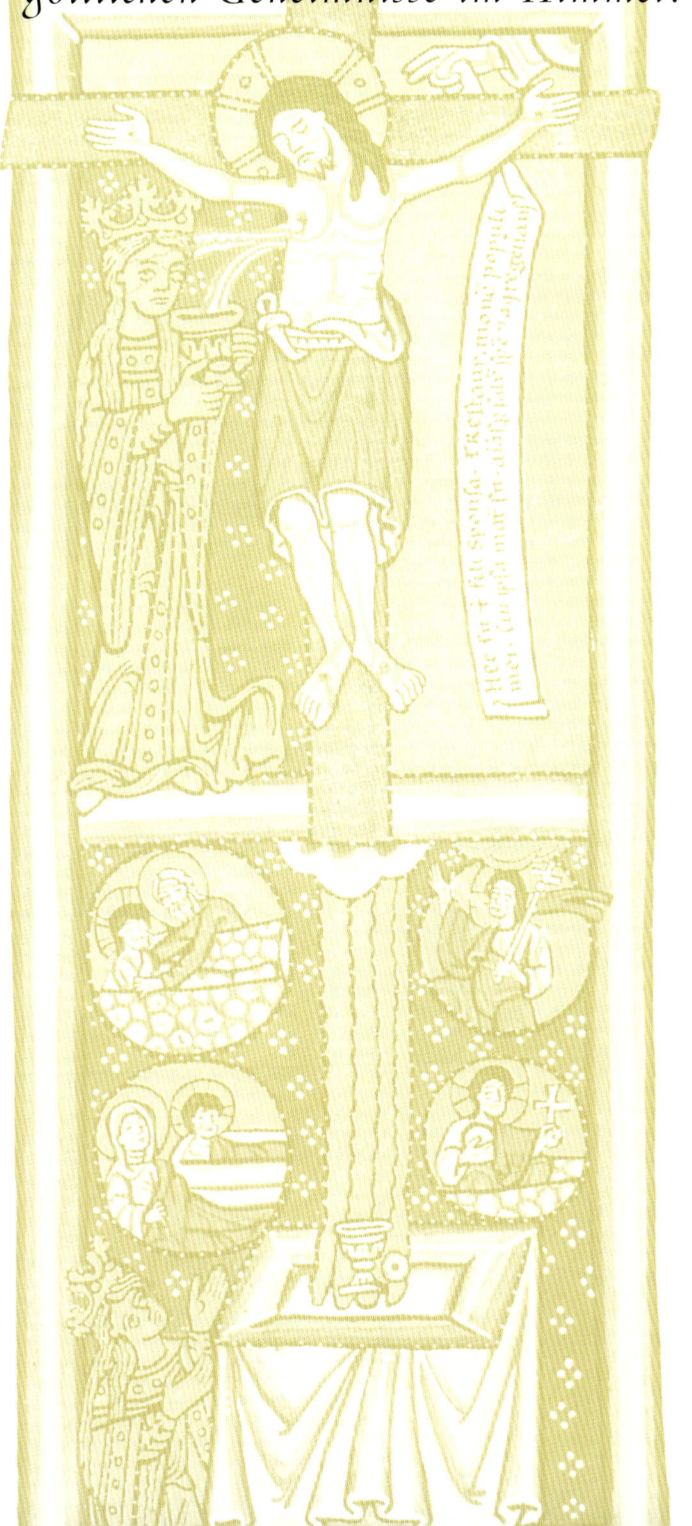

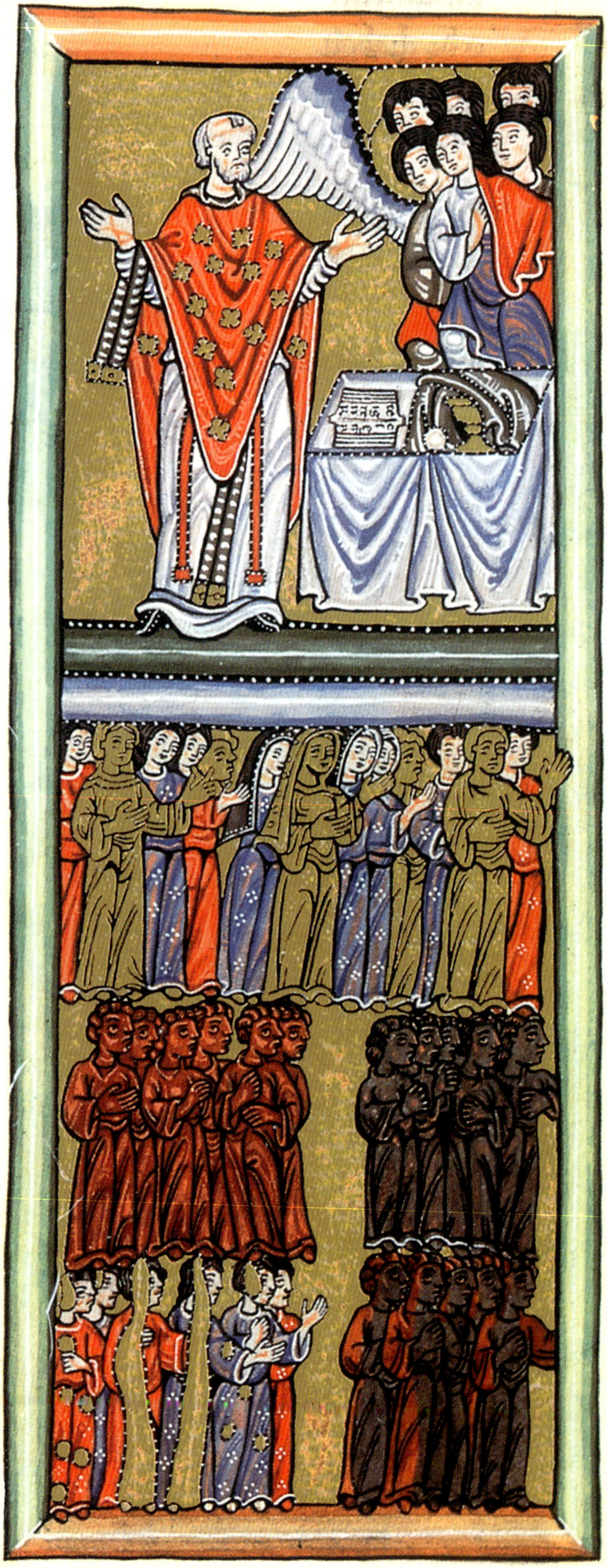

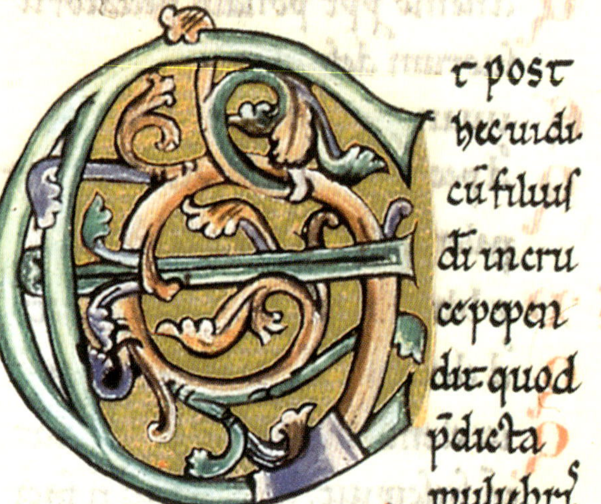t post
hec uidi
cũ filius
dĩ in cru
ce pepen
dit quod xc.
pdicta xci.
muliebri
imago uelut lucidus splendor ex an
tiquo consilio ꝑ pere pgrediens. ꝑ di
uinam potentiam ad ipsũ adducta
ē. & sanguine qui de latere eı̃ flux
it se sursũ eleuante ꝑfusa. ipsi ꝑ uo
luntatem sup̃ni patris felici despon
satione associata ē. atq; carne & san
guine eı̃ nobilit̃ dotata. Et audiui
uocem de celo illi dicentem. Hec fili
sit tibi sponsa ĩ restaurationem po
puli mei. cui ipsa mater sit. animas
ꝑ saluationem spiritus & aquę rege
nerans. Et cum eadem imago iam
hoc m̃ in uiribꝰ suis pficeret. uidi qͦsi
quoddã altare ad quod ipsa freqn̄t
accedebat. & ibi dotem suã deuote
reuisens eam sup̃no patri & anglis
eı̃ humilit̃ ostendebat. Unde etiã
cũ sacerdos sacris uestibꝰ indut. ad
celebranda diuina sacramt̃a ad idẽ
altare accederet. uidi qđ subito
magna serenitas lucis cũ obsequio

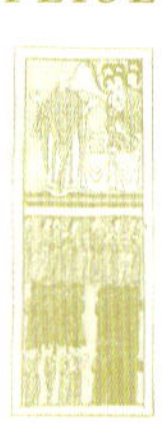

Die Lebensspeise

Diese Miniatur muss mit der vorausgegangenen zusammen gesehen werden. Beide gemeinsam können als Traktat zur Messfeier oder zum Sakrament der Eucharistie bezeichnet werden. Die Gläubigen sollen mit wahrer Andacht das Fleisch und Blut ihres Erlösers essen und trinken, der für sie gelitten und den zeitlichen Tod auf sich genommen hat. So sollen die Menschen das rechtmäßige Erbe im Glauben wiedererhalten.

»*Esst im Glauben, die ihr durch die heilige Taufe zu meinen Freunden geworden seid. Im Leib meines Eingeborenen genießt ihr immer wieder das wahre Heilmittel, damit eure immer wiederkehrenden Vergehen barmherzig getilgt werden.*«[73]

Ein Priester steht am Altar in liturgischen Gewändern, um die göttlichen Geheimnisse zu feiern. Engeln sind anwesend mit einem hellen Lichtschein aus dem Himmel. Es vollzieht sich für die, die glauben, die Wiederherstellung zum Heil, zum Leben in Fülle mit dem Sohn Gottes.

Fünf Arten von Kommunikanten schaute Hildegard, entsprechend der fünf Sinne, die vor Sünde bewahrt und von ihr gereinigt werden sollen.

Die Miniatur zeigt fünf Gruppen von Menschen, die mit unterschiedlicher Disposition (in verschiedenen Farben) zum Empfang der hl. Kommunion hinzutreten. Die einen, die zu diesem Sakrament hinzutreten, haben einen leuchtenden Leib und eine feurige Seele. »*Sie haben den klaren Glauben an dieses Sakrament und zweifeln nicht, dass es der wahre Leib und das wahre Blut meines Sohnes ist. Und in ihrer Seele werden sie von der feurigen Gabe des Heiligen Geistes übergossen und entzündet, damit sie sich nach dem Himmlischen sehnen und in himmlischer Liebe erglühen.*«[74]

Andere erscheinen mit fahlem Leib und finsterer Seele, sie zweifeln. Dennoch stimmen sie mehr dem Geist zu, aber ihr Herz ist lau (die untere helle Gruppe im Bild).
Einige sind behaarten Körpers, und die Seele starrt vom Schmutz menschlicher Verunreinigung. Sie sind hässlich in ihrem Fleisch, unkeusch und schamlos (schwarze Gruppe).

Der Leib mancher ist von spitzen Dornen umgeben, und sie erscheinen mit aussätziger Seele, weil ihr Herz von Zorn, Hass und Neid umgeben ist. Wenn sie so zum göttlichen Geheimnis hinzutreten, verletzen sie sich selbst schwer.

Manche dagegen treten mit blutigem Körper und einer Seele hinzu, die wie ein verwesender Leichnam riecht, weil sie mit roher Hand Menschen zerreißen und ihrer Seele durch die verwesende Fäulnis grausamer Bosheit gleichsam einen schlechten Geruch verleihen.

Den drei Gruppen von Sündern, die sich in ihrer Bosheit gegen Gott auflehnen,
Unzüchtige und Schamlose, von Lastern wie Zorn, Hass und Neid Getriebene, schließlich Mörder und Gewalttätige empfangen die Kommunion zu ihrem Verderben. »*Aber dennoch wird der Quell der Erlösung sie später erreichen, wenn sie sich durch eine würdige Buße bemüht haben, sich von dieser Bosheit zu reinigen.*«[75]

Gott wendet sich den Sündern in der Buße wieder zu.

---

[73] Wisse die Wege, S. 213.
[74] Wisse die Wege, S. 234.
[75] Wisse die Wege, S. 236.

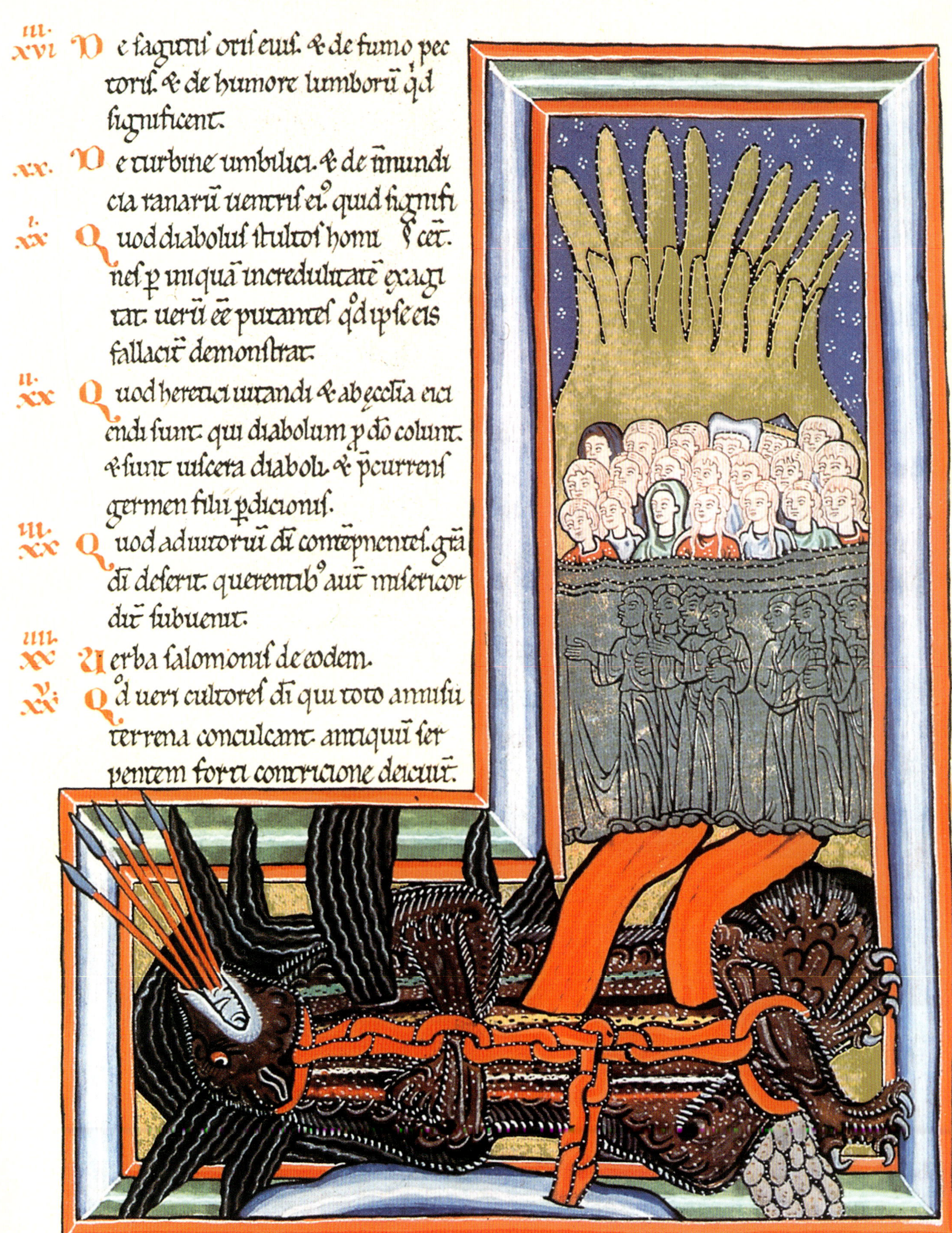

iii. xvi D e sagittis oris eius. & de fumo pec
toris. & de humore lumborũ q̃d
significent.

.xx. D e turbine umbilici. & de ĩmundi
cia tanarũ uentris ei⁹. quid significi

i. xx Q uod diabolus stultos homi cet̃.
nes p̃ iniquã incredulitatẽ exagi
tat. uerũ ẽẽ putantes q̃d ipse eis
fallacit̃ demonstrat.

ii. xx Q uod heretici uitandi & ab ęcclĩa eici
endi sunt. qui diabolum p̃ dõ colunt.
& sunt uiscera diaboli. & p̃currens
germen filii p̃dicionis.

iii. xx Q uod adiutoriũ dĩ contẽpnentes. gr̃a
dĩ deserit. querentib⁹ aut̃ misericor
dia subuenit.

iiii. xx U erba salomonis de eodem.

v. xx Q d uerí cultores dĩ qui toto annisu
terrena conculcant. antiquũ ser
pentem forti contricione deiciunt̃.

Der gefesselte Feind

Gott, der alles gerecht und richtig ordnet, *ruft die gläubigen Völker zur Herrlichkeit des himmlischen Erbes. Doch der alte Betrüger, der im Hinterhalt lauert, versucht sie daran zu hindern und treibt die Künste seiner Bosheit gegen sie an. Aber dennoch wird er von ihnen besiegt und erhält die Beschämung für seine Anmaßung, da jene die himmlische Heimat in Besitz nehmen und er selbst die Schrecken der Hölle behält.«*[76]

Dieses Thema der letzten Vision des zweiten Teils wird in zwei Miniaturen dargestellt. Es geht um das Wirken des Teufels und seine Laster und um den Kampf der Gläubigen gegen den Teufel. Zwar hat der Sieg des Sohnes Gottes die Macht des Teufels überwunden, das Böse jedoch nicht endgültig vernichtet. Daher stellt der Teufel den Menschen in der Welt nach. Er tritt als Kaufmann auf, der den Menschen seine Laster werbend empfiehlt.

Ein brennendes Licht, groß wie ein gewaltiger hoher Berg, teilt sich nach oben in viele Zungen. Es stellt die Gerechtigkeit Gottes dar, die den Gläubigen die verschiedenen Gaben des Heiligen Geistes zuteilt. *»Vor diesem Licht steht eine Schar weißgekleideter Menschen; das ist die Menge der Menschen, die in Gegenwart der göttlichen Gerechtigkeit im Glauben leuchten und durch ihre guten Werke gut und ehrenhaft geordnet sind.«*[77]

Vor ihnen ist etwas wie ein Schleier von der Brust bis zu den Füßen – durchsichtig wie Kristall – sie haben das göttliche Gesetz, die Weisung Gottes, immer vor Augen.

Die Miniatur zeigt noch eine Gruppe hellleuchtender Menschen vor dem Schleier der weißgekleideten Menschen, die den alten Verführer kraftvoll niedertreten. Das sind Jungfrauen, Märtyrer und die übrigen Gottesverehrer, die mit aller Anstrengung das Irdische mit Füßen treten und das Himmlische ersehnen.

Auf dem Weg vor ihnen liegt ein ungeheuer großer und langer schwarzer Wurm auf dem Rücken, gefesselt an Händen und Füßen mit einer roten Kette. Seine Augen sind blutunterlaufen, aus seinem Unterleib quillt Unrat. Dieses Scheusal, der Teufel, ist am Ende. Dennoch versucht er mit seinen Verführungskünsten – durch die giftigen Pfeile – die Menschen zu treffen. Die alte Schlange als Wurm in der Finsternis des Unglaubens ist borstig mit den Haaren geheimer Verführung. Sie verursacht große Unruhe unter den Menschen. Sie ist voller Geschwüre und Blattern, d.h. sie entehrt den Menschen im Schmutz und bedeckt ihn mit den Höhlen blinder Leidenschaft. Das Aussehen des Wurmes zeigt, dass der Teufel mit letzter Gewalt versucht, die Menschen in seinen Bann zu ziehen, Hände wie ein Mensch, Füße wie eine Viper. Fünf verschiedene Farbstreifen auf seinem Leib symbolisieren, dass die fünf Sinne des Menschen mit verschiedenen lasterhaften Leidenschaften angeweht werden, obwohl er gefesselt ist und sein Haupt so zerschmettert ist, dass seine linke Backe sich aufzulösen scheint. Durch die Menschwerdung des Sohnes Gottes ist der Teufel zu Boden geschlagen und angekettet.

Aus dieser Darstellung könnte man annehmen, das Gute hat sich endgültig vom Bösen geschieden. Die Geretteten leben in der Strahlkraft und unter dem Schutz Gottes wie hinter einem Schild.

[76] Wisse die Wege, S. 266.
[77] Wisse die Wege, S. 266.

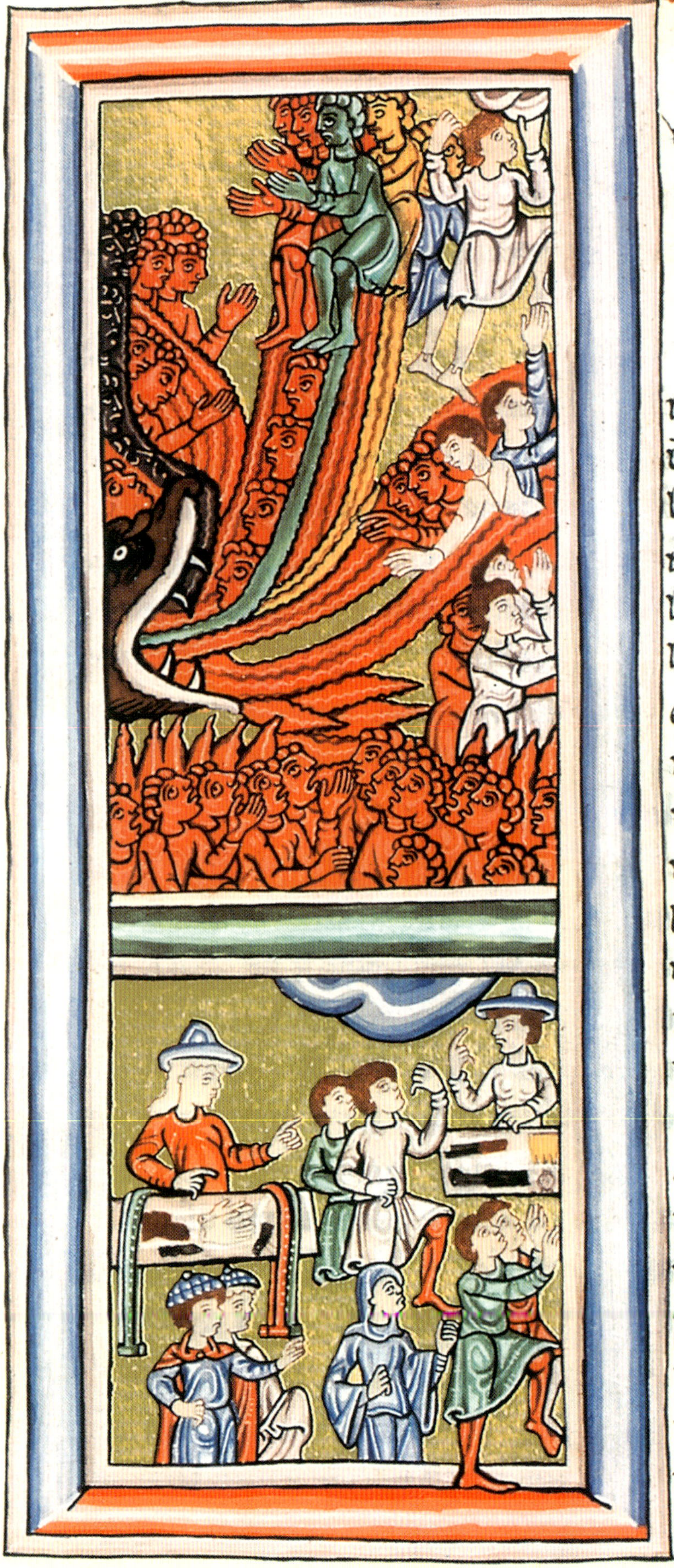

Septima uisio secunde partis.

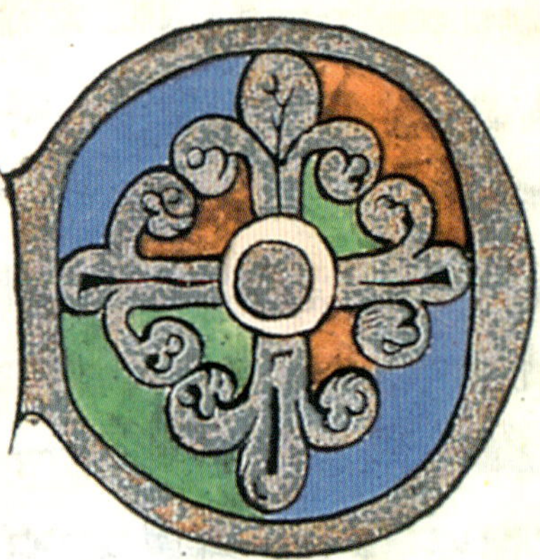

EINDE
uidi arden
tem lucem
tantę mag
nitudinis
ut aliquis
mons mag
nus & altus ē. in sūmitate sua uelut
ī multas linguas diuisā. Et coram
luce ista quedam multitudo albato
rum hominū stabat. ante quos ue
lut quoddam uelum tāq̄m cristal
lus ꝑlucidū. a pectore usq; ad pedes
eorum extensū erat. S; & ante
multitudinē istā. quasi ī q̄dā uia
uelut quidā uermis mire magni
tudinis & longitudinis supin⁹ iace
bat. qui tanti horroris & insanię
uidebat᷑. ultra quā homo effari po
test. Ad cui⁹ sinistrā quasi forū erat.
ubi diuicię hominū atq; delicię se
culares & mercatus diuersarū rerū
apparuerūt. ubi etiā quidā homines
multa celeritate currentes. nullum
mercatū faciebant. quidā autē te
pide euntes. & uendicioni & emptio
ni ibi insistebant. Uermis autē ille
niger & hirsutus atq; ulcerib⁹ & pu
stulis plenus erat. q̄nq; uarietates
a capite ꝑ uentrē suū usq; ad pedes

Der Versucher

Die folgende Miniatur zeigt die Tätigkeit Satans in zwei Bildern.

Der untere Teil des Bildes:

Auf dem Marktplatz der Welt bietet der Teufel als Kaufmann seine Ware »sanftmütig« auf zwei Tischen an: Reichtum, Vergnügungen, verschiedene Handelsgeschäfte. Der Verführer bietet seine Laster zum Tausch gegen das gute Gewissen an, indem er trügerisch seine Ware als gut und heilig vorgaukelt.

Manche Menschen laufen ganz schnell vorbei, weil sie Gott erkennen und unter den Geboten Gottes an den weltlichen Begierden vorbeigehen. Einige schlendern umher und verlegen sich aufs Verkaufen und Einkaufen. Durch die Lauheit ihres Herzens haben sie das himmlische Verlangen ihrer Seele erstickt und nähren im »Kaufen« die Lüsternheit ihres Fleisches.

Die obere Bildhälfte

Aus dem Rachen des Satans kommt ein Flammenmeer, das sich in vier Flammen teilt. In die vier Himmelrichtungen sendet der Verderber seine boshafte Überredungskunst unter die Menschen, um sie vom Weg zum Himmlischen abzuhalten.

Die eine Flamme züngelt bis zu den Wolken hinauf. Sie bedrängt die Menschen, die mit ganzem Verlangen nach dem Himmel streben und die unaussprechliche Dreifaltigkeit verehren, obwohl sie in ihren Kämpfen sehr ermatten.

Die zweite Flamme, zwischen den Wolken und der Erde, streckt sich nach den weltlich gesinnten Menschen aus. Diese Gruppe von Menschen bemüht sich nicht aus ganzem Herzen um das Himmlische, sie legen ihren Maßstab an, suchen das Innerliche und verachten nicht das Äußere.

Die dritte Flamme wandert nahezu auf dem Boden dahin, sie ergreift die geistlich Lebenden. Diese verlassen das Hinfällige nicht ganz und hängen den vergänglichen Dingen noch ein wenig an. Sie mühen sich sehr, erfahren zwar viele Leiden, erweisen sich aber mit der Hilfe Gottes als Sieger. »*Und alle rufen sich immer wieder zu: Lasst uns zum Himmel gehen!*«[78]

Sie werden von der Flamme hin und her geworfen, einige fallen hin, erheben sich aber wieder durch Buße und streben zum Himmel.

Die vierte Flamme lodert bis in den Abgrund hinab. Sie schickt die Treulosen in die höllischen Qualen, weil sie dem wahren Gott nicht die geschuldete Ehre erwiesen.

Durch die Wirkung der teuflischen Flammen ist der Mensch angefochten, er bleibt vom Bösen bedroht. Gott ruft den Menschen zu: »*Doch ihr, die ihr euch nach eurem Heil sehnt, da ihr die Taufe empfangen habt und ein gesalbter Fels Gottes seid, widersteht dem Satan und steigt nicht vom Berg eurer Erlösung hinab.*«[79]

[78] Wisse die Wege, S. 271.
[79] Wisse die Wege, S. 275.

Teil III des Liber SCIVIAS
Miniaturen 19–35

Erklärt und gedeutet von Sr. Hiltrud Gutjahr OSB

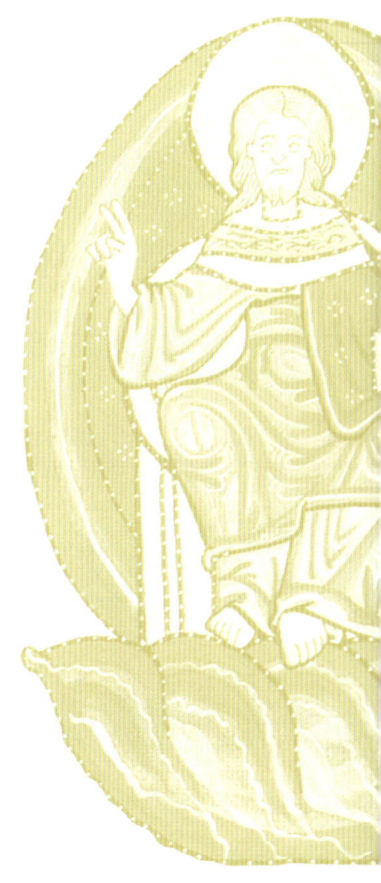

Die Miniaturen des dritten Teils des *Liber Scivias* sind von der Einladung Gottes umrahmt:

»Wer aber scharfe Ohren der inneren Einsicht hat, soll in glühender Liebe nach diesen Worten lechzen und sie ins Bewusstsein seiner Seele einschreiben.«[80]

[80] Wisse die Wege, S. 294.

I. Quod corda fideliũ timere & uenerari debẽt magnitudinẽ. latitudinẽ. altitudinẽ timoris dñi.

II. Quod omnis fidelis anima sapient᷑ timens dñm. p fide sedes di ẽ.

III. Quod pfunditas misteriorũ dei hominib; incophensibilis ẽ. n qñtũ ipso donante fide concipit᷑.

IIII. Qd in sapientia di patris. p amore filiũ sui pfectio omnium electorũ cõputata ẽ.

V. Exemplũ in euglio de eadẽ re.

VI. Qd significet luteus lum̃ i pectore. & cur homo ab anglo n̄ spernat᷑.

VII. Verba ysaie ad eandẽ rẽ.

VIII. Verba dauid.

VIIII. Qd ds pat᷑ in filio suo ab aurora uirgine incarnato. opat᷑. ordinat. ac pfic. o omia opa sua.

X. De circulo girante.

XI. Qd potestas di altior ẽ qm hominu sciendũ sit. & cur angli laudent dñm.

XII. Quod ds ẽ pspicua iusticia. uera & iustus absq; cõmutatione.

XIII. Qd uirtus. iusticia. & iudiciũ di. nullum finẽ habẽt. qui cõphendi possit humano sensu.

XIIII. De casu pmi angli & sibi csentientib. & qre. & quom. & q ceciderut.

XV. Verba ezechielis de eadem re.

XVI. Qd gla splendoris illi quẽ diabolus p supbiã pdidit. seruata ẽ i secreto patris alti facti lucẽ.

XVII. Qd diabolus cecidit absq; herede. homo aut᷑ cecidit habens heredẽ.

XVIII. Exemplũ de goliath & de dauid ad eandem rem.

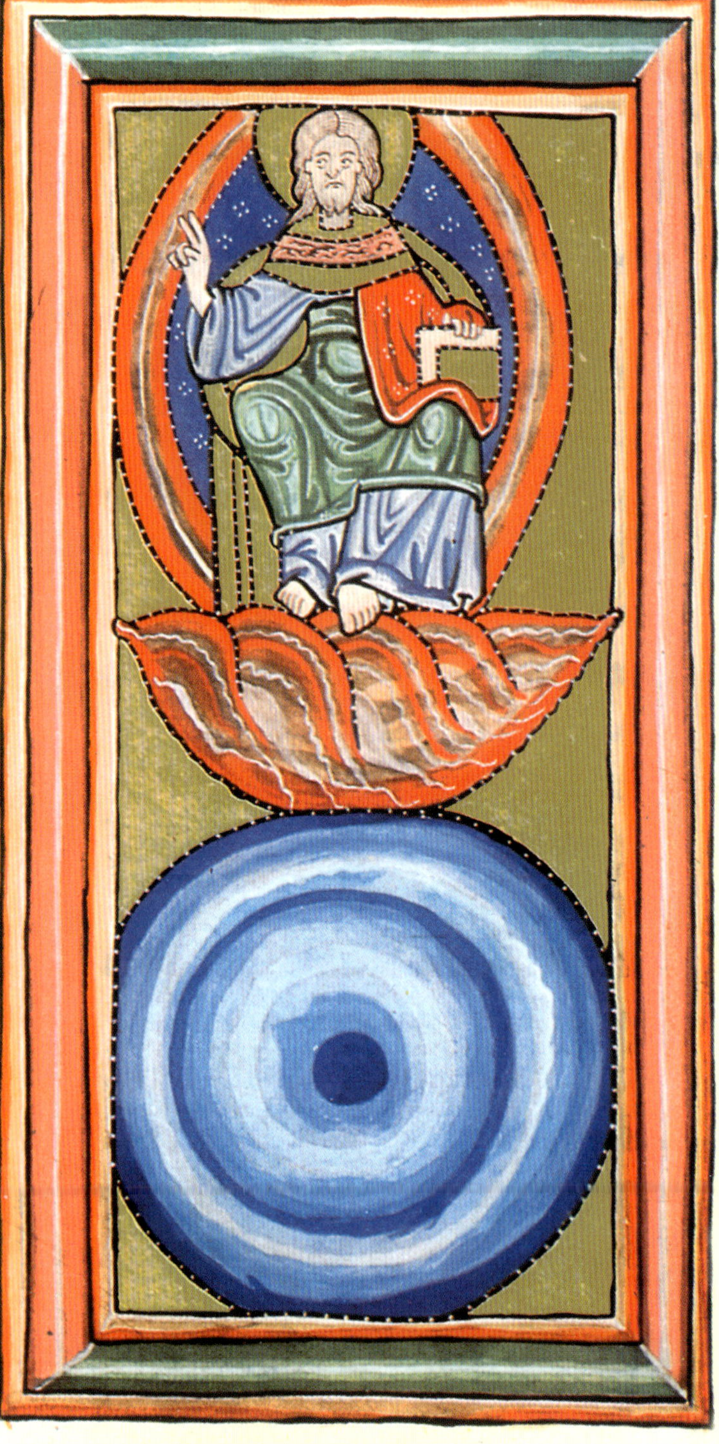

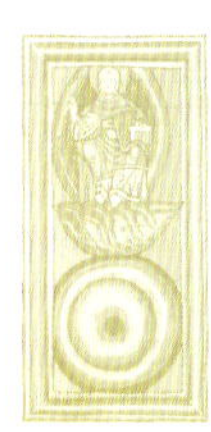

DER ALLHERRSCHER

DIE MINIATUR ZEIGT LEIDER NUR SEHR UNVOLLSTÄNDIG etwas von der Fülle und Tiefe des Visionstextes. Das Thema der Vision ist der Mensch im Lichtkreis Gottes: »*Gott, der alles erschaffen und den Menschen zu jener Herrlichkeit bestimmt hat, aus der der gefallene Engel mit seinen Nachahmern verstoßen wurde, muss von seiner ganzen Schöpfung mit größter Ehre und Furcht verehrt und gefürchtet werden. Denn es ist recht, dass dem Schöpfer des Alls von seiner Schöpfung Ehrfurcht erwiesen wird und er, der Gott über alles, gläubig angebetet wird.*«[81]

Hildegard erblickte im Osten einen ungeheuer breiten und hohen eisenfarbenen Felsblock, über ihm eine glänzendweiße Wolke. Darauf stand ein runder Königsthron. Auf ihm thronte ein lebendiges Wesen von strahlender Herrlichkeit. Der eisenfarbene Felsblock, der in der Miniatur als großes blaues rundes Gebilde zu sehen ist, bedeutet die feste und erhabene Größe der Furcht des Herrn, die Haltung der Ehrerbietung, die dem Menschen seinem Schöpfer gegenüber gebührt. Die glänzendweiße (rot-weiße) Wolke über dem Fels symbolisiert die Weisheit des menschlichen Geistes, die aus der Erkenntnis und Haltung der Furcht Gottes hervorgeht. Fürchtet der Mensch Gott, so erkennt er Ihn durch die Weisheit des menschlichen Geistes im Glauben, der wie ein Thron errichtet wird. Im Glauben, in der innersten Hingabe, berührt der Mensch Gott wie ein Thronsitz seinen Herrn.

Das lebendige Wesen, das von solcher Herrlichkeit strahlte, trug in seiner Brust einen schwarzen schmutzigen Lehmklumpen von der Größe des Menschenherzens. Dieser ist mit Perlen und Edelsteinen umgeben. Leider ist in der Miniatur der Allherrscher nur mit Buch und Segensgeste zu sehen. Den Lehmklumpen, den der Schöpfer und Vater aus Liebe zu seinem Sohn in sich trägt, stellt den Menschen dar. Seit dem Sündenfall ist der Lehmklumpen schmutzig. Aber er ist mit Edelsteinen (große Persönlichkeiten wie Märtyrer) und Perlen (unschuldige Kinder) geschmückt, mit Menschen, die zur Umkehr durch die Reue bewegt und die Erlösung in Jesus Christus angenommen haben.

[81] Wisse die Wege, S. 281.

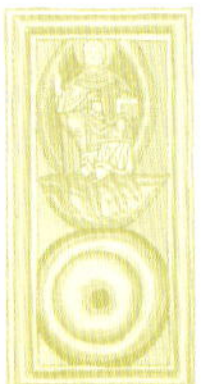

Hildegard zeigt im Dialog des »verlorenen Sohnes« die Erkenntnis: Vater, ich habe die menschliche Natur in mir zerstört. Wegen der Bosheit meines Herzens habe ich deine Schöpfung in mir verraten. *»Gott, der Vater, blickt dennoch in seiner gütigen Absicht auf sein Werk, das aus Lehm geschaffen ist, wie ein Vater seine Kinder anschaut, wenn er sie auf seinen Schoß emporhebt. Von solcher Art ist nämlich seine tiefe Zuneigung des Herzens zu den Menschen, dass er seinen Sohn ans Kreuz sandte gleichsam als sanftes Lamm, das zum Schlachten geführt wird. So hat derselbe Sohn das verlorene Schaf zurückgetragen, das er durch die Annahme der Menschennatur auf seine Schultern nahm.«*[82] Im Bild des schmutzigen Lehmklumpens ist der Sohn Gottes mit dem Menschengeschlecht im Herzen des Vaters. *»Beim Sohn Gottes, der aus dem Herzen des Vaters hervorging, als er in die Welt kam, ist das glaubende Volk, das ihm mit dem Eifer anhängt, mit dem es an ihn glaubt. Sicherlich erscheinen sie auch deshalb an der Brust des gütigen Vaters, damit kein Engel oder ein anderes Geschöpf den Menschen verachtet; denn der fleischgewordene Sohn des höchsten Gottes trägt an sich selbst die Gestalt des Menschen.«*[83]

Ein großer goldener Lichtkreis geht wie Morgenrot von dem auf dem Thron Sitzenden aus, dessen Umfang nicht zu ermessen ist. Vom allmächtigen Vater dehnt sich die stärkste Gewalt und sein kraftvollstes Werk aus, dass alles umfasst, mit der er in seinem Sohn wirkt. Und die Macht und das Werk Gottes umkreisen und umfassen die ganze Schöpfung. Der große goldene Lichtkreis wie Morgenrot ist in der Miniatur nur schwach angedeutet. Dieser Kreis hat einen Abstand zur Erde, dass die Seherin ihn nicht ermessen kann, ebenso der Glanz, der sich nach allen Seiten hoch in den Himmel hinauf und hinunter in die Tiefe des Abgrundes erstreckt. Das bedeutet: Die Stärke der Macht und des Wirkens Gottes, seine Gerechtigkeit und sein richtiges Urteil haben nirgends eine Grenze in ihrer Unbegreiflichkeit. Kein menschlicher Verstand kann dies fassen.

Der Mensch darf mit der ganzen Schöpfung im Lichtkreis Gottes leben an Stelle des gefallenen Engels. Gott selbst trägt den sündhaften Menschen am Herzen, den Er in seine Gemeinschaft gerufen hat.

[82] Wisse die Wege, S. 287.
[83] Wisse die Wege, S. 284.

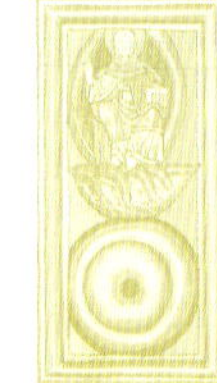

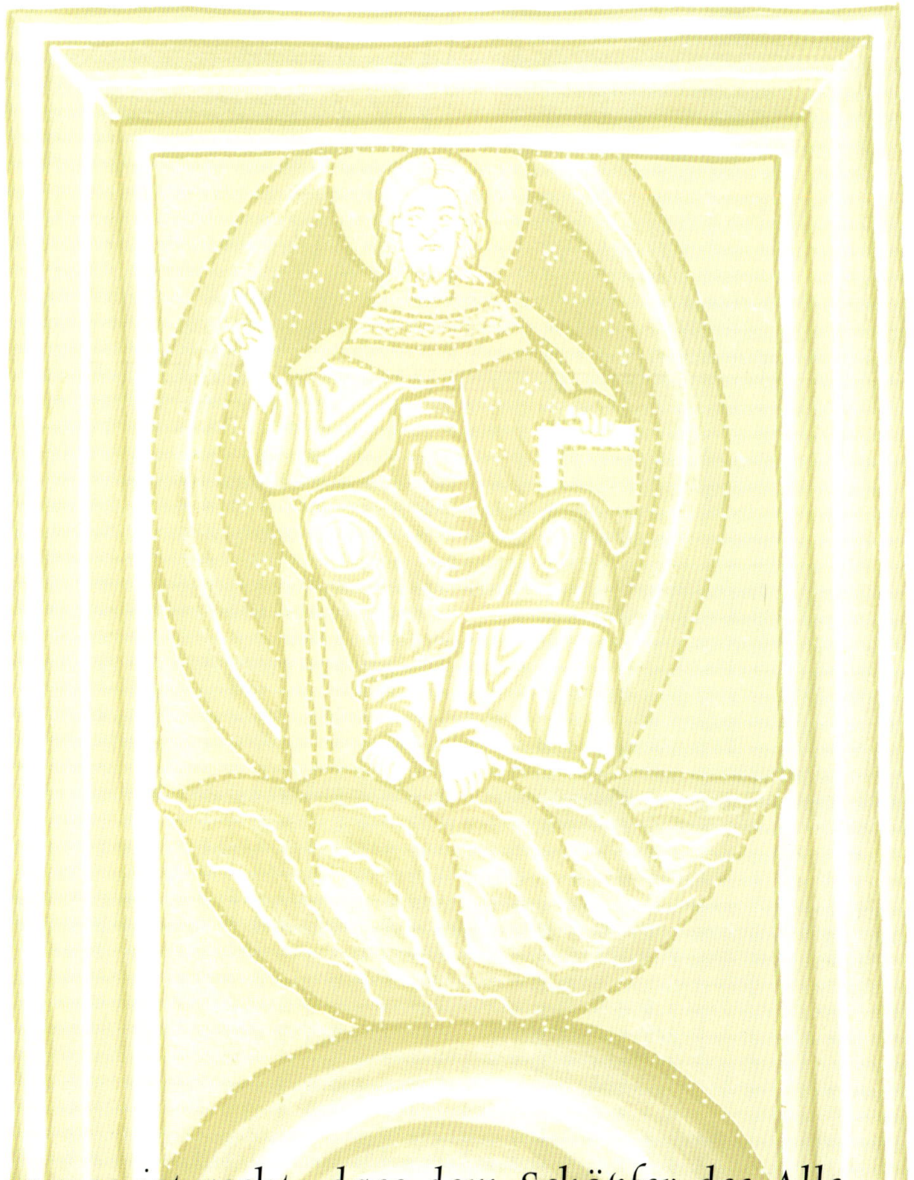

Denn es ist recht, dass dem Schöpfer des Alls,
der den Menschen zu jener Herrlichkeit bestimmt hat,
aus der der gefallene Engel verstoßen wurde,
von seiner Schöpfung Ehrfurcht erwiesen wird und er,
der Gott über alles, gläubig angebetet wird.

Prima uisio tertie partis.

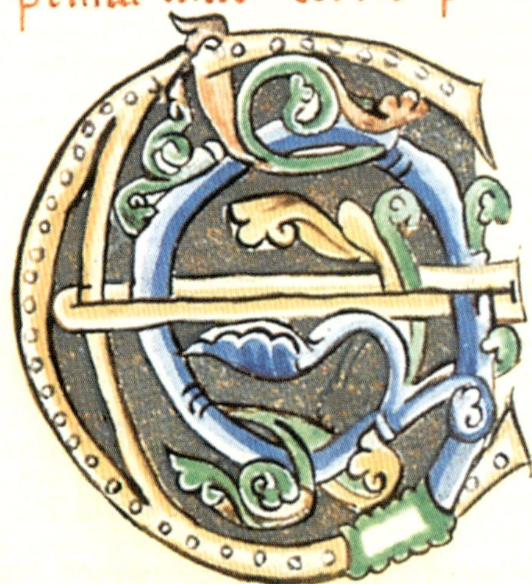

t ego homo sumpta ab aliis hominibus que non sum digna nominari homo propter transgressionem legis dei. cum deberem esse iusta et sum iniusta. nisi quod dei creatura sum ipsius gratia. que me etiam saluabit. uidi ad orientem. et ecce illic conspexi uelut lapidem unum totum integrum immense latitudinis atque altitudinis. habentem ferreum colorem. et super ipsum candidam nubem. ac super eam positum regalem tronum rotundum. in quo sedebat quidam uiuens lucidus mirabilis glorie. tanteque claritatis ut nullatenus eum perspicue possem intueri. habens quasi in pectore suo limum nigrum et lutulentum. tante latitudinis ut alicuius magni hominis pectus est. circumdatum lapidibus preciosis atque margaritis. Et de ipso lucido sedente in trono protendebatur magnus circulus aurei coloris ut aurora. cuius amplitudinem nullomodo comprehendere potui. girans ab oriente ad septentrionem et ad occidentem atque ad meridiem.

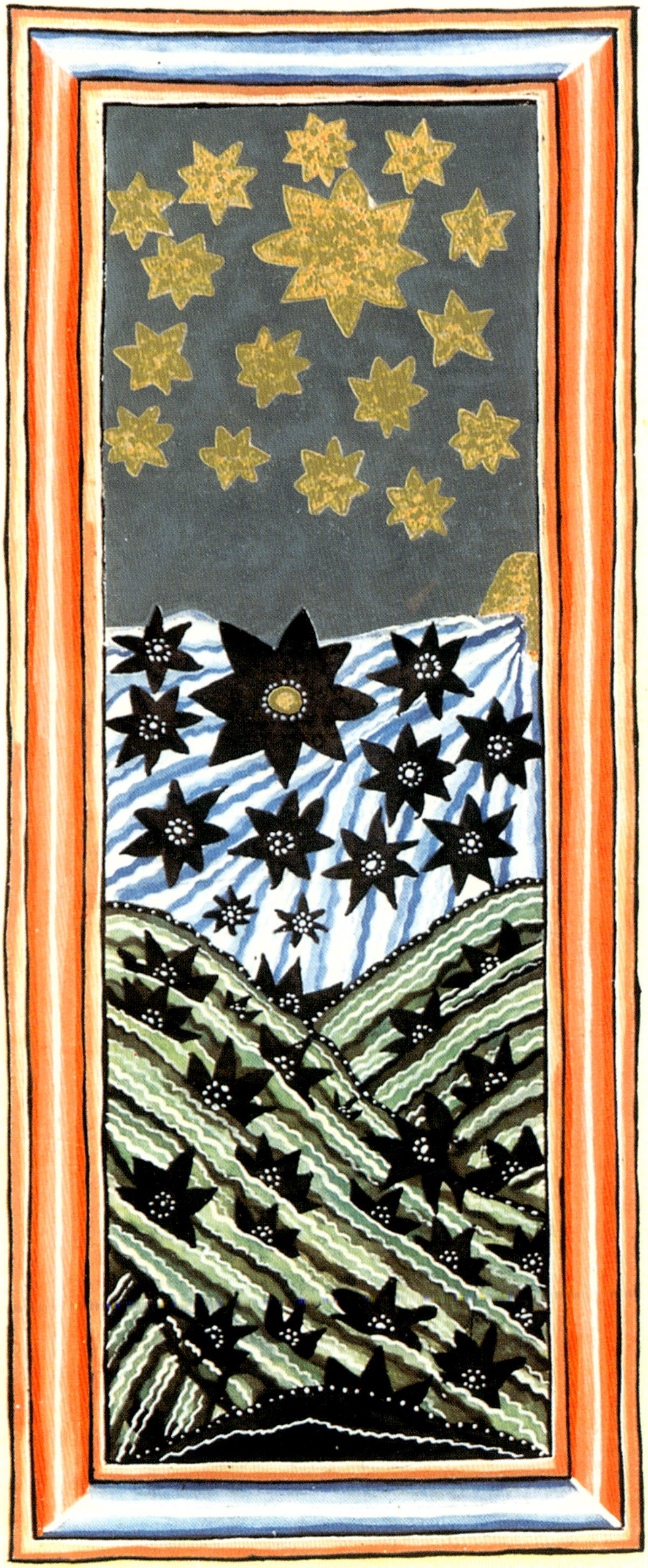

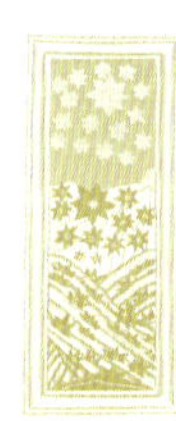

ERLOSCHENE STERNE

IM LICHTKREIS GOTTES LEUCHTET AUCH DIE ENGELWELT AUF, die in der Miniatur im Bild der Sterne angedeutet wird. In dieser Miniatur geht es um den Engelsturz, den gefallenen Engel Luzifer mit seinem Anhang, »*die wunderbar im glühenden Gut Gottes erschaffen*«[84] waren.

Hildegard sah, »*wie aus dem Geheimnis dessen, der auf dem Thron sitzt, ein großer Stern von viel Glanz und Anmut hervorgeht und mit ihm eine große Anzahl weißglühender Funken.*«[85]

Der große Stern ist Luzifer mit seiner Heerschar. Der Engel Luzifer, der jetzt Satan ist, war bei seiner Erschaffung mit großer Herrlichkeit geschmückt, mit viel Ruhm und Schönheit angetan. Er hat die Ehre, die er Gott seinem Schöpfer schuldete, auf sich selbst zurückgebogen. Er glaubte im Vertrauen auf sich selbst beginnen und vollenden zu können, was er wollte. Somit hat er sich quer gestellt, als er im Stolz den verachtete, der im Himmel herrscht. Er wollte Gott nicht anschauen, sondern suchte sich über ihn zu erheben wie über einen Fremden. Doch sofort beim Abwenden ihres Blickes erloschen alle und wurden kohlrabenschwarz. Luzifer hatte in sich selbst die innere Schönheit zerstört. Ein Wirbelwind trieb sie vom Süden zum Norden hinter den Thronenden in den Abgrund.

Die Miniatur zeigt das Abgetriebenwerden Luzifers und seines Anhangs durch alle kosmischen Regionen hindurch ins schwarze Chaos der Gottesferne und Gottvergessenheit.

Der Teufel gibt dem Menschen, der Asche ist, die Sünde ein. Durch seine Einflüsterung befleckt er den Tempel im Bauwerk Gottes, den Menschen.

Der Glanz, der den gestürzten Engeln genommen wurde, kehrte sofort bei ihrem Erlöschen zu dem Thronenden zurück. Er wurde für ein anderes geschaffenes Licht aufbewahrt, für den Menschen.

Der Abfall Luzifers und seiner Engelschar führte zur Erschaffung und Berufung des Menschen, zur Anbetung und Hingabe an Gott.

[84] Wisse die Wege, S. 290.
[85] Wisse die Wege, S. 289.

XXIII Q̄d homo exquatuor elemtis ɔstans.
fide catholicā equali deuotione -
XXIIII Q̄d fidelis homo ascendat & colat.
de uirtute ī uirtutem.
XXV. Q̄d filius di missus ē inmundum
scdm temp' pordinatū apparē.
ut pficeret uoluntatē par...

ď supbiā mali uel finē ei' ī opante
cāttura aut uiciū aut finē supne
iusticie iustāq; distributionē
uoluntatis di null' hoīum p
scrutari potest.

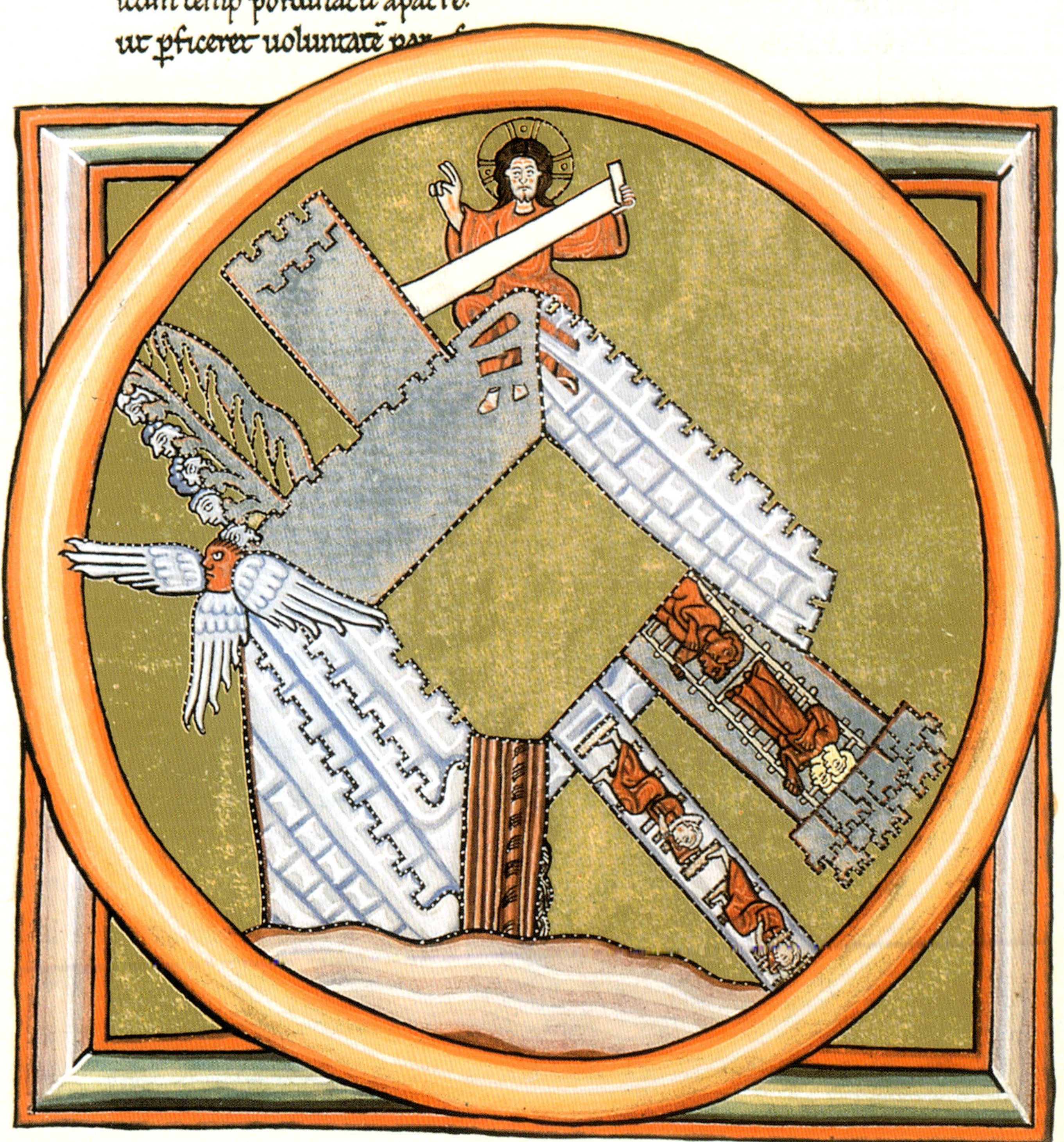

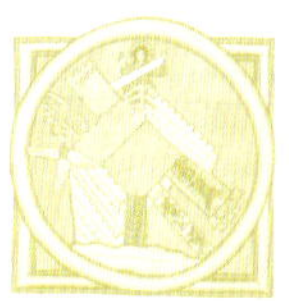

DAS GEBÄUDE DES HEILS

NACHDEM GOTT IN DER VORANGEHENDEN VISION das Werk seiner Güte in Schöpfung und Heilsgeschichte offenbart hat, beschreibt er hier sein Heilswerk, das in den verschiedenen Etappen der Heilsgeschichte aus seiner Güte erwächst. Das Bauwerk erhebt sich aus dem Fundament des Glaubens an den dreifaltigen Gott. Gott und Mensch wirken im Heilsbauwerk zusammen. Die Vision gibt mit der Beschreibung der Grundmauern und Ecken des Bauwerkes einen grundrissartigen Überblick über das gesamte gott-menschliche Wirken.

In den folgenden 11 Visionen schaut Hildegard das ganze Heilswerk Gottes mit dem Menschen im Symbol einer burgartigen Anlage, eines gewaltigen Bauwerkes. Die Miniatur zeigt in einem Kreis ein Bauwerk mit verschiedenen Gebäudeteilen. Diese »Stadt auf dem Berg« liegt dicht am Fuß des ungeheuren Felsens, auf dem über der Wolke der Thronsitz Gottes steht, wie es uns in der vorausgehenden Vision, Tafel 19, gezeigt wurde.

Hildegard hatte innerhalb des Lichtkreises, der sich vom Thronenden ausbreitete, etwas wie einen großen Berg gesehen, dicht am Fuße des ungeheuren Felsens, über dem auf der Wolke der Thronende stand. Der Felsen, der ein Zeichen für die Furcht des Herrn ist, zeigt an, dass der Glaube mit der Furcht des Herrn als rechte Absicht ganz auf Gott ausgerichtet ist. Das Werk des Vaters steht kraftvoll wie ein Berg da, der den Glauben bezeichnet.

Auf dem Berg stand ein rechteckiges Gebäude, ähnlich einer rechtwinklig angelegten Stadt. Das bedeutet: »*die Güte des Vaters errichtet über dem Glauben gute Werke, er sammelt viele der Gläubige über die vier Enden der Erde und zieht sie zum Himmlischen.*«[86]

Die Ecken des Bauwerkes werden mit dem Erlösungswerk des Sohnes Gottes in Verbindung gebracht, mit seiner Geburt im Osten, seiner Sendung in die Welt im Westen, seinem Kampf gegen den Teufel im Norden und seinem Werk in der Kirche im Süden. Zugleich werden an den vier Eckpunkten die Epochen der Heilsgeschichte abgelesen, denen vier Grundsteine zugeordnet sind. Adam im Süden (1. Grundstein), Noah im Osten (2. Grundstein), Abraham und Mose in der Beschneidung und im Gesetz vereint im Norden (3. Grundstein), das Erlösungswerk im Westen und die Kirche im Süden, als vierter Grundstein die heilige Dreifaltigkeit.

Die Mauern des Bauwerkes sind von zweifacher Art, teils leuchtend wie das Tageslicht, teils wie aus Steinen gefügt. Die leuchtende Mauer steht für die spekulative Erkenntnis von Gut und

[86] Wisse die Wege, S. 298.

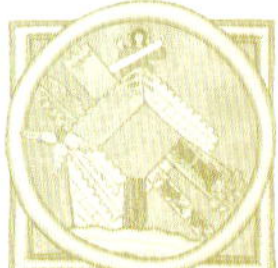

Böse, die zuerst bei Noah auftrat. Der Mensch soll Leben und Tod zu erkennen suchen und dadurch imstande sein zu wählen. »*Der Mensch grünt und ist voller Kraft im lebendigen Leben, das die Seele ist. Durch sie erspäht er zwei Wege und erkennt sie, nämlich das Gute und das Böse.*«[87]

Die steinerne Mauer steht für das ganze Menschengeschlecht. Dass dieses Gebäude ein wenig schräg liegt, zeigt, dass der Mensch, der das Werk Gottes ist, nicht sündenlos einhergehen kann. Er muss gläubig im Sohn Gottes feststehen, der der Eckstein ist. Dieser thront als das fleischgewordene Wort mit dem Spruchband und in der Segensgeste in der roten Tunika in der Ostecke des Gebäudes.

Die verschiedenen Gebäudeteile in der Miniatur werden einzeln in den folgenden Visionen beschrieben: Der Turm des göttlichen Ratschlusses mit der Säule des Wortes Gottes über der leuchtenden Mauer bis zum Liebeseifer Gottes mit dem roten Haupt und den drei Flügeln. Es schließt sich die dreifache Mauer an. Die Säule der Dreifaltigkeit im Westen ist dem Menschensohn im Osten gegenüber angeordnet. Die Säule der Menschheit des Erlösers ist der Steinmauer aufgesetzt mit dem Turm der Kirche auf der Nordseite des Heilsbauwerkes. Die Lücken in der Mauer zeigen, dass das Heilsbauwerk noch unvollendet ist.

Gott lässt den Menschen durch das Zusammenwirken von Seele und Leib das gute Werk zur Erbauung der himmlischen Stadt vollbringen. Dieses Bauwerk des Heils zeigt, dass der Mensch Gott sehr teuer ist. Dem Menschen ziemt es als Antwort, den Schöpfer des Alls über alles in würdiger Weise als Gott zu verehren.

[87] Wisse die Wege, S. 298.

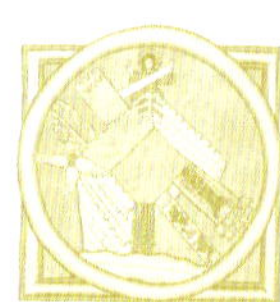

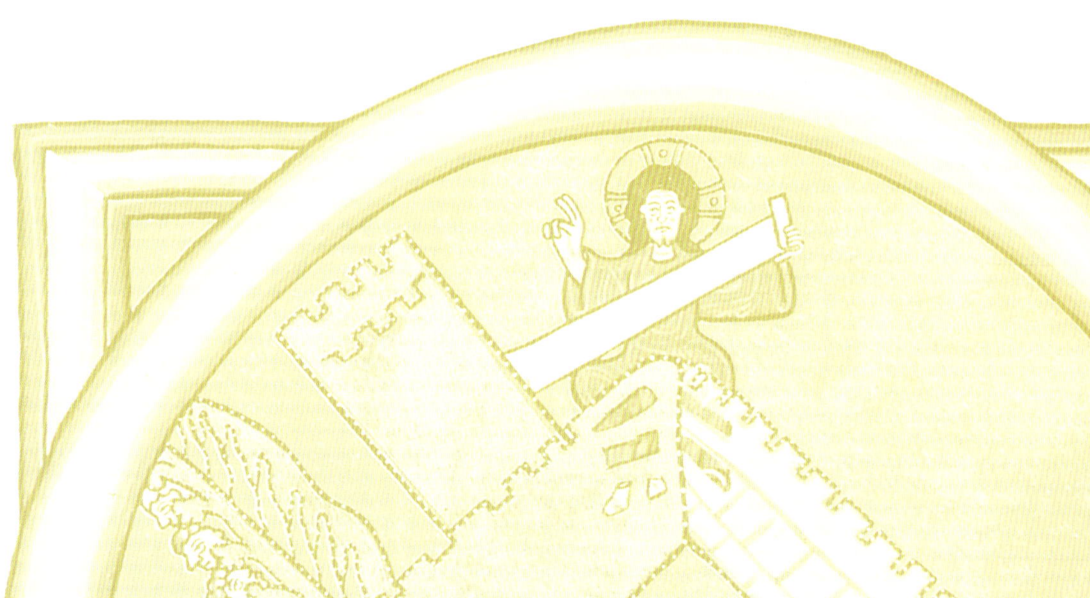

Die Güte des Vaters errichtet über dem Glauben gute Werke,
sammelt die Gläubigen über die vier Enden der Erde
und zieht sie zum Himmlischen. Der Mensch aber grünt
und ist voller Kraft im lebendigen Leben, das die Seele ist.
Durch sie erkennt er zwei Wege, nämlich das Gute und das Böse.

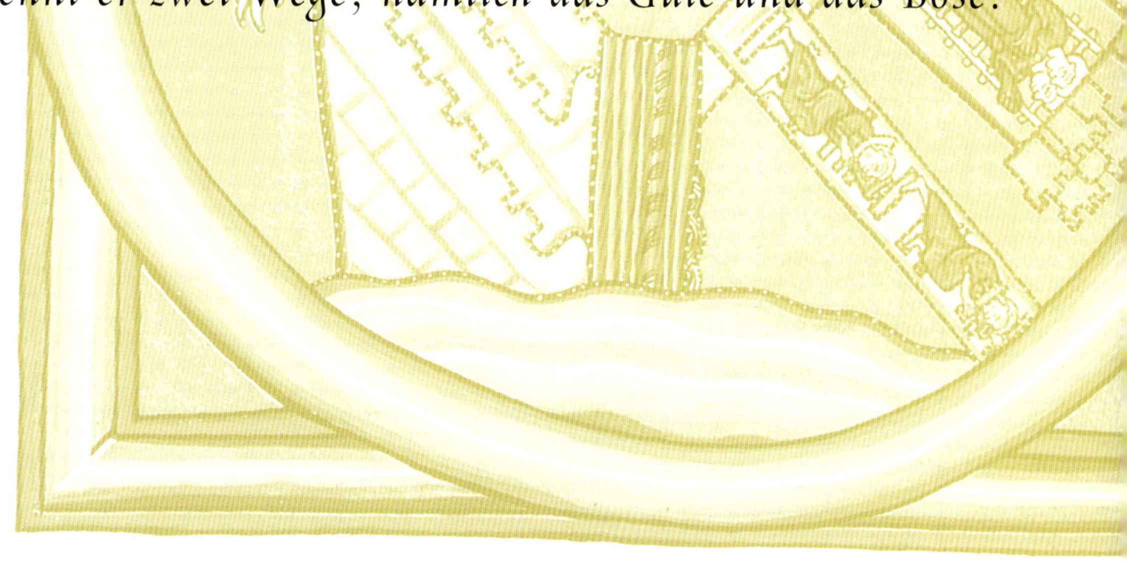

ualeat. ñ q̄ntũ ꝑmissione mea con
cedit. Qui aut̄ acutas aures interioris
intellectus habet. hic i ardente amo
re speculi mei ad uerba hec anhelet.
& ea i ɔscientia animi sui conscribat.

Capitula tercie uisionis tertie partis.

i Quod diuine uirtutes sub lege
pullulantes in noua lege plurimũ
fructum afferunt.

ii Quod uoluntate di uirtutes ope
rant̄ i hominib9.

iii. De statu amoris celestis. discipli
ne. uerecundie. misericordie. uictorie.
& qd significet.

iiii De habitu earũdē. & qd significet.

v. Specialit̄ de amore celesti. & habi
tu ei9. & qd significet.

vi Specialit̄ de disciplina & habitu
ei. & qd significet.

vii Specialit̄ de uerecundia & habitu
ei. & qd significet. § significet.

viii Specialit̄ de mia & habitu ei. & qd-

viiii Specialit̄ de uictoria & habitu ei.
& qd significet. §- significet

x De statu paciencie & gemit9. & qd-

xi De habitu earũdē. & qd significet.

xii Specialit̄ de paciencia & habitu
ei. & qd significet.

xiii Specialit̄ de gemitu & habitu ei.
& quid significet.

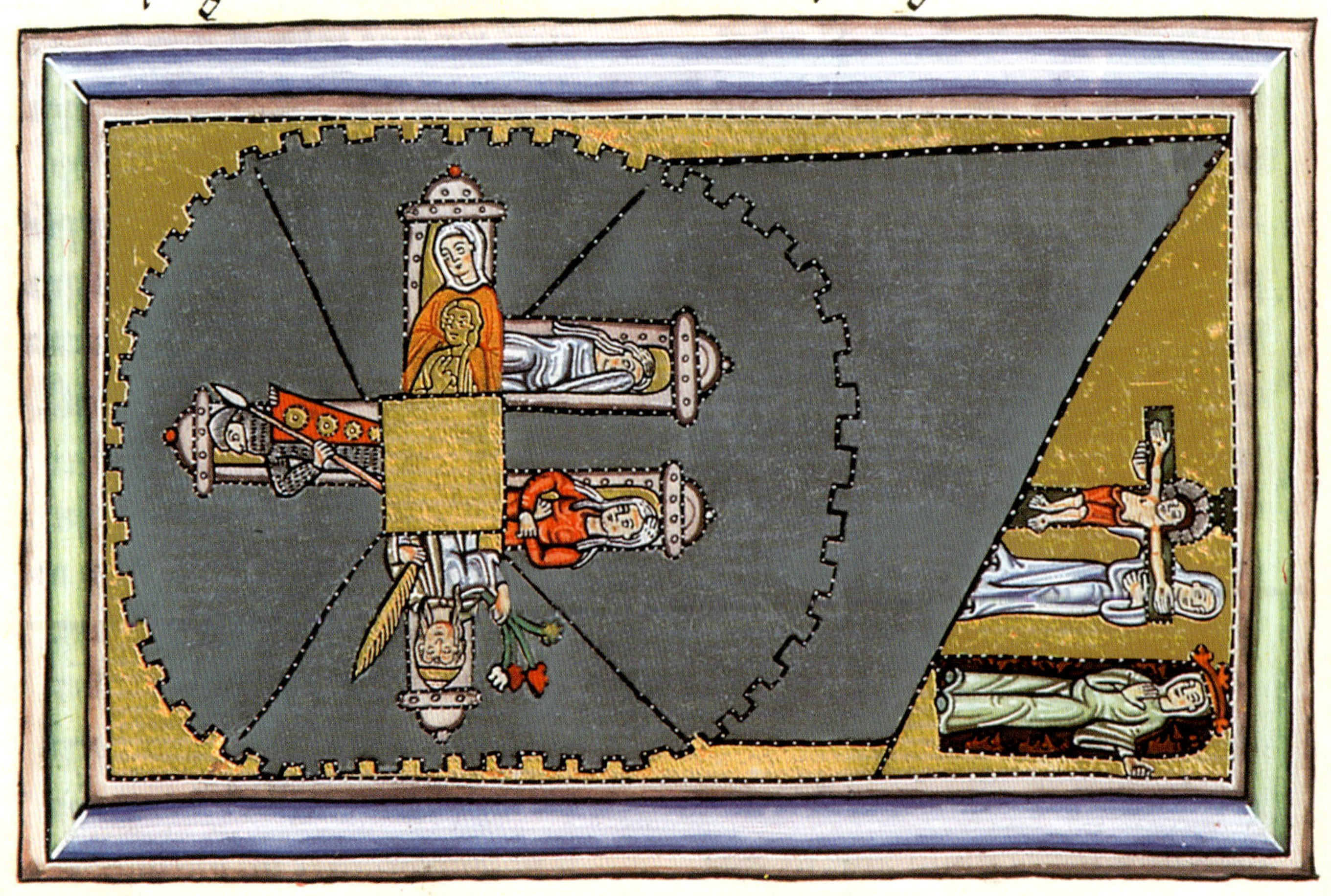

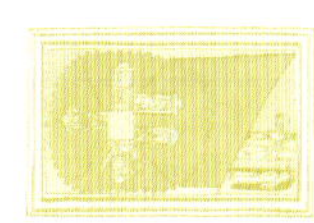

DER TURM DES RATSCHLUSSES

DER TURM DES GÖTTLICHEN RATSCHLUSSES steht in der Mitte der leuchtenden Mauer des Heilsgebäudes. Der eisenfarbene Turm stellt die heilsgeschichtliche Beschneidung in Abraham dar. »*Er enthält das Urbild des zuvorkommenden Willens Gottes, der sich in der Beschneidung in vielfacher Weise und in verschiedenen Zeichen kundtat. So wies Gott im Zeichen der Beschneidung auf das Gesetz hin und durch das Gesetz auf die Gnade des Evangeliums.*«[88] Der Turm des Ratschlusses weist auf das Erlösungswerk Christi und auf die Kirche hin. Hildegard erblickt darin fünf Gestalten himmlischer Wirkkräfte oder Tugenden, die jede für sich unter einem eigenen Torbogen stehen. Keine Tugend besteht aus eigener Kraft, sondern sie sind ein hellleuchtender Schein, der von Gott her im Werk des Menschen aufleuchtet.

Die Miniatur zeigt die Basis des Turmes in der abschüssigen, schrägen Linie der Silberfläche. Von ihr aus gesehen sind der Turm der Beschneidung nach links und die auf der gleichen Basis stehenden Gotteskräfte nach rechts rücklings auf den Boden gelegt. Würden sich Turm und die Kräfte aufrichten, so stünden die Tugendkräfte dem Turm zugewandt, wie es der Beschreibung der Seherin entspricht. Die schwarze Zickzacklinie könnte die Darstellung der Dachzinnen sein. Im Inneren des Turmes befindet sich ein quadratförmiger Goldboden Von dort sind die »Gotteskräfte« nach rückwärts auseinandergelegt in der Miniatur.

Diese fünf Tugenden, die für die fünf Sinne des Menschen stehen, sind in seidene Gewänder gekleidet und tragen weiße Schuhe, da sie der Gerechtigkeit Gottes ins Licht folgen. Nur die fünfte Gestalt, der Sieg, erscheint in kriegerischer Rüstung. Diese Tugendkräfte werden in der Tafel 23 näher gezeigt. Sie tragen gemäß ihrer Aufgabe entsprechende Symbole und beschreiben diese mit Worten. Zwei weitere Gestalten innerhalb des Gebäudes, im Bild auch rücklings auf dem Boden, sind dem Turm zugewandt, die eine unter einer Art feurigem Bogen. Beide waren mit seidenen Gewändern bekleidet. Nach Frauensitte haben sie das Haupt verhüllt, und zwar mit einem weißen Schleier. Die Gestalt in dem feurigen Bogen, der mit Dämonen bemalt ist, tritt die irdischen Dinge kraft der Güte des Vaters mit Füßen. Es ist die Geduld, die auf ihrem Haupt eine funkelnde dreizackige Krone trägt, die wie ein rötlicher Hyazinth glänzt. Ihr weißes Gewand zeigt grünliche Färbung in den Falten, die auf die Mühsal und Widerwärtigkeiten der Gläubigen hinweisen. Die zweite Gestalt stellt das Seufzen dar, die Kraft des Verlangens nach dem Erlöser. Ihr weißes Gewand ist ein wenig verblichen, weil sie immer nach der ewigen Glückseligkeit seufzt und weint. Im rechten Arm hält sie ein Kreuz mit der Gestalt des Erlösers. Sie umarmt in ihrem richtigen Tun das Leiden des Sohnes Gottes und ahmt Ihn im Leiden und in der Drangsal nach. Mit dem »Erdulden« und der »seufzenden Sehnsucht« erheben sich im Innern des göttlichen Heilsbauwerkes, dem Turm der Beschneidung zugewandt, zwei »Wirkkräfte«, die auf Christus und seine Nachfolge durch die Gläubigen sowie auf die göttliche Gnade und deren Mitwirkung durch den Menschen hinweisen. Die Kraft Gottes bewirkt die Tugend im Menschen.

[88] Wisse die Wege, S. 317.

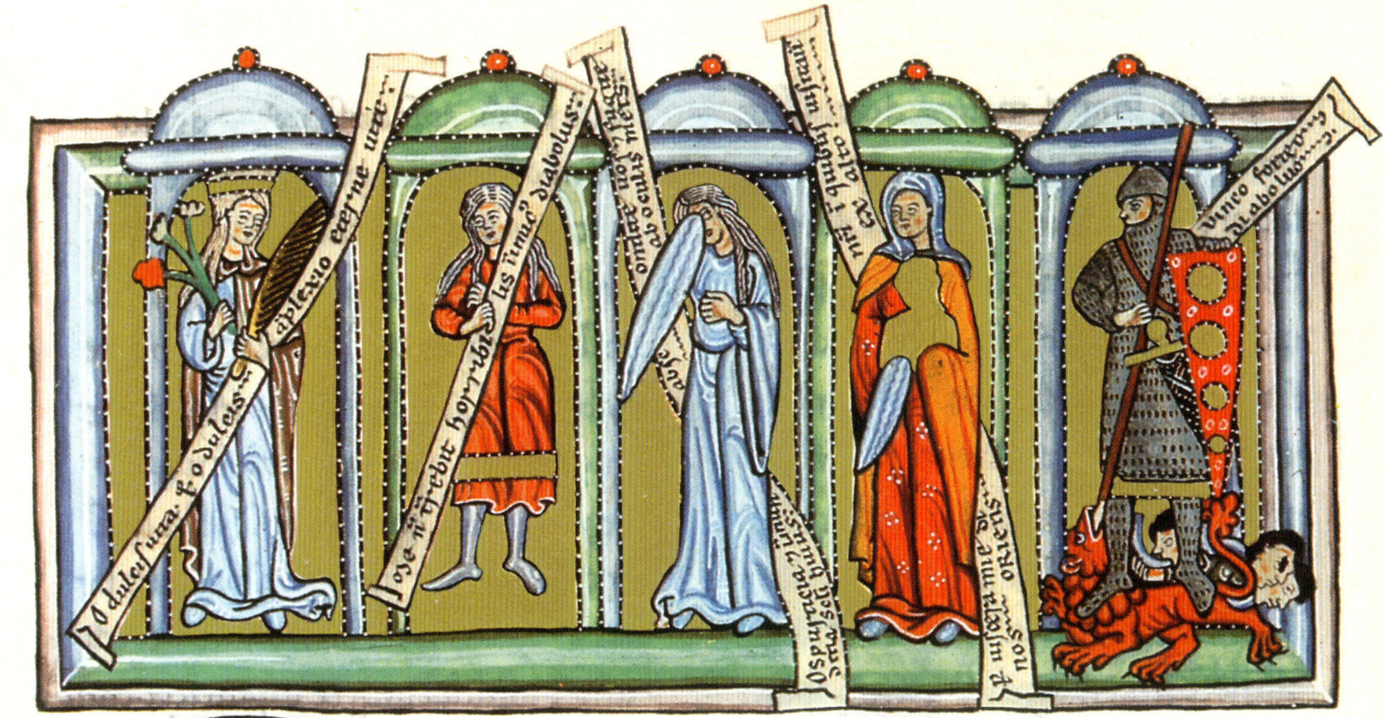

Post hec ui
di. & ecce qsi
i medio lon
gitudinis
pdicte luci
de parti mu
ri designati
edificii. stabat uelut turris fer
rei coloris. ipsi muro exteri im
posita latitudinis quatuor cu
bitorū. & altitudinis septē cubi
torū. inqua cōspexi qnq; imagi
nes singularit stantes i singulo
arcu. desup quasi turritū conum
habentes. quarū pma respiciebat ad
orientē. scda aut ad aquilonē. tcia
u ad septentrionē. & quarta ad colup
nā uerbi di in cuius radice abraham
patarcha residebat. ac qnta adtur
rim ecclie & ad illos homines qui i

ipso edificio huc & illuc discurre
bant. Similitudo aut una erat eis
in hoc. Singule earū uestite erant
solum qsi singulis uestib; sericis &
calciate calciamentis albis. excepta qn
ta que ex omi parte armata uide
bat. Scda u & tcia erant nudo ca
pite dissoluta coma & alba. caren
tes amictu palliorū. Prima autē
& tcia ac quarta indute erat tu
nicis albis. S; dissimilitudo ex hoc
erat eis. Prima imago gestabat
i capite suo pontificalem infulam.
sparsis capillis & albis. induta qsi
pallio albo. inferi i duab; oris ipsi9
purpura contexto. In dextra uero
habebat lilia & alios flores. i sinis
tra aut palma. Et dixit. O dulcis
uita & o dulcis amplexio etne uite.
& o beata felicitas inqua sunt etna

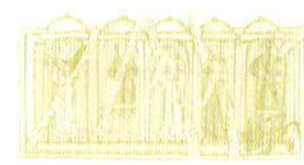

FÜNF GOTTESKRÄFTE IM TURM DES RATSCHLUSSES

DIESE MINIATUR ZEIGT NUN IM EINZELNEN die fünf Tugenden im Turm des göttlichen Ratschlusses. Die »Liebe zum Himmlischen« trägt auf ihrem Haupt eine Bischofsmitra und hat gelöstes helles Haar. Sie trägt eine Krone; ihr offenes Haar weist darauf hin, dass das Priesteramt von ehelicher Verpflichtung frei ist, weil es der vollkommenen himmlischen Liebe anhangen soll. Die Gestalt ist mit einem weißen Mantel angetan, der an den Säumen mit Purpur besetzt ist. Das bedeutet, dass die Gnade Gottes diese Wirkkraft mit dem Schimmer der Sanftmut umgeben und mit schönen Ornamenten der Liebe geschmückt hat. In der Rechten trägt die »Liebe zum Himmlischen« Lilien und andere Blumen, d.h. sie gewinnt im guten Werk der Gottes- und Nächstenliebe den Lohn des ewigen Lebens und der Heiligkeit. In der linken Hand trägt sie einen Palmzweig. Und sie spricht: *»O süßes Leben, o du liebliche Umarmung des ewigen Leben, o seliges Glück! In dir liegen ewige Belohnungen. Du weilst immer in den wahren Wonnen; jedoch so, dass ich niemals von der inneren Freude ausgefüllt oder gesättigt werden kann, die in meinem Gott ist.«*[89]

Die zweite Gestalt, die »Zucht«, ist bekleidet mit einer purpurroten Tunika und weist so auf Christus, den Sohn Gottes im Purpurgewand hin. Die »Zucht« ist gleichsam eine jugendliche Gestalt von würdigem Aussehen. Die hl. Hildegard hört sie sprechen: *»Mich wird weder der furchtbare Feind, der Teufel, noch ein feindseliger Mensch, noch diese Welt von der Zucht Gottes abschrecken, vor dessen Angesicht ich immer stehe.«*[90]

Die dritte Tugend, die »Schamhaftigkeit«, die keusche Ehrfurcht, bedeckt ihr Gesicht mit dem langen weißen Ärmel ihrer rechten Hand. Sie schützt ihr Inneres vor teuflischer Befleckung. *»O du Unflätigkeit und o Unreinheit dieser Welt, versteckt euch und weicht aus meinen Augen, denn mein Geliebter ist von der reinen Jungfrau Maria geboren.«*[91]

Die vierte Gestalt bezeichnet die »Barmherzigkeit«. Sie trägt einen weißen Kopfschleier und ist gleichsam die Mutter aller verlorenen Seelen. Sie ist in einen safrangelben Mantel gehüllt, weil sie von der strahlendsten Sonne, von Christus selbst, umgeben ist. Auf der Brust trägt sie das Bild Jesu Christi mit dem Schriftband: *»Durch die barmherzige Liebe unseres Gottes hat uns besucht das aufstrahlende Licht aus der Höhe.«*[92]

[89] Wisse die Wege, S. 315.
[90] Wisse die Wege, S. 315.
[91] Wisse die Wege, S. 315.
[92] Wisse die Wege, S. 315.

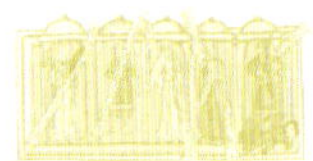

Die fünfte Tugendgestalt stellt den »Sieg« dar: Sie ist mit einem Helm auf dem Kopf und mit einem Brustpanzer angetan. Der Mensch soll dem Teufel widerstehen und das Verlangen seiner fleischlichen Begierden zügeln. Diese Tugend hat Beinschienen und Eisenhandschuhe an, um durch körperliche Zucht die Wege des Todes zu fliehen. Durch die Beschneidung des Herzens und den richtigen Glauben fliehen die Menschen die Macht des Teufels. In der Linken hält der »Sieg« einen von der Schulter herabhängenden Schild und ist mit einem Schwert bewaffnet. Der Mensch soll in der Kraft des Glaubens und der Gnade gegen die Bosheit kämpfen. Die rechte Hand umfasst eine Lanze, in Gott soll der Mensch alle Gemeinheit des Teufels überwinden. Unter den Füßen des Sieges liegt ein Löwe mit offenem Rachen, auch ein paar Menschen, von denen einige Trompeten blasen, andere Scherze treiben und lärmen. Die Gestalt steht mit ihren Füßen auf ihnen allen und durchbohrt sie mit der Lanze.

»Ich besiege den starken Teufel und dich, den Hass und Neid und auch dich, du Unflätigkeit, samt denen, die mit trügerischer Täuschung ihr Spiel treiben.«[93]

[93] Wisse die Wege, S. 315.

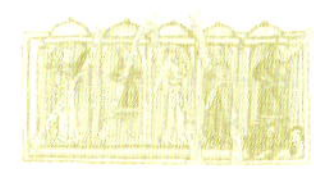

*Die göttlichen Tugenden tragen durch die Gnade Gottes
aus Liebe zum Himmlischen reiche Frucht
und bieten den Hungernden eine kräftige
und vollkommene Nahrung von größter Süße.*

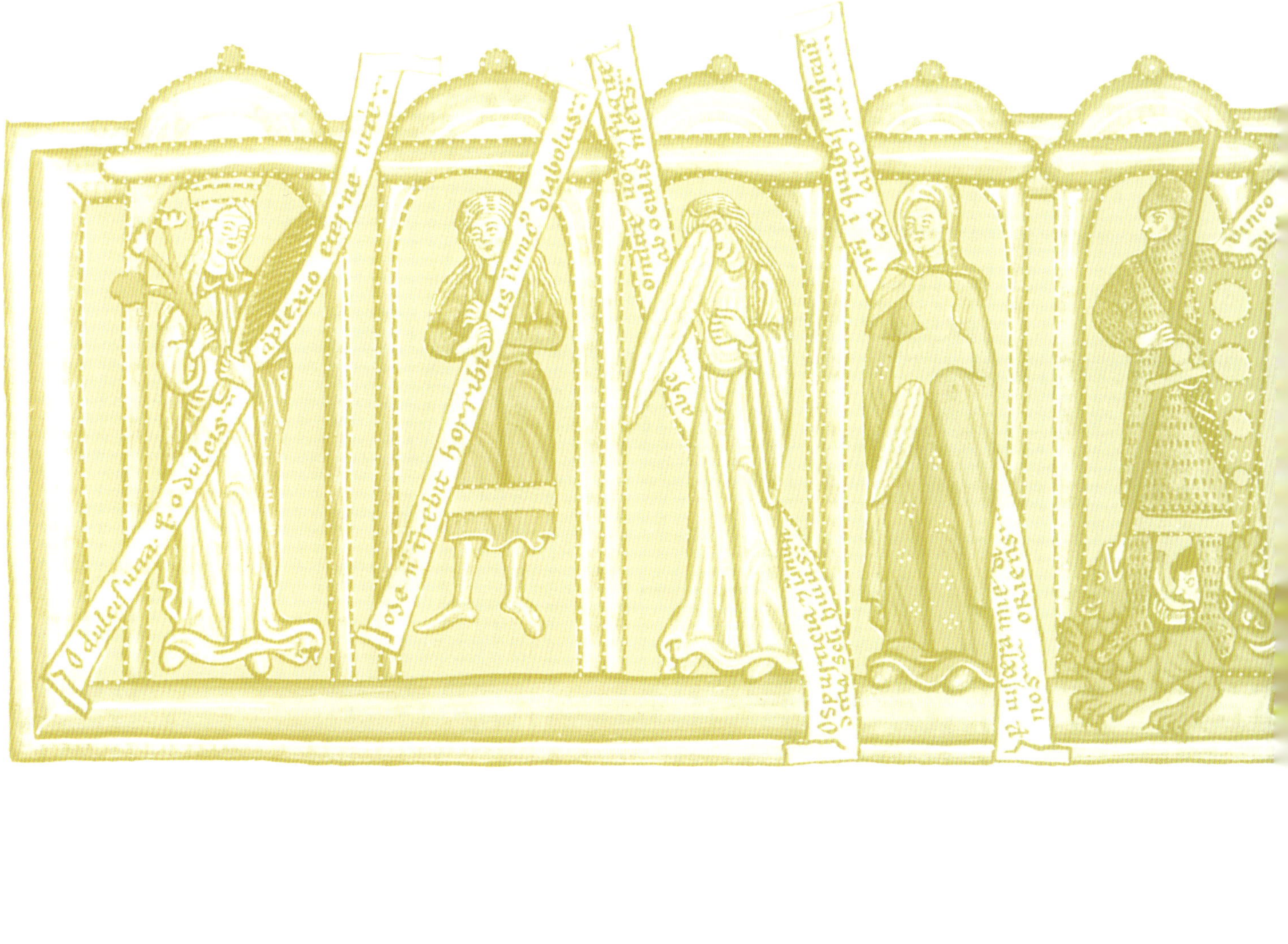

diffundens se i fructu̅ benedictionis. sic pueniens ad ecclie doctores.

xi. Q d pdicante xpo. facti sunt apli martires & alii electi.

xii D iffuso euangelio. extensa ē in hominib; sapientia diuine scripture. que i inicio minoris studii erat. & i fine debilis. refrigescente caritate multoru̅.

i. xii Q uod homo in principio boni opis debet ēē timidus. i medio fortis & constans. i ultimo humilis.

ii. xii Q d misteria filii di i pfundissimo secreto patris. in ueteri & nouo testamento edita. gra sps sci declarata sunt. q d ceteris hominu n̄ nisi i umbratione ostenditur.

xv. D e scientia di & statu ei. & quid significet. S ti sunt.

i. xv Q d angli circa eā sunt. & cur ala

ii. xv D e his qui dicuntur cpulse oues.

iii. xv Q uod ds quos dā leniore. qsdā fortiore flagello. qsdā maxima erumpna mentis & corpis constringit.

iiii. xv E xemplu̅ de pharaone & moyse & aaron adeande rē.

xx. D e modis castigationu̅ & di consolationu̅. uias hoīu̅ inspicienti.

xxi V erba sapientie salomonis.

xxii Q uare scientia di inspiciat homines noua ueste indutos.

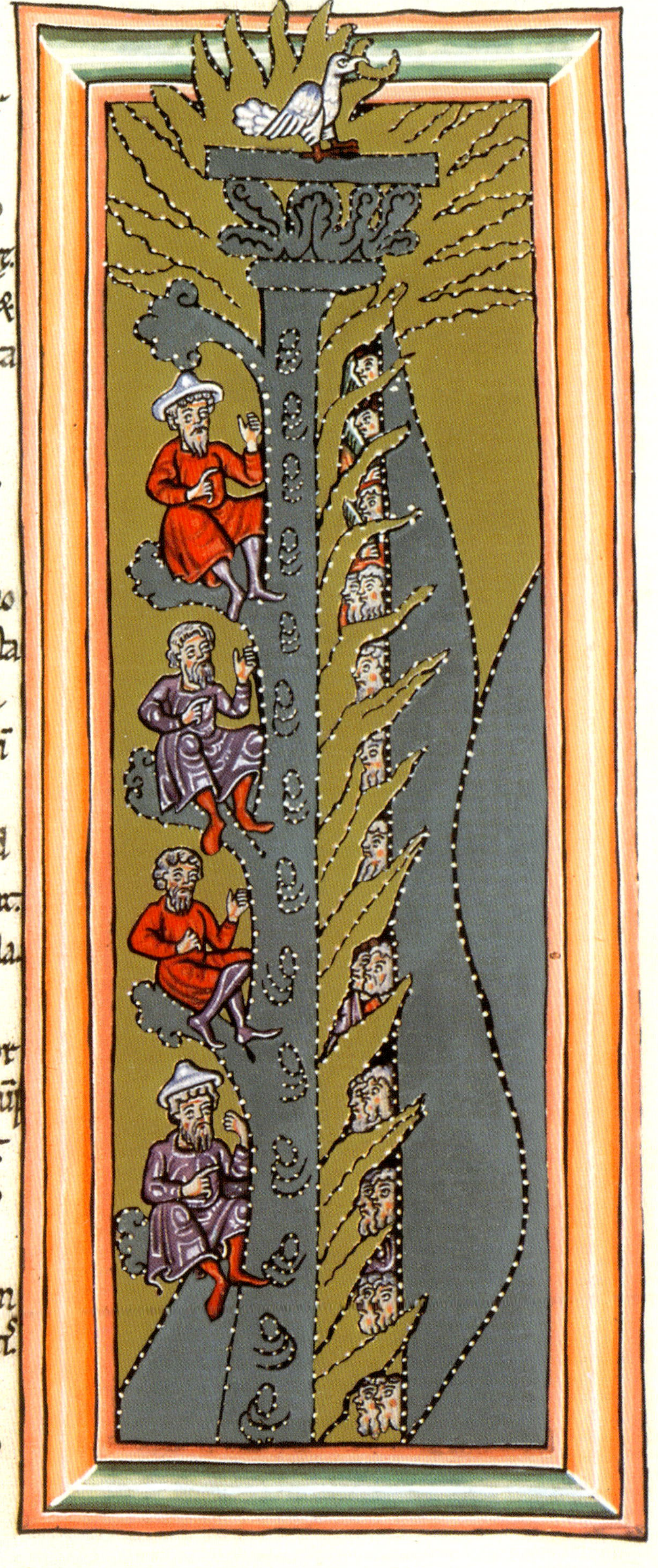

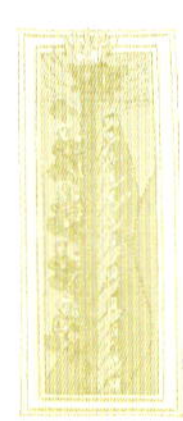

DIE SÄULE DES WORTES GOTTES

JENSEITS DES TURMES DES GÖTTLICHEN RATSCHLUSSES steht die Säule des Wortes Gottes. Sie ist der leuchtenden Mauer angebaut und von solchen Ausmaßen, dass das menschliche Auge sie nicht ermessen kann. »*Das Wort Gottes, durch das alles geworden ist, war selbst vor aller Zeit aus dem Herzen des Vaters gezeugt, danach am Ende der Zeiten ist es aus der Jungfrau Fleisch geworden. Obgleich es die Menschheit annahm, gab es dennoch die Gottheit nicht auf, sondern ist mit dem Vater und dem Heiligen Geist der eine und wahre Gott..*«[94]

Die Säule hat von oben bis unten drei scharfe Kanten, die in der Miniatur flächig wie aufgeklappt dargestellt sind. Sie stehen für die drei Heilsepochen. In der ersten Kante sitzen wie auf den Ästen eines Baumes die Ältesten: Abraham, Moses und Josua stellvertretend für alle Patriarchen und Propheten. Sie sitzen übereinander, jeder auf seinem eigenen Ast. Sie alle schauen staunend (Haltung der Hände) auf das, was das Wort Gottes in der Zukunft wirken wird. Von der zweiten Kante geht ein heller Schein aus, der sich immer mehr ausbreitet: die Worte des Sohnes Gottes. Dort werden die Heiligen des Neuen Bundes, der Kirche sichtbar, die Apostel, Märtyrer, Bekenner und Jungfrauen. Die dritte Kante bedeutet die Verkündigung des Wortes Gottes durch heilige Lehrer und die Weisheit der Heiligen, die in der Glut des Heiligen Geistes erglüht. Sie verbreitert sich bis zur Mitte, wird aber nach oben hin schmäler. Das bedeutet: die Verehrung Gottes breitet sich in der Zeit aus, gegen Ende der Welt lässt sie aber nach .

An der Spitze der Säule befindet sich in einer Flut von Licht eine Taube, die in ihrem Schnabel einen goldenen Strahl trägt. »*Das ist der feurige Heilige Geist, der im Strahlen des Lichtes des Gottessohnes im Herzen des Vaters aufleuchtet.*«[95] Er steht für den dreifaltigen Gott, der in den verschiedenen heilsgeschichtlichen Epochen sein Wort offenbart, denn das Thema der Vision ist das Wort Gottes, durch das alles gemacht worden ist und das selbst vor aller Zeit aus dem Herzen des Vaters gezeugt ist. Am Ende der Zeiten wurde es – wie die Heiligen des Alten Bundes vorausgesagt haben – aus der Jungfrau Fleisch. Obwohl das Wort Mensch wurde, gab es seine Gottheit nicht auf, sondern ist mit dem Vater und dem Heiligen Geist der eine und wahre Gott. Es erfüllt die Welt mit seiner Süßigkeit und erleuchtet sie mit dem Strahl seiner Herrlichkeit. »*Was du siehst, ist göttlich*«[96] wurde Hildegard gesagt und sie erzitterte.

94 Wisse die Wege, S. 331.
95 Wisse die Wege, S. 337.
96 Wisse die Wege, S. 331.

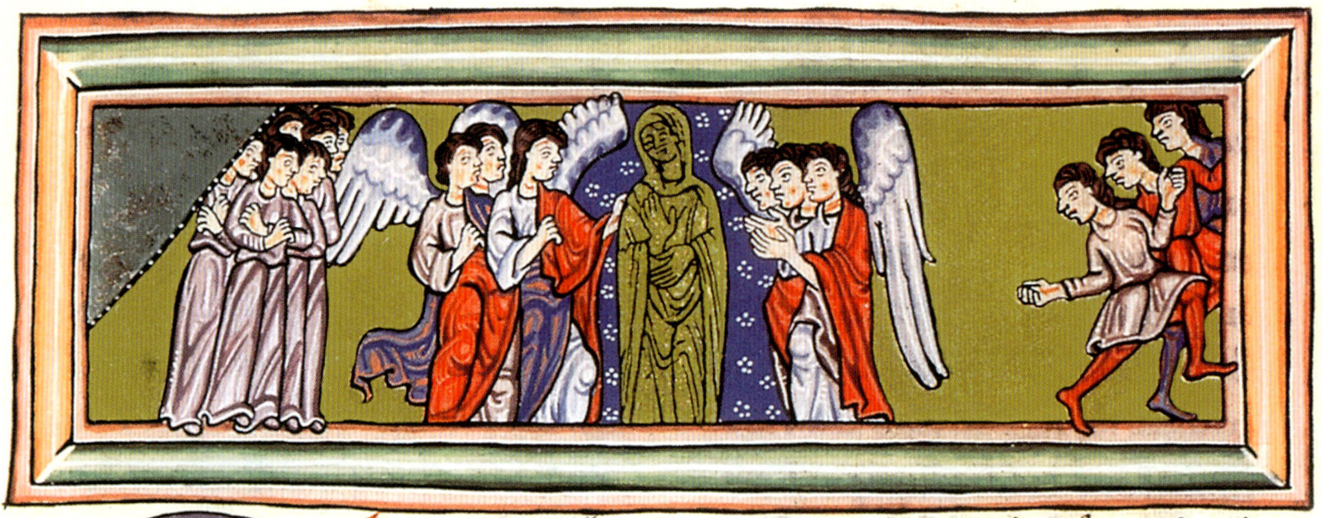

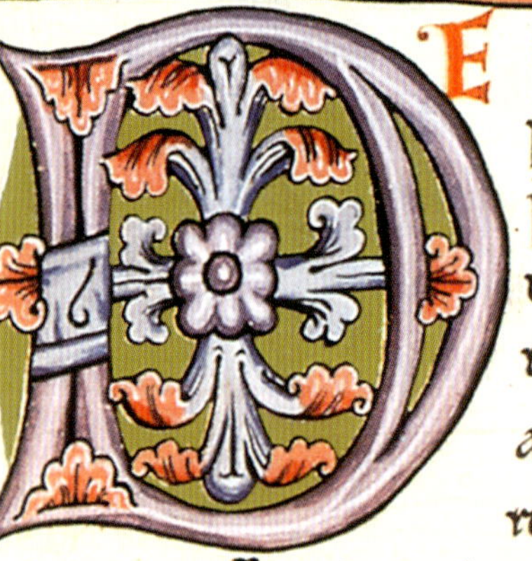

Et deinde ultra
praedicta turri
percursis uolun
tatis dei. sed cubi
to uno infra
angulum qui
respicit ad sep
tentrionem. uidi quasi columpnam calibei
coloris praefatae lucidae parti muri eiusdem
edificii exterius appositam. ualde terri
bilem aspectu. tantaeque magnitudi
nis ac altitudinis. ut mensuram eius
nullo modo discernere possem. Et eadem
columpna tres angulos habebat ab imo
usque ad summum quasi gladium acutos.
quorum primus respiciebat ad orientem.
secundus autem ad septentrionem. & tercius
ad meridiem. exterius ipsi edificio aliquan
tulum coniunctus. Ex angulo autem qui
respiciebat ad orientem procedebant
rami a radice usque ad cacumen eius.
iuxta cuius radicem uidi in primo ramo
abraham sedentem. in secundo uero moysen. &
in tercio iosue. ac deinde reliquos patri
archas & prophetas. ita sursum singulos in
singulis ramis ordinate sedentes. secundum
tempus quo in hoc seculo sibimet successe
rant. qui se omnes conuerterant ad angu
lum eiusdem columpnae qui respiciebat
ad septentrionem. admirantes ea quae in
spiritu futura uiderunt in ipsa. Sed inter
hos duos angulos. unum scilicet uer
gentem ad orientem & alium ad septen
trionem. erat ante facies ipsorum patriar
charum & prophetarum. eadem columpna ab i
mo usque ad summum quasi tornatilis &
rotunda. plenaque rugarum. ut de ar
boris cortice solet germen pullulare.
A secundo uero angulo respiciente ad septen
trionem. exiuit splendor mirae clarita
tis. se extendentis & reflectentis ad
angulum qui respiciebat ad meri
diem. Et in eodem splendore in tam mag
nam latitudinem se diffundente. conspexi

DAS ERKENNEN GOTTES

INNERHALB DES HEILSGEBÄUDES steht vor der Säule des Wortes Gottes auf dem Pflaster eine Gestalt, die stark vom Licht angestrahlt ist. Diese Wirkkraft nennt sich »Erkenntnis Gottes«. Weder ihr Antlitz noch ihre Gewänder sind in dem hellen Glanz zu erkennen. Wie die übrigen Tugenden erscheint sie in Menschengestalt.

»Denn Gott hat den Menschen in der Kraft seiner Güte geschaffen, zutiefst ausgestattet mit Vernunft, Erkenntnis und Einsicht, damit er ihn mit innigster Liebe achtet und mit größter Hingabe verehrt und so die Trugbilder der Dämonen verachtet, weil er über alles den liebt, der ihm eine derart große Ehre verliehen hat.«[97] Mit der Offenbarung des Wortes Gottes ist die Tugend der Erkenntnis Gottes verbunden. Denn *»innerhalb des Werkes Gottes des Vaters offenbart sich diese Tugend, die das Mysterium des Wortes Gottes erklärt.«*[98] Sie hat alle Gerechtigkeit im Volk des Alten und Neuen Bundes eröffnet. In der Ordnung der Kräfte hat sie eine herausgehobene Stellung, denn sie steht in der Mitte der Miniatur im Licht, wie angestrahlt. Abwechselnd betrachtet die »Erkenntnis Gottes« die Säule des Wortes Gottes und die Menschen, die in dem Heilsgebäude ein- und ausgehen. Sie spricht zu jedem von ihnen: *»Bedenke das Gewand, das du angezogen hast, und vergiss nicht deinen Schöpfer, der dich erschaffen hat.«*[99] In ihrem Mittlerdienst lässt sie die Menschen das Geheimnis, *»das die Kraft der Gottheit im Wort Gottes hervorgebracht hat«*, betrachten und schaut von Gott aus auf die Menschen, *»die unter der Güte des Vaters wirken«*.[100]

Von der Erkenntnis Gottes durch die sterblichen Menschen unterscheidet sich die »Erkenntnis Gottes« durch die Engel, die als lebendiges Licht Gott in der Glut der Liebe umfangen und allzeit sein Antlitz schauen. Ehrfürchtig um diese Tugendkraft herum steht eine Schar schöner engelhafter Wesen. Sie verehren die Erkenntnis Gottes mit unaufhörlichem reinsten Lob, damit umarmen sie Gott in seiner Glut. Durch die Kraft Gottes flammen sie auf ihrer Bahn als ob sie Flügel hätten. Zu beiden Seiten der »Erkenntnis Gottes« mit den Engeln befinden sich Menschen in einer gewissen Distanz. Die einen stehen im dunklen Gewand (wegen ihrer sündigen Taten) wie in großer Beklemmung und Angst. Sie fürchten das Gericht Gottes. Die anderen sind herbei genötigt (sie wollen weglaufen) von Gott trotz ihrer Sünden durch die Erlösungstat des Gottessohnes.

»So blickt Gott durch alles, und durchaus nichts bleibt dem Blick seiner Gottheit verborgen.«[101]

[97] Wisse die Wege, S. 339.
[98] Wisse die Wege, S. 338.
[99] Wisse die Wege, S. 331.
[100] Wisse die Wege, S. 338.
[101] Wisse die Wege, S. 343.

sanguine homicidii uel fornicatio
ne polluuit. & q̄ signatū lapidē in
sacrificio n̄ habent. & q̄ decimas
uel res templi diripuit. ó ue illis
ó ue miseris illis.

XXII Q ui res ecclię canib; & porcis. id ē p̄
uis hominib; diuidūt. hos uel sem̄
eorū de sūmo g̃du usq; ad ĩfimū
zelus dī p̄cuciet.

XXIII Q uom̄ ds ultione sua cedit credu
los & incredulos.

XXIIII Q ui putāt se sapientes. & potestatē
suā p̄ iniusta iudicia eleuāt. q̃m
miserabilit̄ hos zelus dī exurit.

XXV Q d̊ i zelo dī n̄ ē clamor minantis
uocis. s; immobilis & firma potes
tas iusti iudicii. S̄. iustum ē.

XXVI Q d̊ scientia ĩ homine ē q̄si speculū.
ĩquo latet desideriū boni uel ma

XXVII Q uom̄ ex metu p̄cedit ti S̄. li.
mor. & de timore tremor. & q̊m̄
homo p̄ hec tria debet op̄ari q̊d

XXVIII D e p̄ma radice. id ē discretione ho
minis. & de ignea sup̄ addita
grā in xp̄o.

XXVIIII Q d̊ nemo in excusatione peccati
sui. debet musitare cont̃ creato
rem suum.

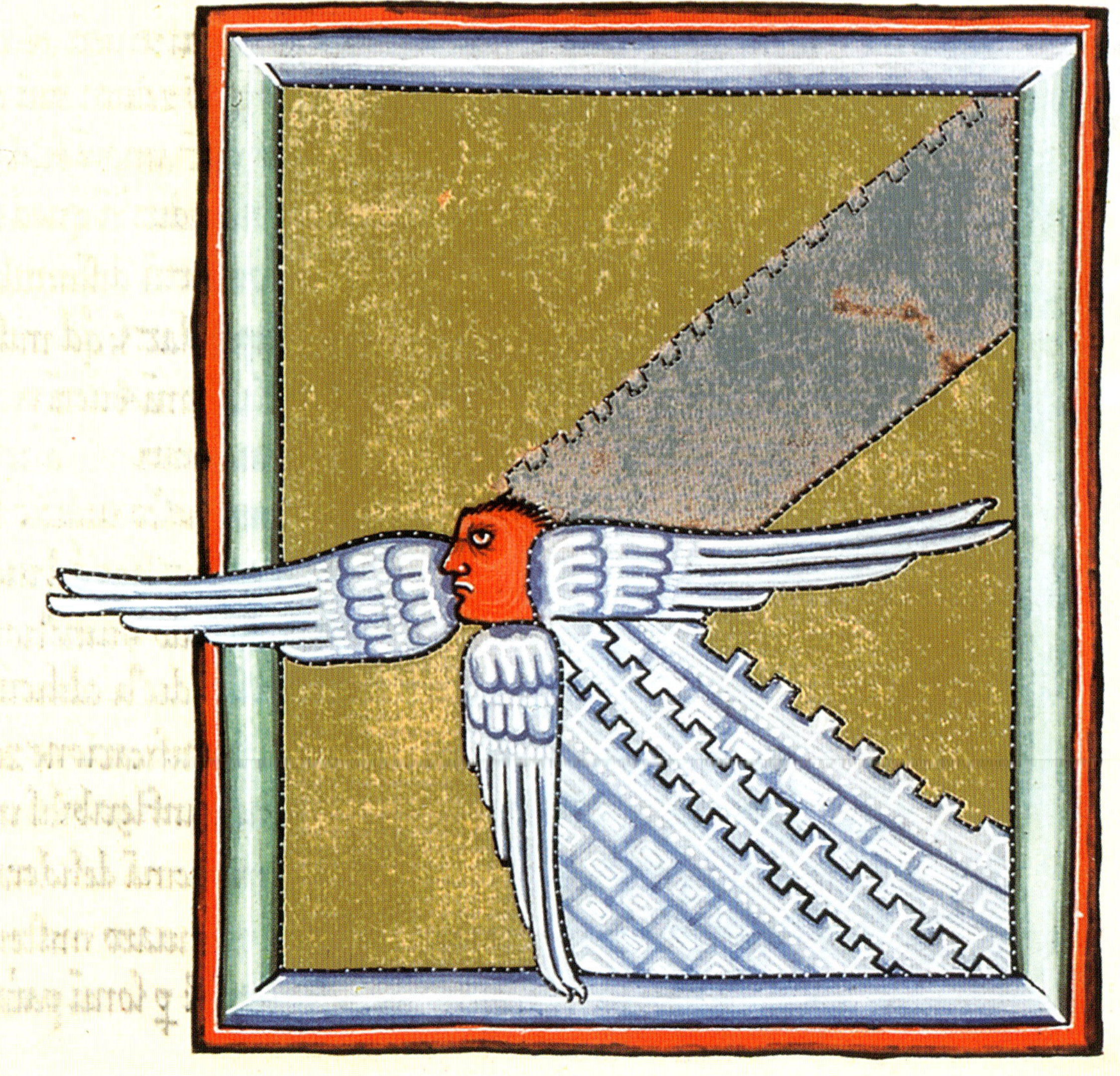

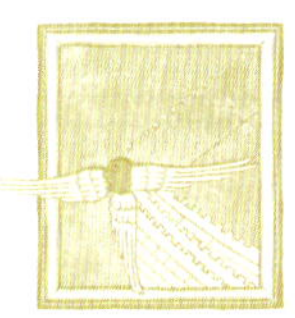

DER EIFER GOTTES

NACHDEM DAS GEHEIMNIS DES WORTES GOTTES »in der Säule des Wortes Gottes mit der Erkenntnis« geoffenbart ist, tritt der Eifer der Liebe Gottes in dieser Miniatur offen in Erscheinung: ein massives, kahles, rotglühendes Haupt in der Mitte des Bildes, wo die beiden Mauern des Heilsgebäudes zusammentreffen, die leuchtende Mauer (Erkenntnis von Gut und Böse) und die Steinmauer (das rechte Handeln). Bewegungslos sitzt dieses furchterregende Menschenantlitz auf dem Mauerwinkel, der Leib ist von der Mauerecke verdeckt. Unbeweglich, erhaben über alles Irdische, furchterregend, ohne Haare, d.h. frei von aller unterwürfigen Schwäche – denn die Augen des Herrn sehen jede Ungerechtigkeit. Es besitzt drei Flügel von erstaunlicher Breite und Länge. Sie sind waagrecht ausgebreitet und gleichen einer lichten Wolke. Als Symbol der Stärke bedeuten sie die Ausbreitung der Kraft des Dreifaltigen Gottes. Die drei Flügel stehen für die Kraft der Vergeltung, die sich gegen den Teufel und das Böse richtet.

Der erste von der rechten Wange ausgehende Flügel spannt sich nach Nordosten, denn Gott besiegte von der rechten Seite – der Erlösung – in seinem Sohn den Teufel und alles Böse. Der zweite geht von der Kehle aus nach Norden, denn nach der Erlösung schlug er den brüllenden Feind in die Flucht. Der dritte streckt sich von der linken Wange nach Westen. Wenn der Satan von den Auserwählten Gottes verscheucht ist, wird er auch von links – im Sohn des Verderbens ganz vernichtet. Manchmal geraten die Flügel furchtbar schreckenerregend in Bewegung und schlagen in diese Richtungen aus. Der Eifer des Herrn übt Gericht im Zuschlagen gegen drei Gruppen von Sündern: gegen Verhärtete, gegen Menschen, die die Rechte der Kirche missachten, gegen Gläubige und Ungläubige in ihren gottlosen und ungerechten Taten, vor allem weltliche Herrscher und Richter.

Das Thema der Vision, der »eifernde Zorn des Herrn«, ist mit folgenden Worten ausgedrückt: *»Gott, der im alten (Bundes)Volk seinen Eifer streng ausübte, hat sich im neuen (Volk) aus Liebe zu seinem Sohn mild und gütig gezeigt; nicht weil er jetzt die Sünden der sich Verfehlenden übersähe und sie gleichgültig gering achtet, sondern weil er barmherzig auf die tiefe und wahre Reue eines lauteren Herzens wartet, die Bosheit eines verhärteten duldet er nicht und bestraft sie nach seinem gerechten Urteil.«*[102]

Der Eifer Gottes vollzieht das rechte Urteil Gottes und möchte die Menschen durch das Wirken des Heiligen Geistes zum guten Werk erschüttern. Wo der Mensch vom Erkennen zum Handeln übergeht, wo im Bild die leuchtende Mauer auf die steinerne trifft, da ist aufmerksam und schweigend das rotglühende Haupt, der Eifer Gottes. *»Der Mensch muss nämlich im Wissen um Gut und Böse in allen Angelegenheiten durch die Güte des Vaters sehr tapfer dem Teufel entgegenwirken.«*[103]

[102] Wisse die Wege, S. 347.
[103] Wisse die Wege, S. 348.

Specialit̄ de saluatione animarū. & habitu ei. & quid significet.

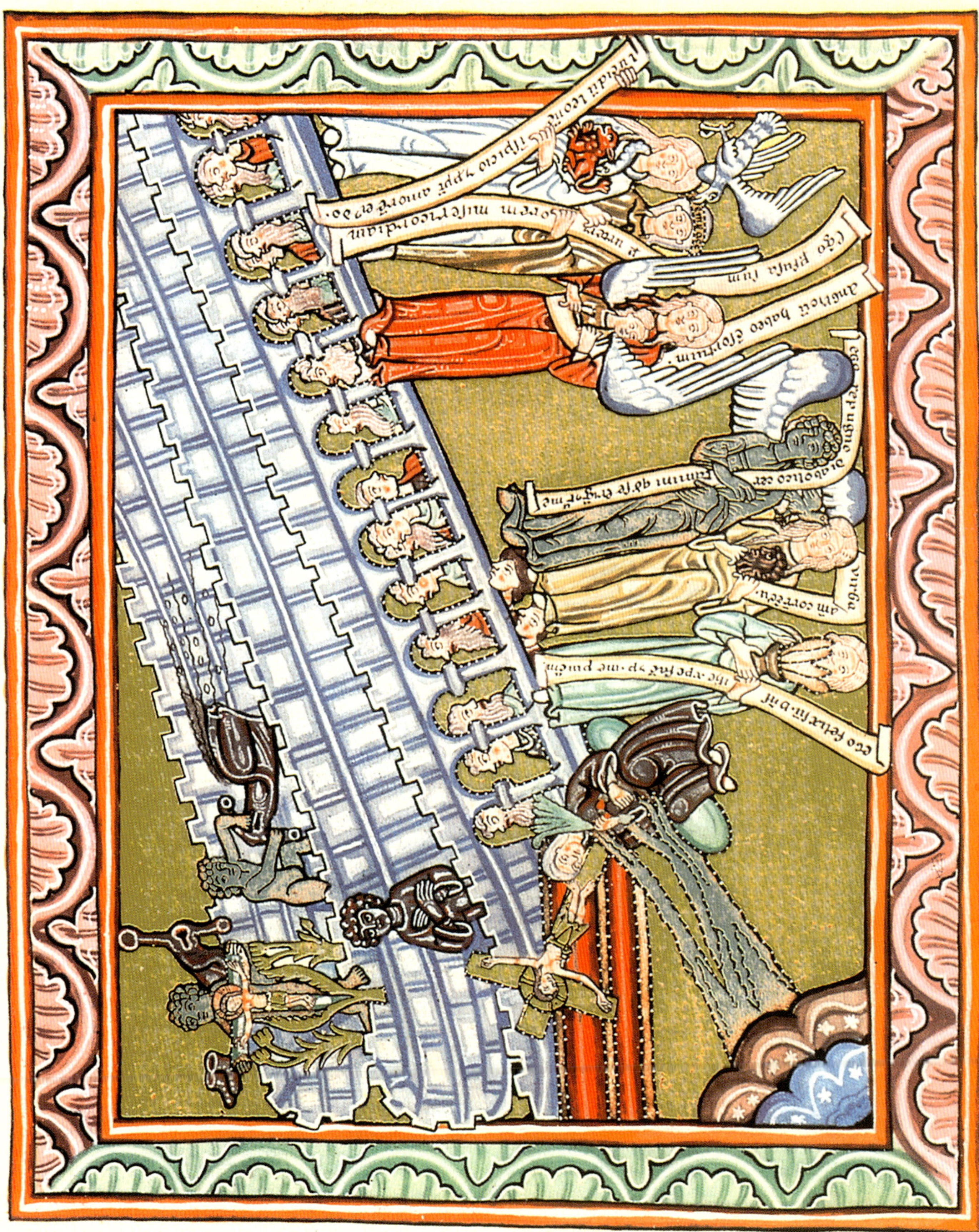

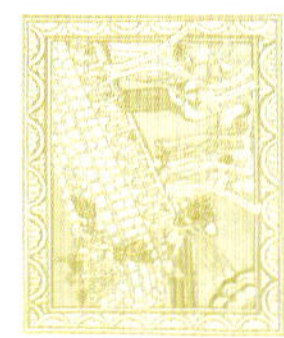

DIE DREIFACHE MAUER

DIE VORLIEGENDE VISION ZUM GÖTTLICHEN GESETZ und zu den damit verbundenen »himmlischen Wirkkräften« leitet zur Epoche des Neuen Bundes über. Im Bild der Mauer ordnet Gott durch sein Gesetz sein Volk. Deshalb heißt es: »*Kein Gläubiger, der Gott demütig gehorchen will, soll zögern, sich einer menschlichen Obrigkeit zu unterstellen, weil durch den Heiligen Geist die Regierung über das Volk zum praktischen Nutzen der Lebenden eingesetzt ist; und dass das für die kirchlichen Vorschriften gelten wird und gläubig und fest eingehalten werden muss, ist im alten Bundesvolk im voraus gezeigt worden.*«[104]

Die Mauer führt von Nord nach West und ist dreistufig. Sie symbolisiert den Weg des alten Bundesvolkes zum Offenbarwerden des Dreifaltigen Gottes, der Menschwerdung des Erlösers und zum Leben in der Kirche. Dieser Weg im Bauwerk des Heilsplanes Gottes ist begleitet und gestützt von acht Tugendgestalten, von verschiedenen »himmlischen Wirkkräften«. Dies zeigt die Miniatur in der Mauer quer über der Bildfläche und den bunten Tugend-Gestalten, die davor angeordnet sind.

Der untere Teil der Mauer ist arkadenartig mit Bogen versehen, in denen sich Menschengestalten befinden. Sie stellen die geistigen Führer des Bundesvolkes dar, von Abraham und Moses bis an den westlichen Winkel der Mauer. Das Volk Israel ist dem Gesetz der göttlichen Gerechtigkeit unterstellt und arbeitet am Bauwerk der Güte des allmächtigen Vaters. Das Alte Testament ist das Fundament, auf dem die Weisheit aller Lehre, die sich in der Menschwerdung des Gottessohnes kundtat, aufgebaut wurde.

An der dreifach gestaffelten Mauer, die sich zwischen der nördlichen und westlichen Ecke des Heilsgebäudes erstreckt, wird die göttliche Einteilung des Volkes Gottes in höhere und niedrigere Stände und deren Zusammenwirken erörtert. Die Menschen sollen zur Erkenntnis Gottes voranschreiten, in dem sie sich in Ehrfurcht und Ehrerbietung begegnen. Der Mensch steht an der Stelle Gottes im geistlichen Vorsteheramt. Gott unterstützt den geistlichen Stand und sein Volk mit himmlischen Wirkkräften.

Drei Tugenden stehen nebeneinander am Anfang der Mauer neben der Ecke, die nach Norden blickt, ebenfalls drei am Ende der Mauer neben der Ecke, die nach Westen blickt. Sie betrachten alle die Darstellungen in den Mauerbögen. Die Figur in der Mitte der ersten Dreiergruppe trägt eine safrangelbe Krone, in die eine daherfliegende Taube die Worte bläst: »*Zünde immer an!*«[105] Es ist die Enthaltsamkeit, die auf allen Reichtum verzichtet, um den Bedürftigen in ihrer Not zu helfen. Das Erbarmen Gottes ist die Glut, die sie entfacht. Sie ist von der Freigebigkeit und der Frömmigkeit umgeben. Die Freigebigkeit trägt auf ihrer Brust etwas wie einen spiegelklaren

---

[104] Wisse die Wege, S. 371.
[105] Wisse die Wege, S. 382.

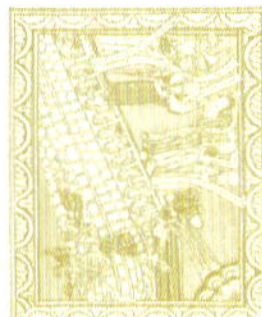

Löwen, d.h. Jesus Christus, der stärkste Löwe, ist in ihrem Herzen – auch geht eine fahle Schlange – gewunden und gekrümmt wie eine Rute – von ihrem Hals aus. Das bedeutet, der Sohn Gottes ertrug mit starker Geduld die qualvolle Verrenkung und Erhöhung am Kreuz. Die Schlange spricht: »*Ich blicke auf den leuchtenden Löwen und aus Liebe zu ihm gebe ich. Die feurige Schlange jedoch fliehe ich, aber die Schlange, die am Holz hängt, liebe ich.*«[106]

Die Frömmigkeit ist mit einer hyazinthroten Tunika bekleidet und trägt auf ihrer Brust einen Engel mit Flügeln. Sie spricht: »*Ich habe Gemeinschaft mit den Engeln, aber mit den Heuchlern, die sich verstellen, gebe ich mich nicht ab, sondern ich sitze zu Tisch mit den Gerechten.*«[107]

Die zweite Dreiergruppe am Ende der Mauer, am Ende des alten Bundes, stellt die Tugendkräfte der Wahrheit, des Frieden und der Glückseligkeit dar.

Die mittlere Gestalt der Dreiergruppe, die Wahrheit, trägt auf der rechten Schulter eine schneeweiße Taube, die mit ihrem Schnabel in ihr rechtes Ohr bläst. Der Heilige Geist haucht durch seine Berührung das ins Herz der Gläubigen hinein, was Gott in seiner göttlichen Macht ist. Das unförmige, ungeheuerliche Menschenhaupt auf der Brust der Wahrheit bedeutet, Gott lässt zu, dass seine Erwählten Unglück und Verfolgung durch Herrscher erleiden werden. »*Da Gott im Herzen der gläubigen Menschen wohnt, muss daher auch der Mensch aus Liebe zu Gott geduldig Verfolgung ertragen.*«[108] Die Wahrheit zertritt die teuflischen Irrtümer, die in den Menschenköpfen unter ihren Füßen ruhen. Sie sagt von sich: »*Ich will eine harte Zuchtrute und Geißel gegen jenen Lügner sein, der ein Sohn des Teufels ist. Ich bin auch ihre Stütze (der Gerechtigkeit Gottes)und führe sie, weil über mir der ganze Bau der göttlichen Tugenden gefestigt und feststehen wird.*«[109]

Zur Rechten wird der Friede sichtbar mit engelhaftem Antlitz. »*Ich widerstehe dem teuflischen Streit, der sich hartnäckig gegen mich erhebt. Ich werde mich vor niemandem fürchten.*«[110]

Die sechste Gestalt, die Glückseligkeit oder Heilszuversicht, trägt ein Gefäß in den Händen, aus dem sich eine Fülle von Licht ergießt. Sie strebt nach dem ewigen Leben. Ihre weiße grünlich schattierte Tunika weist auf ihre Taten hin, die in himmlischer Sehnsucht hell sind und in der Grünkraft des Heiligen Geistes grünen. »*Ich bin glücklich. Der Herr Jesus Christus bereitet mich und macht mich schön und weiß.*«[111]

Im Bild sind zwei Gestalten herausgehoben: die Unterscheidung der Geister und die Erlösung der Seelen. Die Unterscheidungskraft sitzt am Ende der Mauer in einer schwärzlichen Tunika auf einem Stein und trägt auf der rechten Schulter ein Kreuz, auf dem das Bild Jesu Christi erscheint. Diese Tugend wirft die Leichtfertigkeit aller Eitelkeit ab, sie senkt ihre Wurzel zur rechten Seite der mächtigen Kraft Gottes ein, als der allmächtige Gott seinen Sohn sandte, um wunderbar Mensch zu werden und demütig zu leiden. Mit seiner Liebe ist die Unterscheidung ver-

[106] Wisse die Wege, S. 368.
[107] Wisse die Wege, S. 368.
[108] Wisse die Wege, S. 384.
[109] Wisse die Wege, S. 368.
[110] Wisse die Wege, S. 369.
[111] Wisse die Wege, S. 369.

bunden. Aus den Wolken ergießt sich in ihre Brust ein Glanz von Heiligkeit, d.h. aus der Barmherzigkeit Gottes leuchtet wie aus einer hellleuchtenden Wolke die Flamme der göttlichen Liebe in die Menschenherzen. Sie bewirkt in ihnen die Unterscheidung und erleuchtet sie. Zeichenhaft sortiert diese Tugendgestalt in ihrem Schoß echte und unechte kleine Perlen. Im innersten Herzen der Menschen hält sie gleichsam in den Edelsteinen der Tugenden alles fest, was geeignet ist. Sie prüft jede Gerechtigkeit von Gott in sorgfältiger Prüfung, damit sie in allen Dingen entsprechend in den Herzen der Menschen wirkt. Wie mit einem Fächer vertreibt sie die teuflische Überredungskunst. Sie spricht: »*Ich, die Mutter der Tugenden, halte in allen Bereichen die Gerechtigkeit Gottes ein. Denn im geistlichen Kriegsdienst und im weltlichen Getöse warte ich im Innern meines Bewusstseins immer auf meinen Gott. Der gekreuzigte Gottessohn hat sich allen zugewandt und sie gemäß seiner Gerechtigkeit und Barmherzigkeit ermahnt. Ich will jede seiner Anordnungen und Bestimmungen nach seinem Willen einhalten.*«[112]

Die Gestalt, die am Ende auf der Mauer steht, bezeichnet die Erlösung der Seelen. Mit ihrem schwarzen krausen Haar und dem finsteren Gesicht weist sie auf das jüdische Volk hin, das vor der Menschwerdung des Gottessohnes noch im Schatten des Todes war.

Hildegard sieht, wie sie ihren schwarzen Mantel und ihre Schuhe auszieht, ausschüttelt und wie ein neugeborenes Kind erstrahlt. Als das Leiden des Gottessohnes mit dem Tod abgeschlossen war und nach dem Kommen des Heiligen Geistes Lehre und Wort der Apostel in die Welt ausgesandt waren, wurde die Erlösung der Seelen erweckt. Auf ihrer Brust ist das Kreuz Christi sichtbar, zu dem sich Lilien und Rosen hin ranken. Sie spricht: »*Ich lege das Alte Testament ab und ziehe den edlen Gottessohn mit seiner Gerechtigkeit in Heiligkeit und Wahrheit an. Deshalb bin ich im Guten erneuert und von den Lastern entfernt.*«[113]

[112] Wisse die Wege, S. 370.
[113] Wisse die Wege, S. 370.

aut acutas aures interiores intellect9 habet. hic i ardente amore speculi mei ad uerba hec anhelet. & ea in 9scientia animi sui conscribat.

Explicit sexta uisio tertie partis. Capitula septime uisionis tertie partis.

i Q°d ineffabilis t'nitas i fine tēp(or)ǵ. declarata simplici & humili a fidelib9 credenda & colenda ē. ne q̄s plus inuestigans quā oportet. q(uo)a 9phendi n̄ potest. in deteri9 cadat.

ii Q°d i sang(ui)ne xp(ist)i mundus saluatus ē. & cultus s(an)c(t)e t'nitatis manifestissime declarat9 ē. ip(s)a tam̄ nulli intellectui patet.

iii Q°d ineffabilis t'nitas omi creature aptissime in p(ro)p(r)io & potestate apparet. exceptis i credulis cordib9. cuncta tam̄ uelut i ciden(s) gladius penetrat. §– succidit.

iiii. Q(uo)d i xp(ist)iano p(o)p(u)lo catholice fidei i ariditate infidelitatis aduersant9. hos diuinitas i 9fusione—

v Q°d diuinitas iactantiā iudaici p(o)p(u)li deicit.

vi Q°d diabolicū scisma gentilis p(o)p(u)li a d(e)o abscisū uadit i p(er)dicione.

vii Parabola ad eandē rē.

viii Verba ioh(ann)is ad eandē rē.

viiii De differentia & unitate triū p(er)sonar(um).

x. De trib9 similitudinib9 ad trinitatē.

xi. Verba de libro regū ad eandē rem.

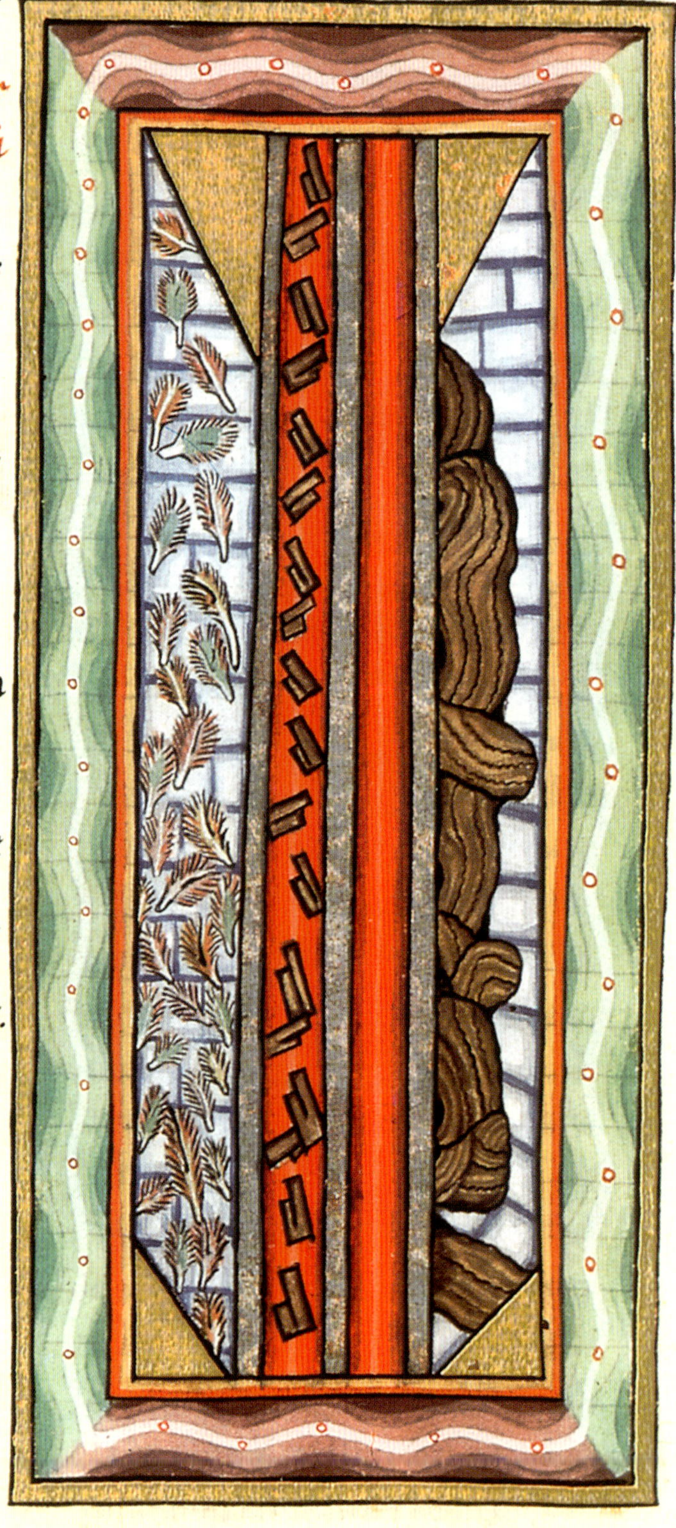

Die Säule der wahren Dreieinigkeit

Gott offenbart sich im Erlösungswerk seines Sohnes als Dreifaltig-Einer. In der westlichen Ecke des Heilsgebäudes schaute Hildegard eine wunderbare, geheimnisvolle und äußerst starke Säule von dunkelroter Farbe. Sie steht für den dreifaltigen Gott. Vater, Wort und Heiliger Geist sind ein Gott in der Dreifaltigkeit, und diese Dreifaltigkeit besteht in der Einheit im Bild der vollkommenen Säule alles Guten. Sie durchdringt Höhen und Tiefen und beherrscht den ganzen Erdkreis. Die Säule ist dunkelrot, weil der Sohn Gottes sein Blut für die menschliche Sünde dahingab. Der Sohn, vom Heiligen Geist empfangen, vom Vater in die Welt gesandt, suchte nicht seine Ehre, sondern die des Vaters. Er erschloss den Zugang zur unerschöpflichen Tröstung des Heiligen Geistes.

Die Säule hat an der Außenseite drei stahlfarbene Kanten, vom Fuß bis zur Spitze, schneidend wie ein geschliffenes Schwert. Sie ist dem Widerspruch der Finsternis gegenübergestellt wie eine scharfe Schneide. Nur den ungläubigen Herzen bleibt sie verborgen in ihrer Gewalt und Macht. Eine Kante nach Süden gerichtet, mit viel abgeschnittenem trockenem Stroh, weist darauf hin, dass alles, was dem wahren Glauben entgegensteht, abgeschnitten wird. Eine Kante nach Nordwesten mit zerschlissenen Federchen zeigt, dass Gott die stolze Prahlerei zu Boden wirft. Die Pharisäer, auf sich selbst bauend, wurden weggeblasen. Die mittlere Kante gegen Westen zeigt viele abgesägte morsche Hölzer. Sie stehen für die Gottlosen, die lieber den teuflischen Trugbildern folgen als den göttlichen Geboten. Sie sind von der Freude des Lebens abgeschnitten.

»Die heilige unaussprechliche Dreifaltigkeit von höchster Einheit war denen, die unter dem Joch des Gesetzes dienten, verborgen. Doch in der neuen Gnade wurde sie den von der Knechtschaft Befreiten offenbart. Mit einfältigem und demütigem Herzen muss von den Gläubigen an Gott als den Einen und Wahren in drei Personen geglaubt werden.«[114] Der Mensch darf nicht verwegen forschen, weil Gott nicht erfasst werden kann.

»Obwohl diese drei Personen sich unterscheiden, sind sie dennoch die eine, ganze und unveränderliche Wesenheit von unermesslicher Schönheit, die in ungeteilter Einheit verharrt.«[115]

[114] Wisse die Wege, S. 391.
[115] Wisse die Wege, S. 400.

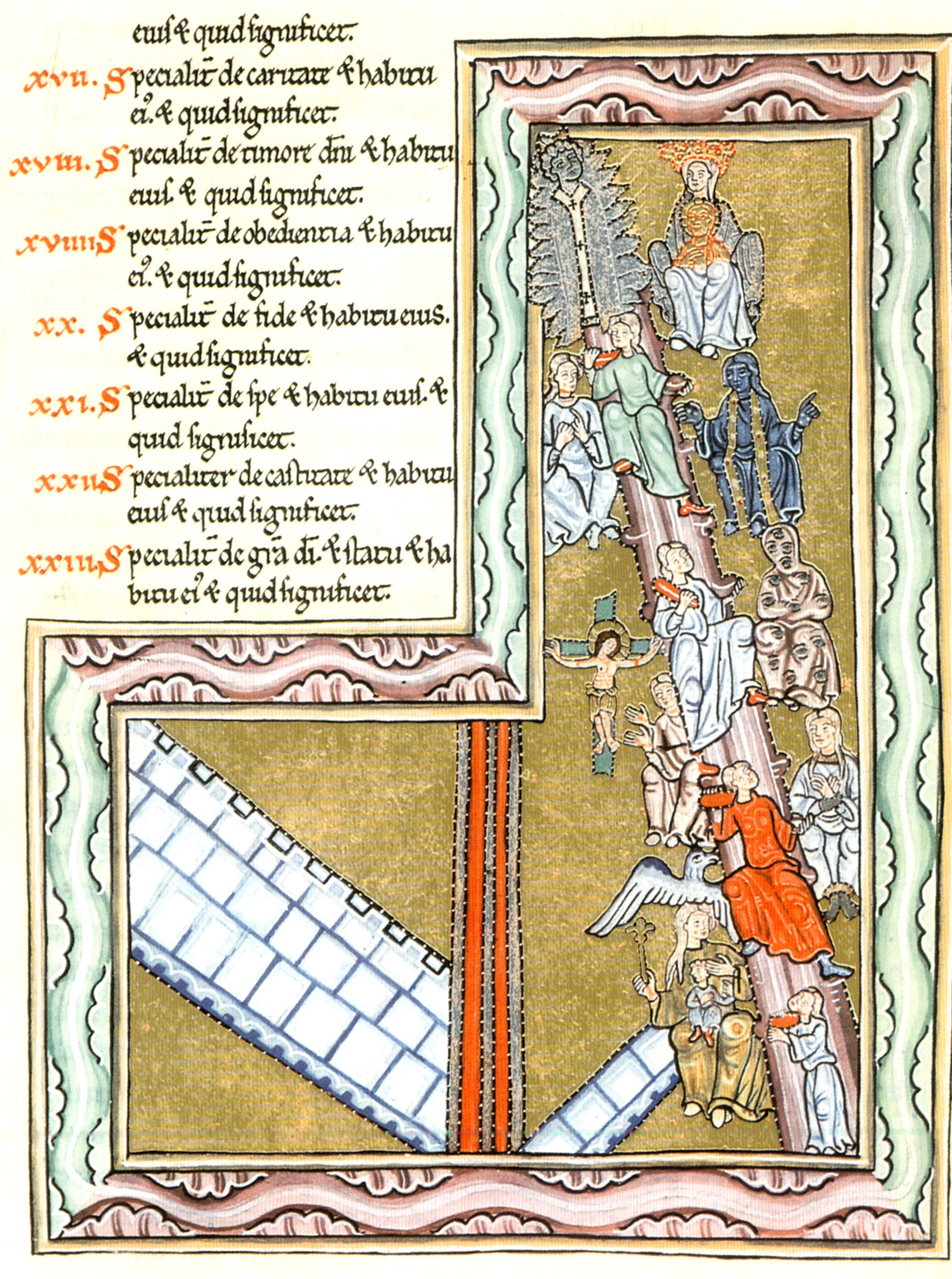

eius & quid significet.
XVII. Specialiter de caritate & habitu ei(us). & quid significet.
XVIII. Specialiter de timore d(omi)ni & habitu eius. & quid significet.
XVIIII. Specialiter de obedientia & habitu ei(us). & quid significet.
XX. Specialiter de fide & habitu eius. & quid significet.
XXI. Specialiter de spe & habitu eius. & quid significet.
XXII. Specialiter de castitate & habitu eius & quid significet.
XXIII. Specialiter de gr(ati)a d(e)i. & statu & habitu ei(us) & quid significet.

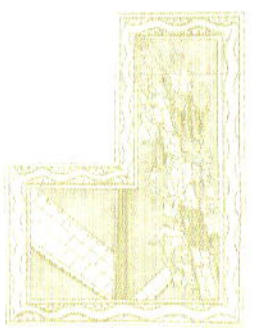

Die Säule der Menschheit des Erlösers

Eine weitere Säule jenseits der Dreifaltigkeit war für Hildegard so umschattet, dass sie weder ihre Stärke noch ihre Höhe erkennen konnte. Sie bezeichnet die Menschheit des Erlösers, der vom Heiligen Geist empfangen aus der Jungfrau als Sohn des Allerhöchsten geboren wurde. Die Menschwerdung Gottes übersteigt alle Erkenntnis des menschlichen Verstandes. »*Menschen, die nach dem Himmlischen verlangen, müssen treu glauben und dürfen nicht hartnäckig untersuchen, auf welche Weise der Sohn Gottes, der vom Vater in die Welt gesandt wurde, aus der Jungfrau geboren ist. Denn der menschliche Sinn, der mit dem sterblichen Leib und der schweren Sündenlast beladen ist, wird die Geheimnisse Gottes nicht mehr erkennen können, als es der Heilige Geist, wem er will, offenbart hat.*«[116]

Zwischen dieser Säule und der Säule der wahren Dreifaltigkeit ist eine offene Stelle in der Mauer. Sie besagt, dass der fleischgewordene Gottessohn – wahrer Gott mit dem Vater im Heiligen Geist – noch in seinen Gliedern verborgen ist. Das symbolisiert die Gläubigen, die bis zum Ende der Welt geboren werden sollen. An der »Säule der Menschheit des Erlösers« befindet sich eine leiterartige Treppe. Sie steht für den Aufstieg der Gläubigen über die himmlischen Wirkkräfte in der Nachfolge des Sohnes Gottes, um mit der Hilfe der göttlichen Tugendkräfte das Heilswerk zu vollenden. Himmlische Wirkkräfte oder Tugendkräfte steigen ab und auf und gehen mit Steinen beladen, mit guten Werken ans Werk. »*Diese sind die stärksten Werkleute Gottes.*«[117] Sie steigen im Eingeborenen Gottes durch seine Menschheit hinab und streben durch seine Gottheit nach oben. Die Steine sind die beflügelten leuchtenden Werke, die die Menschen mit ihnen wirken. Sie sollen am Heilswerk mitwirken. Es sind sieben Tugendkräfte, die den sieben Gaben des Heiligen Geistes entsprechen: Demut, Liebe, Furcht des Herrn, Gehorsam, Glaube, Hoffnung, Keuschheit. Sie sind verbunden mit dem Geist der Weisheit und Einsicht, des Rates und der Stärke, der Erkenntnis und der Frömmigkeit, und dem Geist der Furcht des Herrn.

Die Demut, rechts an der Spitze der Säule, tat zum ersten Mal den Sohn Gottes kund. Sie trägt eine goldene Krone, die auf die strahlende Menschwerdung des Erlösers hinweist mit drei herausragenden Zacken, die für die Dreifaltigkeit in der Einheit steht. Die Demut übertrifft die übrigen Tugenden. Sie funkelt vom reichen Schmuck der kostbarsten grünen und rötlichen Edelsteinen, die in der Miniatur nicht zu erkennen sind. Dass sie auf der Brust einen hellleuchtenden Spiegel trägt mit dem Bild des Gottessohnes bedeutet: in der Demut offenbarte sich der Eingeborene Gottes der Welt. »*Die Demut ist das stärkste Fundament alles Guten im Menschen.*«[118]

Die Liebe erscheint wie ein Hyazinth in der Farbe der Himmelsatmosphäre. Zwei mit Gold und Edelsteinen geschmückte Streifen sind in der Tunika eingewebt. Das sind die beiden Liebesgebote. »*Du sollst deinen Gott lieben aus deinem ganzen Herzen, mit deiner ganzen Seele, aus allen deinen Kräften und mit deinem ganzen Gemüt, und deinen Nächsten wie dich selbst.*«[119]

[116] Wisse die Wege, S. 416.
[117] Wisse die Wege, S. 405.
[118] Wisse die Wege, S. 427.
[119] Wisse die Wege, S. 428.

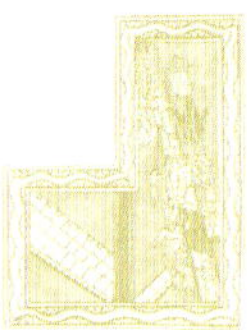

Du sollst den Herrn deinen Gott lieben, er ist dein Herr. Er beherrscht die ganze Schöpfung. Wenn du Gott liebst, liebst du dein Heil.

Die dritte Gestalt von oben nach unten bezeichnet die Furcht des Herrn. Sie trägt ein schattenhaftes Gewand und ist nicht menschenähnlich. Unter dem ständigen Blick ihrer durchdringenden Augen flößt sie den Menschen die Furcht vor der Größe der höchsten Majestät und Erhabenheit der Gottheit ein. »*Denn Gott muss von allen Menschen sehr verehrt und gefürchtet werden, weil sie von ihm und von keinem anderen geschaffen sind.*«[120] Diese Tugendkraft hat überall viele Augen an sich und lebt ganz in der Weisheit. Sie zittert aus großer Furcht vor Gott, denn sie legt Angst und Schrecken in die erleuchteten Menschenherzen, so dass sie ihre Zuversicht auf den setzen, der in Ewigkeit regiert.

Die vierte Gestalt stellt den Gehorsam dar. Sie trägt ein schneeweißes Band um den Hals, weil sie die Herzen der Menschen durch die Unterwerfung gläubigen Gehorsams strahlend weiß macht. »*Sie hat Hände und Füße mit einer strahlendweißen Fessel gebunden, denn sie ist im Weiß des wahren Glaubens an das Werk Christi und den Weg der Wahrheit gebunden.*«[121]

Die fünfte Gestalt, der Glaube, hat eine rote Kette um den Hals. Sie harrt gläubig aus und wird mit dem blutigen Martyrium geschmückt. Sie setzt ihre Zuversicht auf Gott.

Die sechste Gestalt, die Hoffnung, trägt eine blassfarbene Tunika, weil ihr zuversichtliches Wirken farblos ist. Sie sehnt sich nach dem zukünftigen Leben. Vor ihr erscheint in der Luft der Leidenspfahl des gekreuzigten Sohnes, zu dem sie hingebungsvoll Augen und Hände erhebt und mit großer Zuversicht ausschaut.

Die siebte Gestalt, die Keuschheit, trägt eine Tunika, die heller und reiner ist als Kristall. Auf ihrem Haupt sitzt eine Taube mit gleichsam zum Flug ausgebreiteten Flügeln. Das bedeutet, sie wurde durch den Schutz des Heiligen Geistes gehegt. »*In ihrem Leib erscheint wie in einem Spiegel ein leuchtendes Kind, auf dessen Stirn geschrieben steht:‚Unschuld' Denn im Innern dieser reinsten Tugend ist die unverletzliche, herrlichste und entschiedenste Unversehrtheit.*«[122] Sie trägt das Herrschaftszepter über die verkehrte Lust. Durch die Rechte der Erlösung wurde das Leben aller durch den königlichen Gottessohn in Keuschheit offenbar. Die Linke der Begierde wurde zunichte gemacht.

Auf der Spitze der umschatteten Säule, damit in herausragender Stellung vor den übrigen sieben himmlischen Wirkkräften, steht eine überaus schöne Gestalt mit männlichem Antlitz. Sie trägt bischöfliche Kleidung und ist ganz in Licht gehüllt, die göttliche Gnade. In Gott besteht sie in größter Fülle und mahnt die Menschen, Buße zu tun. »*Ich bin die Gnade Gottes, meine Kinder,*« ruft sie. »*Deshalb hört und versteht mich, denn ich schenke denen das Licht der Seele, die mich bei meiner Ermahnung erkennen.*«[123] Sie will die Menschen mit ihrer liebevollen Ermahnung berühren, damit sie beginnen, Gutes zu wirken. Sie flammt in höchster Helligkeit in Gott. Sie ist mit einer purpurfarbenen dunklen Tunika angetan, d.h. in Liebe brennend neigt sich

[120] Wisse die Wege, S. 429.
[121] Wisse die Wege, S. 430.
[122] Wisse die Wege, S. 432.
[123] Wisse die Wege, S. 409.

die göttliche Gnade zu der Schwärze der Sünder. Durch die Reue baut sie die Sünder zum Leben auf. Ein rotgelber Streifen, der über beide Schultern vorn und hinten bis zu ihren Füßen hinabläuft, weist darauf hin, dass sie sich in Stärke zu den Gläubigen neigt und sie in ihrer Güte zum Himmlischen hinaufhebt. Sie zieht im roten und gelben Glanz der Menschheit und Gottheit des Gottessohnes zur Liebe. So widersteht der gläubige Mensch sich selbst in der Begierde nach der Sünde, ganz von der Gnade bewegt. Um ihren Hals trägt sie ein mit Gold und Edelsteinen geschmücktes bischöfliches Pallium. Das bedeutet: Christus, der Sohn Gottes, ist der Hohepriester des Vaters, er hat überall das Priesteramt in kraftvoller Stärke inne, auch durch die Gestalt der Gnade. So ist sie vom hellsten Glanz der Barmherzigkeit des Allmächtigen umgeben. Ihre Arme, Hände und Füße sind im Schatten verborgen, weil die Kraft, das Werk und das Ende des Weges der göttlichen Gnade erst in den Menschen zu erkennen ist, die von keinem Leib beschwert sind.

Der Glanz, der sie umgibt, ist überall voller Augen und ganz lebendig. Das bedeutet: »*Der Gnade Gottes ist die göttliche Barmherzigkeit zur Seite gestellt, die ihr das tiefe Mitleid der zahlreichen Erbarmungen ihrer Augen zeigt; diese blicken auf die Schmerzen der Menschen, die sich danach sehnen, Gott zu folgen.*«[124]

Die göttliche Gnade berührt und mahnt die Menschen, damit sie als Kinder Gottes das Hinfällige verachten und das Bleibende umfassen. »*Ich bin eine Säule von fester Beständigkeit und verlasse niemals den, der mich sucht.*«[125]

Die lange Rede der Gnade ist nicht in der Miniatur zu erblicken, wird aber in den verschiedenen Tugendkräften als Frucht der Mitarbeit mit der Gnade Gottes veranschaulicht.

[124] Wisse die Wege, S. 434.
[125] Wisse die Wege, S. 414.

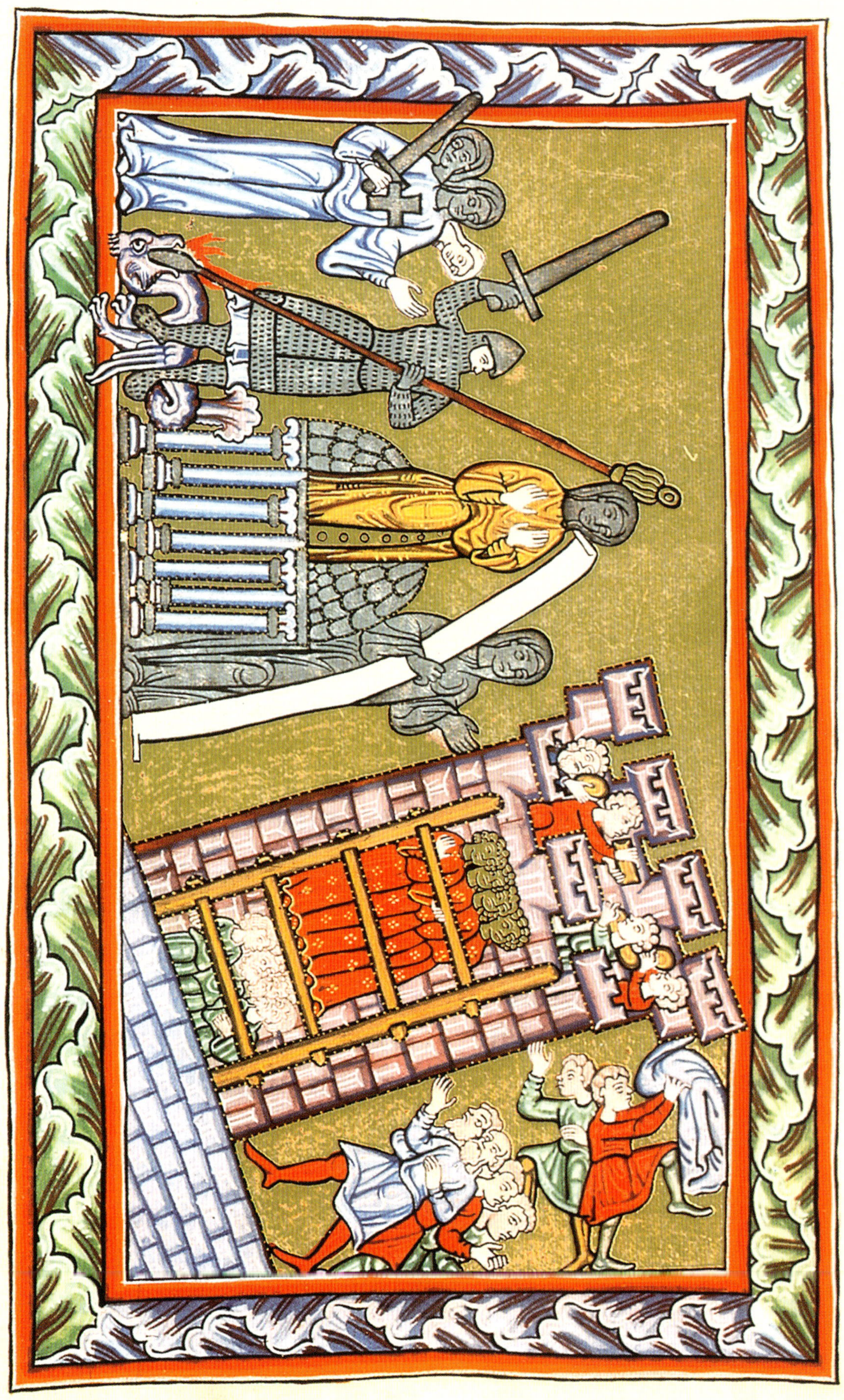

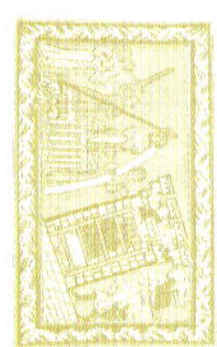

DER TURM DER KIRCHE

EIN TURM AUS ÜBERHELLEM GLANZ jenseits der »Säule der Menschheit des Erlösers« auf der südlichen steinernen Mauer des Heilsbauwerkes bezeichnet die Kirche. Dieser Turm, der innerhalb und außerhalb des Gebäudes zu sehen ist, ist noch nicht vollendet, zahlreiche Werkleute bauen unermüdlich daran. An seiner Spitze sind sieben starke Schutzwehren errichtet, die für die sieben Gaben des Heiligen Geistes stehen – kein Feind kann sie zerstören. Im Innern des Turmes befindet sich bis an die Spitze so etwas wie eine Leiter. Auf den Sprossen stehen Menschen mit feurigem Antlitz, weißem Gewand (in der Miniatur rot) und schwarzen Schuhen. Durch die Glut des Heiligen Geistes wird der Glaube sichtbar im Gewand der guten Werke. Noch sind die Gläubigen auf dem Weg der Anfechtung und Beschmutzung, deshalb in schwarzen Schuhen. Einige von ihnen haben zwar das gleiche Aussehen, sind aber größer und strahlender. Die Gründer der Kirche haben gleich nach dem Tod des Gottessohnes durch ihre Predigt diese auferbaut. Denn Gott erbaut die Kirche und festigt sie. Aus dem Mund des Sohnes Gottes hörten sie das Wort des Lebens. Sie blicken sehr aufmerksam im Turm. Es sind wohl die Apostel, die unten, hinter der ersten Sprosse der Leiter, mit leuchtenden Gesichtern und grünen Gewändern stehen. »*Die Kraft Christi Jesu, des Gottessohnes, ist der stärkste Turm, in dem sich die siegreiche Heerschar der Gläubigen in unbesiegbarer Bewährung übt.*«[126] Sie haben Christus, den wahren Gott und Menschen, in ihrer Mitte. Als Braut des Sohnes Gottes empfängt die Kirche ihre Kraft für den Kampf gegen den Teufel aus der Inkarnation des Sohnes Gottes.

An der Nordseite des Gebäudes sieht Hildegard die Welt und die Menschen – rechts des Turmes – hin und herlaufen. Viele nähern sich, vom Alten oder Neuen Bund ermahnt, dem göttlichen Bauwerk, betreten es und verlassen es wieder. Die das Gebäude betreten, werden mit einem blendendweißen Gewand bekleidet, mit dem Gewand des wahren Glaubens. Die einen frohlocken in großer Freude, sie erfüllen und bewahren ganz hingegeben alles, was ihnen der Heilige Geist eingibt. Andere wollen das Gewand ausziehen. Die starke Kraft der »Erkenntnis Gottes« beschwichtigt sie gütig. Manche, von der Eingebung des Heiligen Geistes ermuntert, reißen den für das Herz schwierigen Weg an sich. Einige spotten, ziehen das Gewand, das sie in der Wiedergeburt aus Geist und Wasser empfangen haben, wütend aus und kehren in die Welt zurück. Manche fallen rasend über den Turm der Kirche her.

Gott rüstet die Kirche mit seinen himmlischen Wirkkräften aus und steht so den Gläubigen im Kampf gegen den Teufel bei. Dies zeigen die weiteren Bildelemente der Miniatur. Neben dem Turm der Kirche in der Bildmitte steht ein Tempel mit sieben Marmorsäulen und einer schönen Gestalt in einem goldfarbenen Gewand. Sie blickt auf die Menschen in der Welt, sie leitet und bewacht sie »*O, ihr Trägen, warum kommt ihr nicht? Würde euch denn nicht geholfen, wenn ihr kommen wolltet? Wenn ihr den Weg Gottes zu laufen beginnt, sind euch Mücken und Fliegen*

[126] Wisse die Wege, S. 444.

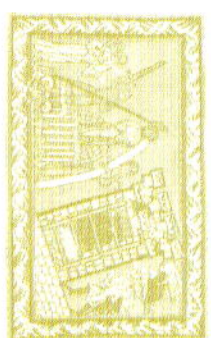

mit ihrem Surren ein Hindernis. Nehmt doch den Fächer der Inspiration des Heiligen Geistes und verscheucht sie möglichst schnell von euch. Ihr müsst laufen und Gott muss euch auch helfen.«[127]

Es ist die Weisheit Gottes, die die Hände ehrerbietig über der Brust hält und auf dem Haupt einen kronenförmigen, von hellem Schein strahlenden Reif trägt. Die Gottheit strahlt von solcher Würde und Schönheit. Von der Brust her bis zu den Füßen läuft ein Streifen mit kostbaren Edelsteinen. Vom Beginn der Welt erstreckt sie sich, ein mit Geboten geschmückter Weg bis zum Ende der Zeiten, im grünenden Spross der Patriarchen und Propheten, die die Menschwerdung des Sohnes Gottes erflehten, geschmückt mit der Jungfräulichkeit in der Jungfrau Maria, danach mit dem festen rosafarbenen Glauben der Märtyrer und mit der Liebe der Beschaulichkeit. So schreitet sie bis zum Ende der Welt voran. Ihre Ermahnung ergießt sich solange die Welt dauert.

Neben der Weisheit stehen drei weitere Gestalten. Sie wenden sich der Säule der Menschheit des Erlösers und dem Turm der Kirche zu.

Die Gerechtigkeit bringt nach der Weisheit durch den Heiligen Geist in den Menschen alles ins rechte Lot. Sie ist so riesengroß, dass sie über das ganze Gebäude hinweg schaut. In ihrer Erhabenheit übertrifft sie die menschliche Einsicht und strebt nach oben zum Himmlischen. Sie erscheint so umfangreich, dass fünf Menschen zusammen ihre Breite ergeben könnten, das bedeutet die Spanne der fünf Sinne in der menschlichen Fassungskraft, mit denen sie sich in der Weite des göttlichen Gesetzes bewegt. (in der Miniatur nicht dargestellt) Sie hat einen großen Kopf und helle Augen und blickt scharf zum Himmel empor. Sie bleibt himmlisch und nicht irdisch. Das große weiße Spruchband, das die Gerechtigkeit in der Hand hält, wird im Text Hildegards nicht erwähnt. Sie ist ganz strahlend weiß und durchsichtig wie eine heitere Wolke. Sie wohnt im Glanz und in der Reinheit der gerechten Menschenherzen, die der Gerechtigkeit Gottes ergeben sind. Sie ahmt auch die Wolken nach, weil sie sich in den Herzen der Gerechten eine angenehme Wohnstatt bereitet. Sie ruft durch das ganze Gebäude allen übrigen Tugenden zu: »*Wir wollen alle tatkräftig aufstehen, weil Luzifer seine Finsternis über die ganze Welt breitet. Wir himmlische Streiter sind eingesetzt, um jenen in seiner Bosheit und Schlechtigkeit zu überwinden, sonst werden die Menschen auf der Welt von seiner Feindschaft nicht gerettet werden können.*«[128]

Eine Gestalt, die Stärke, trägt einen Helm (die himmlische Lebenskraft zum Heil der Gläubigen), einen Schild (das christliche Gesetz), Beinschienen (die rechten Wege unter der Lehre der Meister) und Eisenhandschuhe (die starken wirksamen Werke, welche die Gläubigen in Christus vollbringen). In der Rechten hält sie ein entblößtes Schwert, in der Linken eine Lanze. Unter den Füßen zertritt sie einen schrecklichen Drachen und durchbohrt seinen Rachen der so schmutzigen und teuflischen Begierde. Sie schwingt das Schwert und sagt: »*O du stärkster Gott, wer kann dir widerstehen und dich bekämpfen? Die alte Schlange, jener teuflische Drache, kann das nicht. Im allmächtigen Gott kann mich niemand brechen. Daher werde ich auch für die Ge-*

[127] Wisse die Wege, S. 437–438.
[128] Wisse die Wege, S. 438.

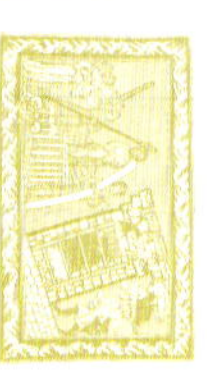

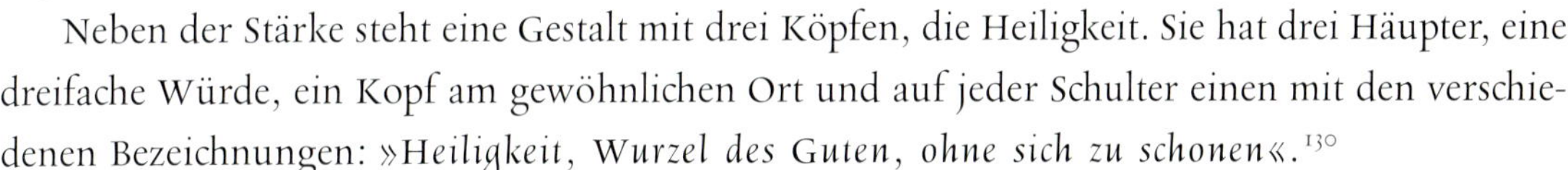

brechlichkeit der Menschen immer eine sichere Zuflucht sein. O mildester und gütigster Gott, hilf den Zerknirschten!«[129]

Neben der Stärke steht eine Gestalt mit drei Köpfen, die Heiligkeit. Sie hat drei Häupter, eine dreifache Würde, ein Kopf am gewöhnlichen Ort und auf jeder Schulter einen mit den verschiedenen Bezeichnungen: »*Heiligkeit, Wurzel des Guten, ohne sich zu schonen*«.[130]

Diese Gestalt ist mit einer Tunika aus weißer Seide angetan und mit schneeweißen Schuhen ausgerüstet. Durch den Tod Christi erstrahlt sie im Schimmer der Wiedergeburt aus Geist und Wasser in den Herzen der Menschen, damit auch sie seinen Tod nachahmen. Auf ihrer Brust trägt sie das Zeichen des Kreuzes. Sie ruft nämlich immer wieder in den aufmerksamen Herzen der Gläubigen die Erinnerung an das Leiden Christi wach. In der Rechten hält sie ein entblößtes Schwert, das sie andächtig an ihre Brust und das Kreuz drückt. Das bedeutet, mit dieser Geste erinnert sie an die Heilige Schrift, mit der die Erwählten liebevoll des Leidens ihres Erlösers gedenken. Die mittlere, die auf ihrer Stirn »Heiligkeit« geschrieben hat, spricht: »*Ich gehe aus der heiligen Demut hervor. Meine Mutter, die Demut, geht durch alle Widerwärtigkeiten hindurch, die auch für andere unerträglich sind und überwindet sie.*«[131] Das Haupt zur Rechten mit der Aufschrift »Wurzel des Guten« spricht: »*Auf dem höchsten Berggipfel, der Gott ist, schlage ich Wurzel. Ich muss mich mit deinem Innersten verbinden, damit du bestehen kannst.*«[132] Das Haupt zur Linken mit der Stirnbezeichnung »Ohne sich zu schonen« spricht: »*Wehe, wie bin ich doch so hart und unbeugsam, dass ich mich kaum überwinden kann, dir zu helfen, o Heiligkeit, weil du doch ohne mich nicht stehen kannst, wenn ich fliehe. Ach, ach über den, der das Gute vernachlässigt! O Heiligkeit, damit du frei in dir Bestand haben kannst, will ich die räuberische Schlinge des Teufels vermeiden und sie im wahren Gott zerreißen.*«[133] Die Häupter bleiben gemeinsam stark in der Eintracht des inneren Schauens und der Liebe. Ihre Ermahnungen zielen auf den Fortschritt der Menschen.

So richtet Gott die Kirche mit den himmlischen Wirkkräften aus, die auseinander hervorgehen.

[129] Wisse die Wege, S. 439.
[130] Wisse die Wege, S. 440.
[131] Wisse die Wege, S. 440.
[132] Wisse die Wege, S. 440.
[133] Wisse die Wege, S. 440.

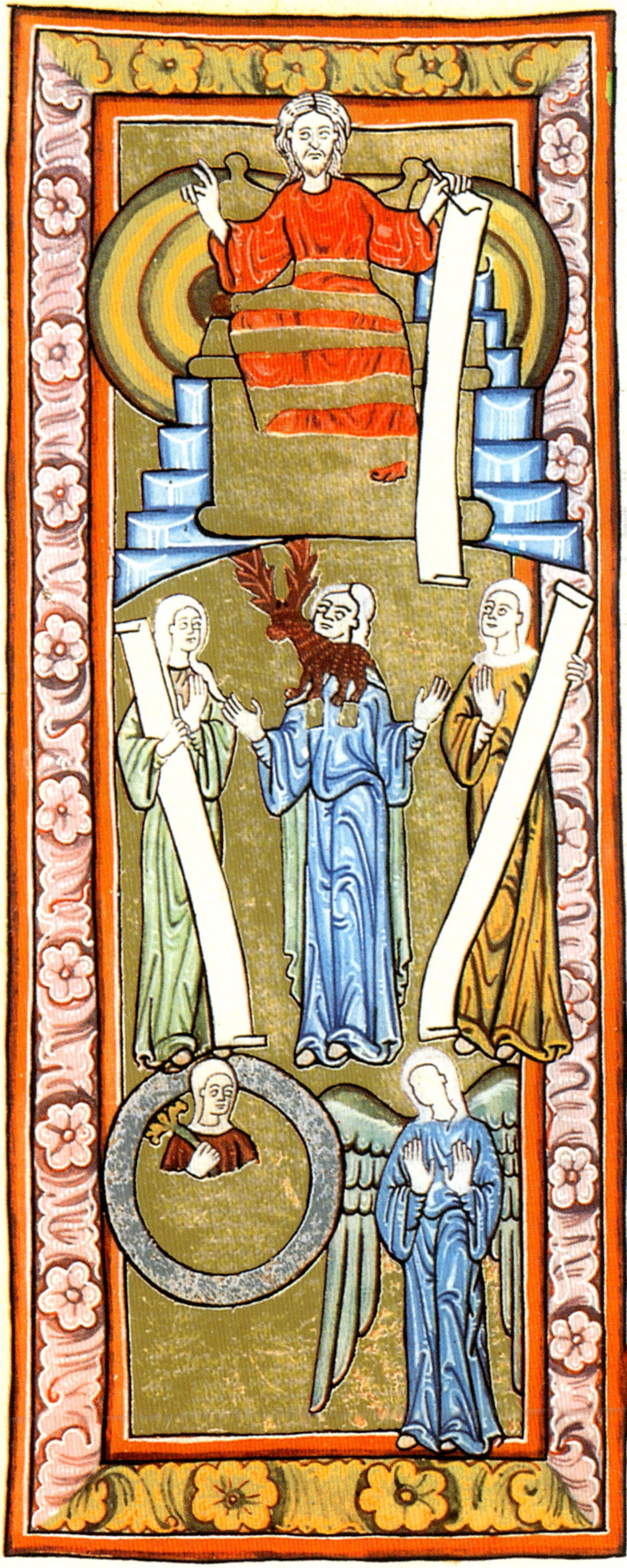

Decima visio tercię partis.

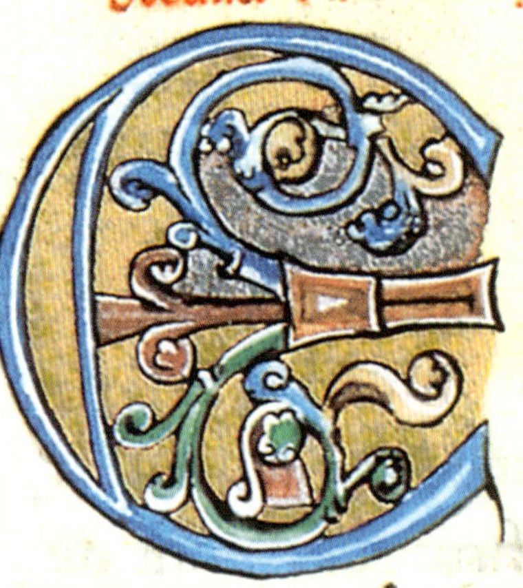

Et post hec in summitate orientalis anguli premonstrati edificii, ubi predicte due partes muri ipsius, illa lucida et lapidea videlicet, coniuncte erant, vidi quasi septem gradus candidissimi lapidis, qui ad lapidem illum magnum super quem prefatus lucidus sedens in throno apparuit, in modum testudinis advoluti videbantur. Et super eosdem gradus sedes posita erat, super quam iuvenis quidam sedens, virilem et nobilem vultum, pallidi tamen coloris, et capillos subnigros usque ad scapulas ipsius descendentes habebat, purpurea tunica indutus. Qui a capite suo usque ad umbilicum mihi apparuit, sed ab umbilico deorsum obumbratus mihi ad videndum fuerat. Et ipse respiciens in mundum maxima fortitudine vociferabatur ad homines qui in eo erant dicens:

Verba filii hominis.

O stulti homines qui tepide et turpiter marcetis in vobismetipsis, nolentes vel oculum unum aperire ad videndum quid in bonitate spe vestri sitis. Sed

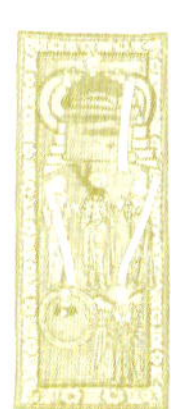

DER MENSCHENSOHN

AM HÖCHSTEN PUNKT DES HEILSGEBÄUDES, wo die beiden Mauern sich vereinen, steht ein Thron auf sieben Stufen, auf dem ein junger Mann, der Menschensohn, sitzt. In purpurrotem Gewand ist er nur bis zur Hälfte sichtbar, sein übriger Leib ist verhüllt. »*Was nämlich von jetzt bis zum Weltende in der Kirche geschehen wird, wird man weder sehen noch wissen können, außer wie viel durch göttliche Offenbarung und im katholischen Glauben erfasst wird. Denn das gewaltige Aufblitzen der Tugenden, die vor dem Jüngsten Tag an den Menschen offenbar werden sollen, ist den Menschen noch verborgen.*«[134] Der Menschensohn richtet den Blick seines Erbarmens auf die Menschen und ruft mit lauter Stimme: »*Ihr törichten Menschen, die ihr lau seid und vor euch hinwelkt und nicht einmal ein Auge öffnen wollt, um zu sehen, was ihr aufgrund der Begabung mit eurem Geist seid.*«[135]

»*Du hast nämlich das Wissen um Gut und Böse und die Fähigkeit zu handeln. Daher kannst du dich nicht entschuldigen, als hättest du dadurch nicht alle Talente, so dass du durch höchste Eingebung ermahnt bist, Gott in Wahrheit und Gerechtigkeit zu lieben und dir selbst in der Begierde und im Ergötzen an der Ungerechtigkeit zu widerstehen. So sollst du dich damit kreuzigen und auf diese Weise mein Leiden ehren.*«[136] »*Viel ist dir gegeben, viel muss auch von dir gefordert werden. Doch bei allem bin ich dein Haupt und deine Hilfe.*«[137]

In einer langen Rede mahnt er die Gläubigen, die Weltlichen und Geistlichen, zum Tun des Guten. Diese Rede zeugt von Gottes Werben um sein Geschöpf und von der Größe des Menschen.

Vor dem Menschensohn stehen die letzten fünf Gotteskräfte. In der Mitte der drei nebeneinander stehenden Gestalten befindet sich die stärkste Säule, die im wahren Gott bleibt, der in Ewigkeit nicht wankt, die Beständigkeit. Auf der Brust trägt sie zwei Fensterchen mit einem Hirsch, der die Vorderläufe auf das rechte Fenster und die Hinterläufe auf das linke gestützt hat, um loszuspringen. Der Hirsch stellt die Verbindung zur nächsten Tugend her, der Sehnsucht nach dem Himmel. »*Wie der Hirsch nach den Wasserquellen verlangt, so sehnt sich meine Seele nach dir, o Gott. Ich will über Berge und Hügel hinwegspringen und nur nach dem Quell des lebendigen Wassers Ausschau halten.*«[138]

Zur Linken befindet sich die Gestalt der Herzenszerknirschung. Sie schaut auf die Fensterchen der Beständigkeit und spricht: »*Immer blicke ich auf das wahre und ewige Licht und bewahre es; weder durch Nachdenken noch durch Seufzen oder Anschauen werde ich mich an der ewigen Wonne sättigen können, die im erhabenen Gott ist.*«[139]

[134] Wisse die Wege, S. 474–475.
[135] Wisse die Wege, S. 462.
[136] Wisse die Wege, S. 462.
[137] Wisse die Wege, S. 463.
[138] Wisse die Wege, S. 471.
[139] Wisse die Wege, S. 472.

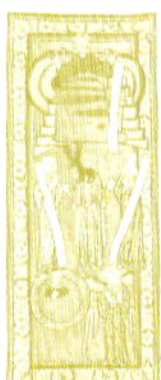

Die vierte Gestalt erscheint in einem Rad. Sie ist nur bis zur Brust sichtbar und hält in der rechten Hand einen kleinen grünenden Zweig. Das Rad umkreist sie ständig, während die Gestalt unbeweglich darin verharrt. Rings um das Rad steht geschrieben (in der Ausmalung nicht zu sehen):»*Wer mir dient, folge mir, und wo ich bin, dort wird mein Diener sein. Auf der Brust dieser Gestalt ist eingemeißelt: Ich bin das Lobopfer in allen Bereichen.*«[140] Es ist die Tugendkraft der Vollkommenheit oder Weltverachtung. Sie spricht: »*Dem Sieger werde ich vom Baum des Lebens zu essen geben, der im Paradies meines Gottes steht. Denn der Quell des Heils, der den Tod ertränkte, hat seine Bäche über mich ergossen und mich in der Erlösung ergrünen lassen.*« *(grünender Zweig)*[141]

Die letzte der Gotteskräfte mit einem hellen Glanz auf dem Antlitz trägt zwei weiße Flügel, die in ihrer Spannweite die Größe der Gestalt übertreffen. Sie liebt die Gemeinschaft mit den Engeln und eilt so zur Schau des ewigen Friedens. Es ist die Eintracht, sie spricht: »*Gott ist gerecht. Nur Ihn will ich immer reinen Herzens und mit frohem Antlitz umfassen und Gott beständig loben.*«[142]

Durch die göttlichen Wirkkräfte oder Tugenden werden die Gläubigen auf die Nachfolge des Menschensohnes ausgerichtet. Er ist der Eckstein im Heilsgebäude. »*Er herrscht mächtig über jene, die von der Berührung des Heiligen Geistes brennend, sich mit aller Anstrengung in der Fülle der Tugenden und guten Werke zum Inneren des Geistes aufraffen.*«[143]

---

140 Wisse die Wege, S. 472.
141 Wisse die Wege, S. 472.
142 Wisse die Wege, S. 472.
143 Wisse die Wege, S. 473.

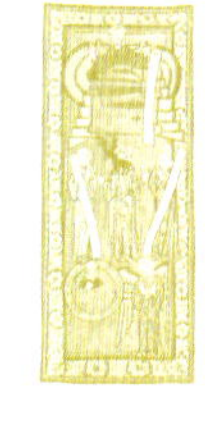

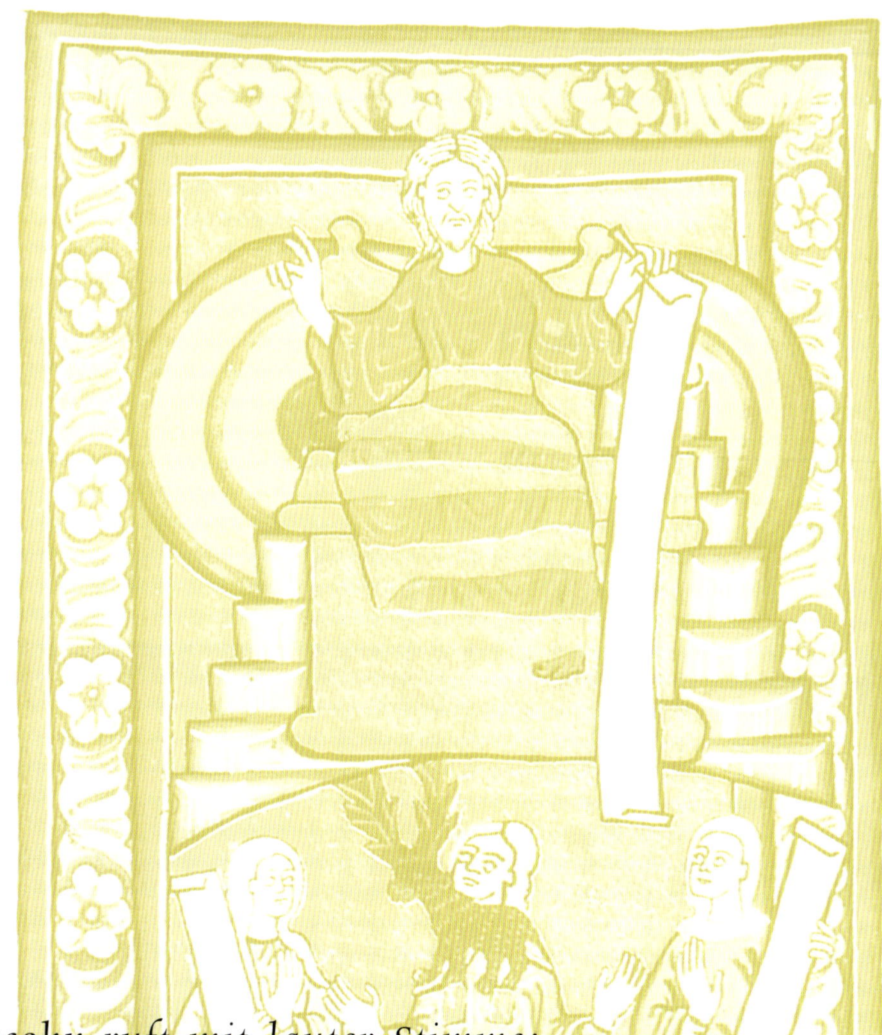

Der Menschensohn ruft mit lauter Stimme:
»Ihr törichten Menschen, die ihr lau seid und vor euch hinwelkt
und nicht einmal ein Auge öffnen wollt, um zu sehen.
Ihr habt das Wissen um Gut und Böse und die Fähigkeit zu handeln.
Daher könnt ihr euch nicht entschuldigen«.

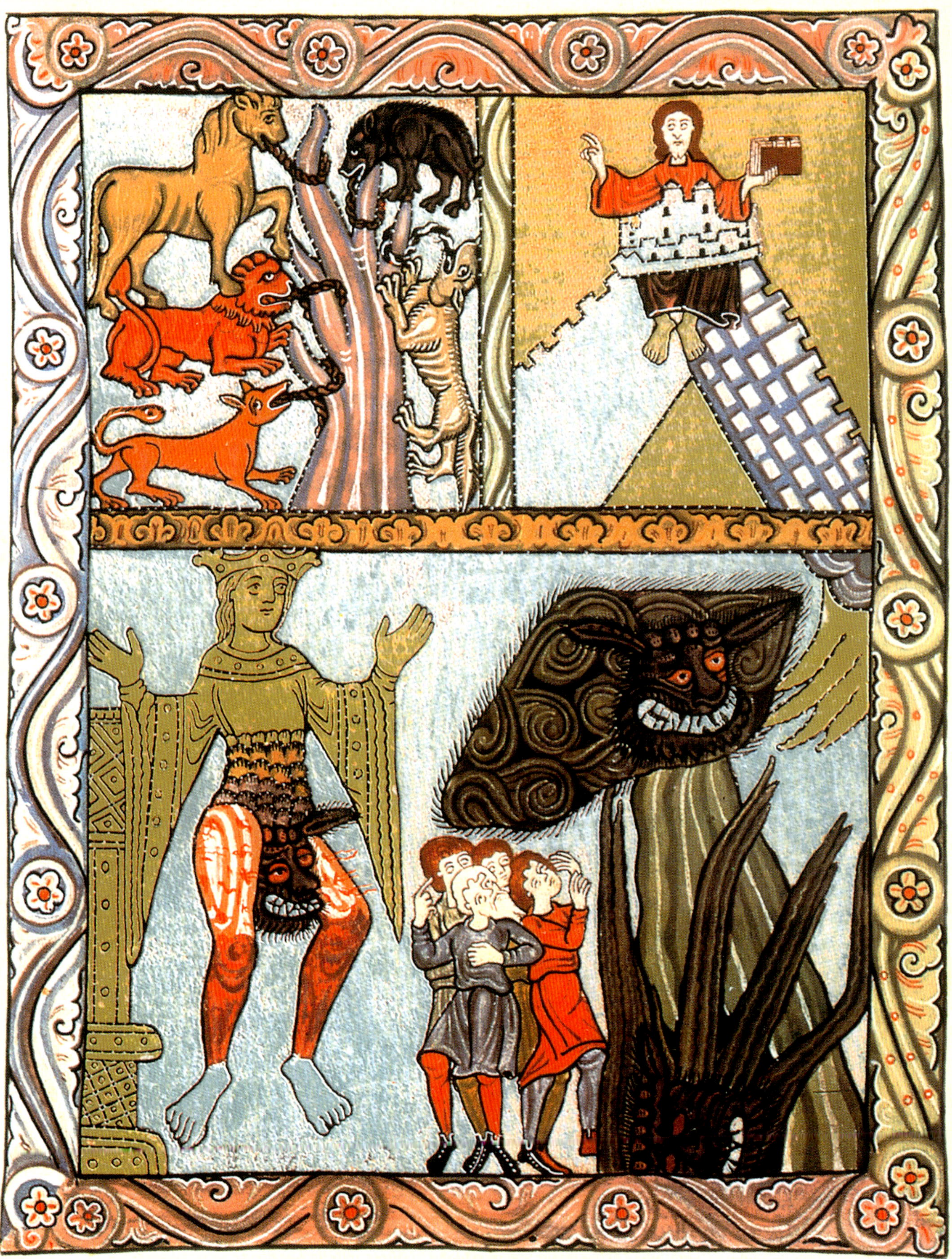

DAS ENDE DER ZEITEN

ALLES STREBT DEM ENDE ZU, wenn die Erde dem Zerfall ihrer Kräfte entgegengeht. Thema dieser Miniatur: Gott lässt dem Kommen des Antichristen fünf endzeitliche Reiche in den fünf Tiergestalten vorausgehen. In den endzeitlichen Ereignissen führt er den Menschensohn und die Kirche ihrer Vollendung entgegen. Im Sieg über den Antichristen, der als »Sohn des Verderbens« die Heilstaten des Sohnes Gottes nachäfft, vernichtet er den Teufel endgültig.

Der obere Abschnitt links zeigt in der Miniatur die fünf Zeitalter in den verschiedenen Tiergestalten, die an fünf Gipfel eines Berges gefesselt sind (eine bestimmte Zeitspanne).

Das eine Zeitalter ist wie ein feuriger Hund, weil dieser Zeitabschnitt bissige Menschen in die Welt setzen wird. Das Zeitalter, das wie ein dunkelgelber Löwe dargestellt ist, spricht von kampflustigen Menschen, die viele Kriege entfachen und nicht das Recht Gottes beachten. Ein anderes gleicht einem fahlen Pferd, das in der Sündenflut der Ausschweifung seine Kraft verliert. Das nächste Zeitalter gleicht einem schwarzen Schwein, das sich im Kot der Unreinheit wälzt mit führenden Persönlichkeiten in der Schwärze der Schwermut. Das göttliche Gesetz schieben sie auf die Seite. Das fünfte Zeitalter, das einem grauen Wolf gleicht, ist von Menschen geprägt, die viel Raub an der Macht betreiben. Sie stürzen die Häupter jener Reiche und teilen sie auf. Viele sind verunsichert durch die Irrtümer, die sich von der Unterwelt bis zum Himmel erheben. Die Kinder des Lichtes werden in die Kelter ihrer Leiden geworfen, weil sie den Sohn Gottes nicht verleugnen und den Sohn des Verderbens verwerfen. Die Tiere wenden sich gegen Westen, denn diese vergänglichen Zeiten schwinden mit der untergehenden Sonne dahin.

Im Osten (rechter Bildabschnitt) wird der Menschensohn erneut sichtbar in einem Verbindungswinkel des Heilsgebäudes in einer purpurroten Tunika. Vom Nabel abwärts leuchtet er teilweise wie Morgenrot, d.h. vom Blut der Märtyrer, die mit ihrem Glaubenszeugnis Gott loben.

Darauf weist die Lyra auf dem Schoß des Gottessohnes hin. Er ist auch umschattet von verunsicherten Menschen in der Kirche. Seine Füße, die weißer als Milch erscheinen, bedeuten, dass nach der Verwerfung des Sohnes des Verderbens der Menschensohn vor dem Ende der Welt im katholischen Glauben aufstrahlen wird. So wird man durch ihn klar die Wahrheit erkennen.
In der zweiten Hälfte der Miniatur richtet sich der Blick auf dieselben Ereignisse aus der Sicht der Kirche als Braut des Sohnes Gottes. Die Frauengestalt der personifiziert gedachten Kirche, die bisher nur bis zum Nabel erschien, zeigt sich nun vom Nabel abwärts.

Ihr Oberkörper strahlend vom Licht des Himmels gekrönt in der Orantenhaltung, zeigt von der Taille an verfärbte schuppige Flecken. Bis zu den Knien ist sie weiß und rot, wie von vielen Schlägen hart mitgenommen, von den Knien bis zu den weißen Füßen , ist sie blutig von den Leiden der Glaubenden. Im Unterleib der Kirchengestalt sitzt ein unförmig pechschwarzes Haupt mit feurigen Augen, eselsgleichen Ohren, Nase und Rachen wie ein Löwe mit weitaufgerissenem Maul und fletschenden Zähnen. Es ist der Sohn des Verderbens. Der gefallene Lichtengel Luzifer hatte nach seinem Sturz angekündigt, er werde nun seinen Kampf gegen Gott über und durch den schwachen Menschen führen. »*Was immer der Sohn der Bosheit tut, (der aus der Kirche hervorgeht) wirkt er mit Gewalt, Stolz und Grausamkeit, da er die Barmherzigkeit, Demut und Unterscheidung nicht hat, sondern mit seinem Befehl und großem Verblüffen treibt er die Menschen dazu, ihm zu folgen.*«[144] Er äfft den Sohn Gottes nach.

Zu einem bestimmten Zeitpunkt nach vielen Verführungskünsten hat sich das unförmige Haupt mit großem Getöse von seiner Stelle gelöst, wie die Miniatur zeigt, »*so dass die erwähnte Frauengestalt an all ihren Gliedern davon erschüttert wird. Auch etwas wie ein großer Klumpen Kot verbindet sich mit diesem Kopf, wodurch er sich wie über einen Berg erhebt und zur Himmelshöhe hinaufzusteigen versucht. Und siehe, wie ein Donnerschlag plötzlich kommt, zerschmettert er diesen Kopf mit solcher Wucht, dass er von diesem Berg stürzt und seinen Geist in den Tod ausstößt.*«[145] Die Macht Gottes (gelber Lichtstrahl im Bild) stürzt den Sohn des Verderbens. Am Boden liegt er vernichtet durch den endgültigen Schlag Gottes. Ein übelriechender Dunst ergreift den ganzen Berg, und das Haupt ist von großem Schmutz bedeckt. Die Seherin Hildegard hört wie die dabeistehenden Menschen, in größten Schrecken versetzt, weinend in Klagen ausbrechen und sich gegenseitig zurufen: »*Weh uns! Was ist geschehen? Wir Unglücklichen, wer wird uns beistehen? Wir wissen nicht, auf welche Weise wir getäuscht wurden. O allmächtiger Gott, erbarme dich unser! Lasst uns eilends zurückkehren zum Bund des Evangeliums Christi, denn ach, wir sind bitter getäuscht worden.*«[146] Großes Entsetzen und Klagen kennzeichnet die Dabeistehenden. Nach der Niederstreckung des Sohnes des Verderbens, des Antichristen, erscheinen die Füße der Frauengestalt weiß. Viele der Verirrten kehren zur Wahrheit zurück.

[144] Wisse die Wege, S. 499.
[145] Wisse die Wege, S. 503.
[146] Wisse die Wege, S. 487.

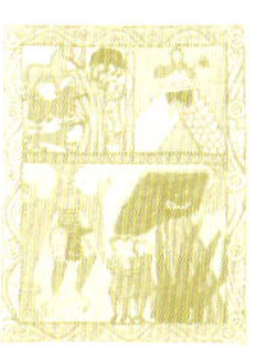

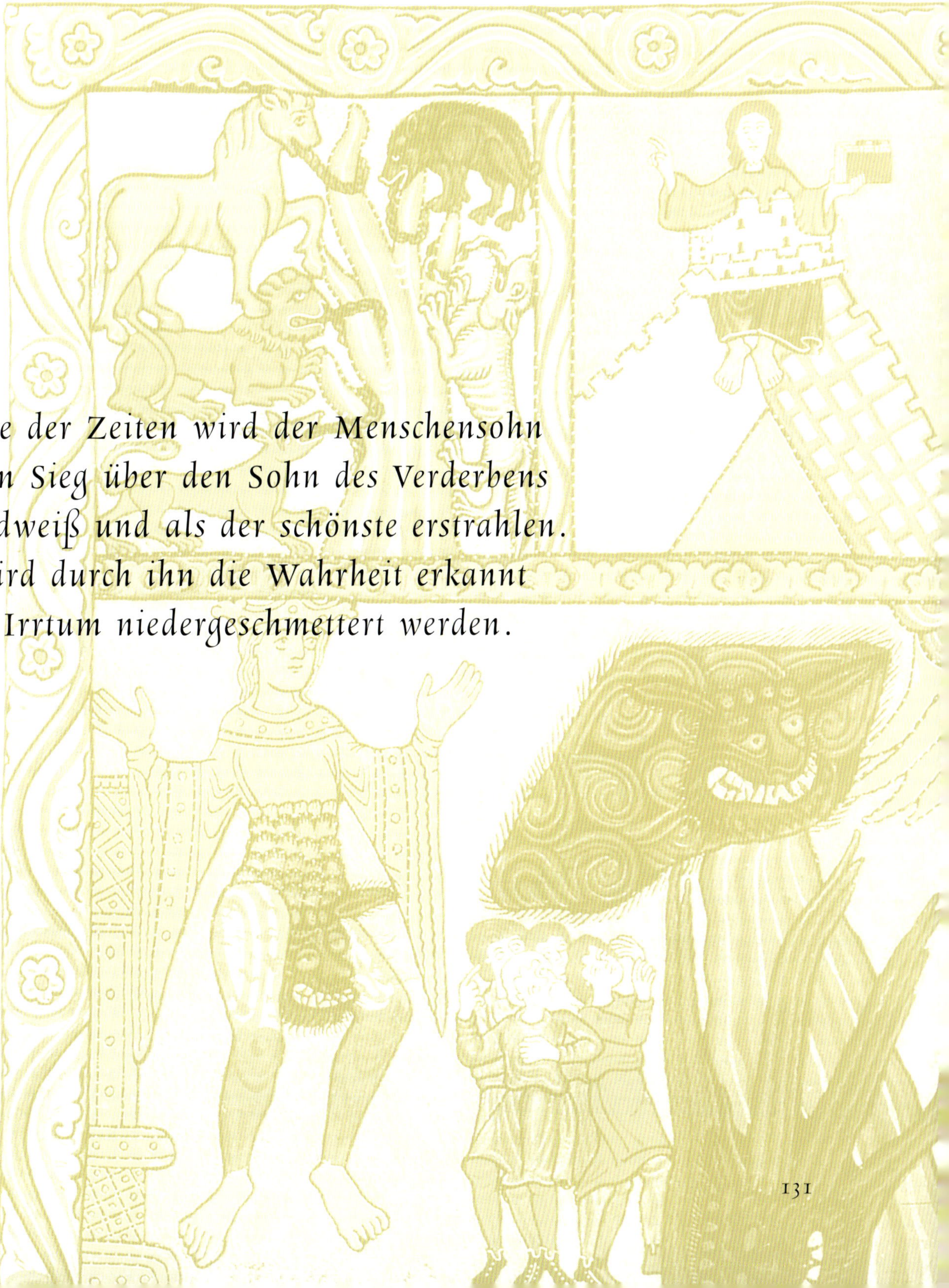

Am Ende der Zeiten wird der Menschensohn
nach dem Sieg über den Sohn des Verderbens
leuchtendweiß und als der schönste erstrahlen.
Dann wird durch ihn die Wahrheit erkannt
und der Irrtum niedergeschmettert werden.

no ululatu absorbet.

xiiii Euangeliũ de eodem.

xv Quom elemta & sol. & luna. & stelle

finito iudicio ĩ meli⁹ mutant̄ ⁊ nox non erit.

xvi. Verba iohis de eodem.

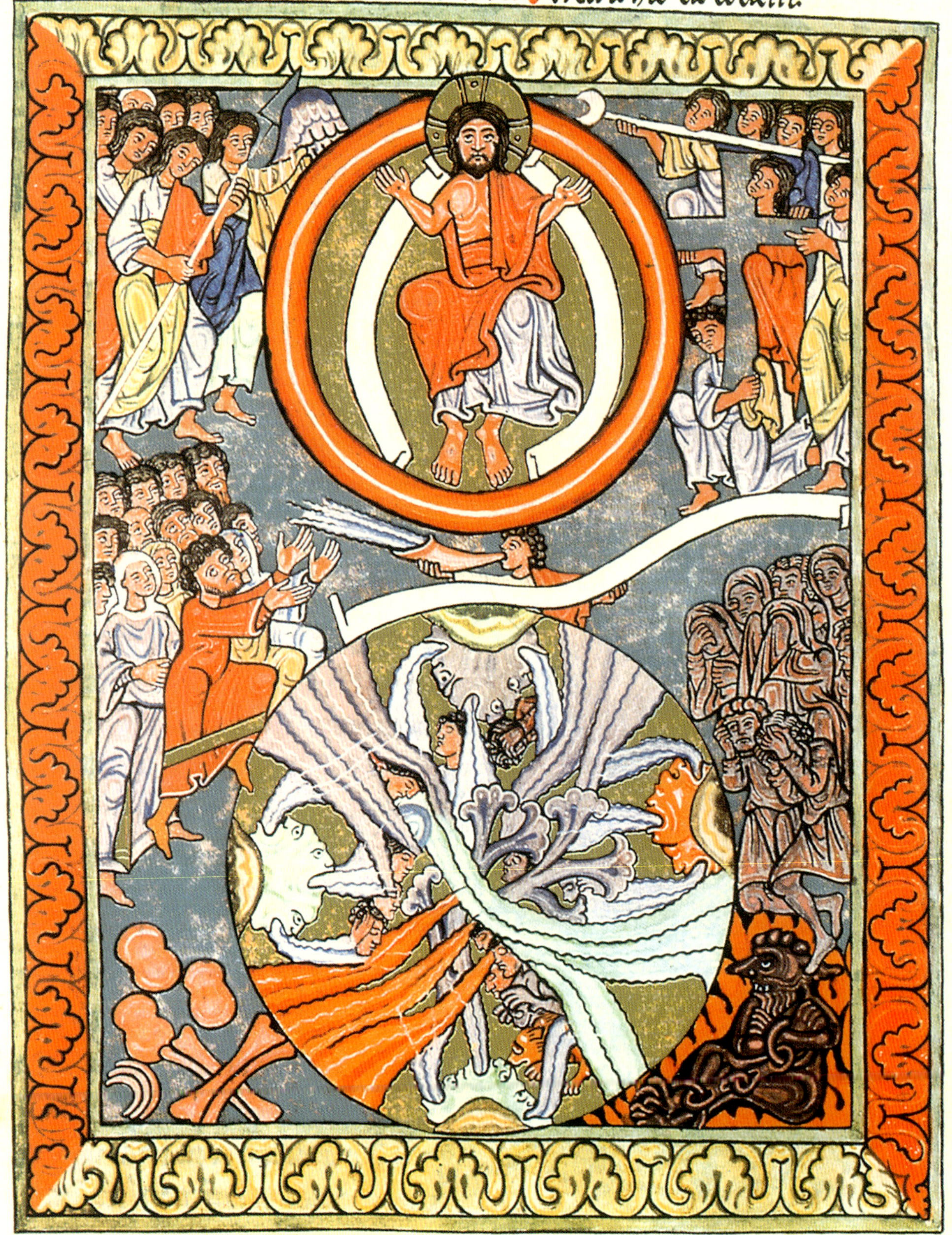

DER TAG DER GROSSEN OFFENBARUNG

IN DIESER MINIATUR OFFENBART GOTT der Seherin das Ende der Welt, an dem der Menschensohn zum Jüngsten Gericht wiederkehren wird. Das Ende der Welt entspricht dem Tod des Menschen. »*Denn da der Weltenlauf bereits vollendet ist, wird er nicht länger bestehen können, sondern nach der göttlichen Bestimmung vollendet werden. Wie nämlich ein Mensch, wenn sein Ende naht, zuvor von vielen Krankheiten befallen, niedergeworfen wird, so dass er in seiner Todesstunde unter großem Schmerz aufgelöst wird, so werden auch dem Ende der Welt große Widerwärtigkeiten vorausgehen und sie an ihrem Ende durch verschiedene Schrecknisse zerstören.*«[147]

Diese Vision kann wie die übrigen Visionen des dritten Buches im Sinn der Heilsgeschichte, als auch im Sinne des Lebensweges des Einzelnen von der Geburt bis zum Tod gelesen werden.

An jenem Jüngsten Tag wird der ganze Erdkreis von Schrecknissen erschüttert und vom Unwetter zerrüttet, so dass alles, was auf ihm hinfällig ist, sein Ende findet. Feuer und Wasser brechen hervor und bringen die Erde in Aufruhr. Blitze, Donnerschläge, Berge und Wälder fallen, alles Sterbliche haucht sein Leben aus. Dieses Chaos zeigt der untere Bildabschnitt der Miniatur in einem Kreis. Alle Elemente werden dabei gereinigt. »*So verschwindet alles, was auf der Welt hässlich ist, als ob es nie gewesen wäre, wie Salz zerfließt, wenn man es ins Wasser wirft.*«[148] Über allem lässt der Posaunenengel seinen Ruf erschallen: »*Ihr Menschenkinder, die ihr in der Erde ruht, erhebt euch alle!*«[149] Augenblicklich wird sich alles menschliche Gebein an jedem Ort der Erde sammeln und sich mit seinem Fleisch bedecken. Wie das Wasser das Salz wieder ausschwitzt, so gibt die Erde alle Kreatur her. Die Menschen erscheinen je nach ihrem Geschlecht in völliger Unversehrtheit. Die Guten leuchten in Herrlichkeit, die Bösen erscheinen schwarz mit verhülltem Gesicht. Das Werk eines jeden Menschen ist sichtbar. Es wird sichtbar, in welchem Maß der Mensch Gott in der Kindheit, in der Jugend, im Alter oder am Lebensende gesucht hat.

Über allen flammt wie ein mächtiger Blitz der Menschensohn auf. Auf einer Wolke mit demselben Antlitz, das er auf Erden trug und mit offenen Wunden, thront der Menschensohn wie auf einer Flamme in einem roten Rad. Chöre der Engel sind um Ihn mit den Zeichen seines Leidens (mit Kreuz, Lanze, Nagel). Die Scheidung vollzieht sich nach dem gewaltigen Sturm zur Reinigung der Welt.

Die im Glauben Besiegelten werden mit dem Sohn Gottes als ihrem Haupt durch einen Wirbelwind dem Richter entgegengeführt, ihnen wird himmlische Freude gewährt. Die im Unglauben Verhärteten sind in der Region der Verdammung mit dem gefesselten Teufel. »*So nimmt der Himmel die Auserwählten in die Herrlichkeit der Ewigkeit auf, weil sie den Herrscher der Himmel geliebt haben. Und die Hölle verschlingt die Verworfenen, weil sie den Teufel nicht aufgaben. So erheben sich in der himmlischen Herrlichkeit mächtige Lobgesänge über alle Freuden und in der Unterwelt bricht vor lauter Seufzen ein großes Wehgeschrei aus.*«[150]

[147] Wisse die Wege, S. 510.
[148] Wisse die Wege, S. 511.
[149] Wisse die Wege, S. 509.
[150] Wisse die Wege, S. 514.

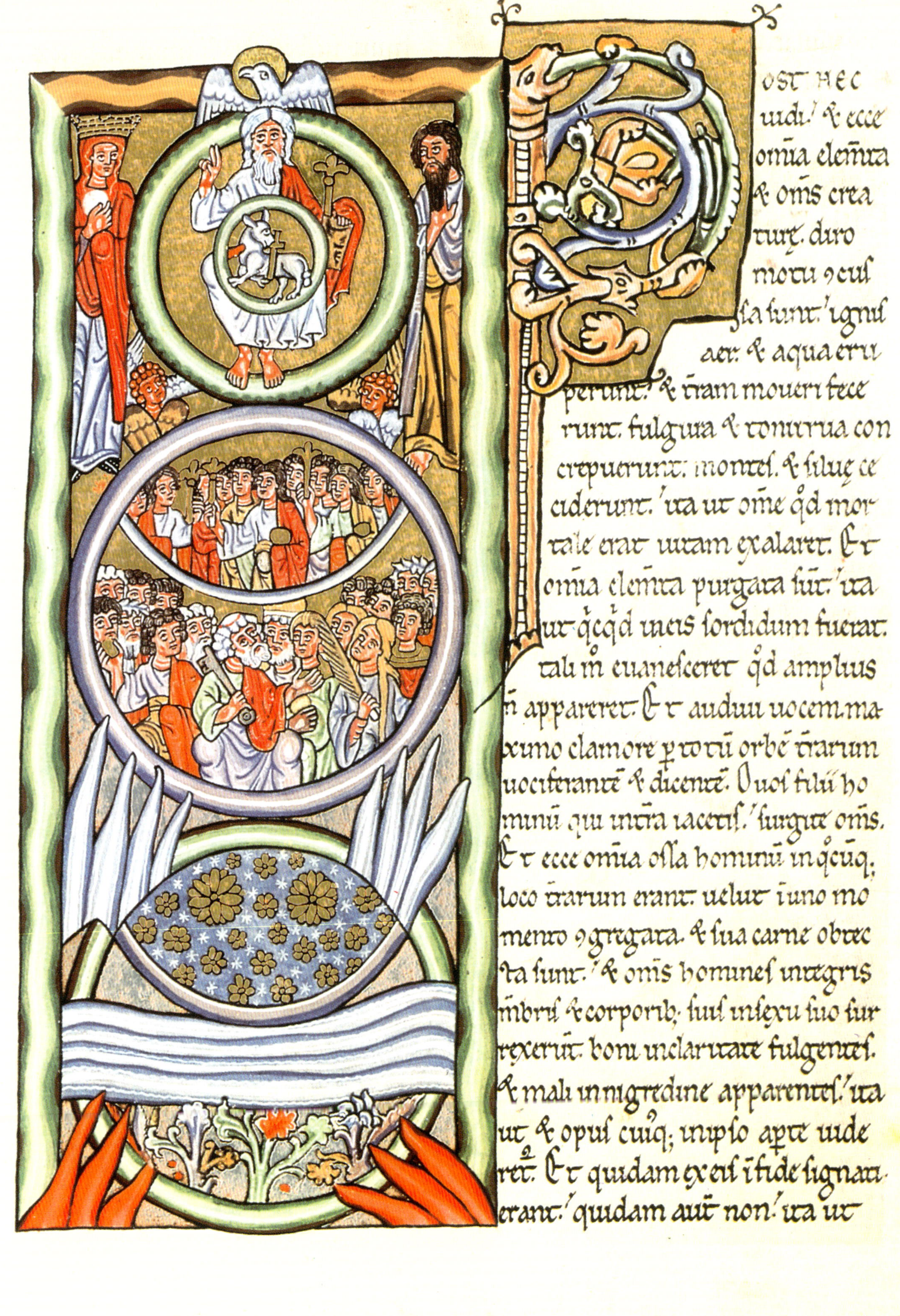

POST HEC
uidi. & ecce
om̄ia elem̄ta
& om̄s crea
ture. diro
motu ꝯcus
sa sunt. ignis
aer. & aqua eru
perunt. & t̄ram moueri fece
runt. fulgura & tonitrua con
crepuerunt. montes. & silue ce
ciderunt. ita ut om̄e q̄d mor
tale erat uitam exalaret. Et
om̄ia elem̄ta purgata sūt. ita
ut q̄cq̄d in eis sordidum fuerat.
tali m̄ euanesceret q̄d amplius
n̄ appareret. Et audiui uocem ma
ximo clamore ꝑ totū orbē t̄rarum
uociferantē & dicentē. O uos filii ho
minū qui in t̄ra iacetis. surgite om̄s.
Et ecce om̄ia ossa hominū in q̄cūq;
loco t̄rarum erant. uelut ī uno mo
mento ꝯgregata. & sua carne obtec
ta sunt. & om̄s homines integris
m̄bris & corporib; suis in sexu suo sur
rexerūt. boni in claritate fulgentes.
& mali in nigredine apparentes. ita
ut & opus cuiq; in ipso aperte uide
retur. Et quidam ex eis ī fide signati
erant. quidam aūt non. ita ut

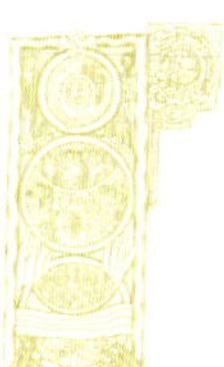

DER NEUE HIMMEL UND DIE NEUE ERDE

NACHDEM DAS GERICHT VOLLZOGEN IST, entsteht eine große Ruhe und Stille. Die Elemente strahlen in heiterer Klarheit, als wenn ihnen die schwarze Haut abgezogen wäre. Das Feuer leuchtet wie das Morgenrot. Die Luft ist rein, das Wasser ist klar. Alle Himmelskörper leuchten in voller Kraft und Schönheit wie kostbare Edelsteine auf Gold. Sie stehen still, so dass sie keine Scheidung mehr zwischen Tag und Nacht bilden. Es ist Tag.

Darüber leuchten in der Miniatur »alle Blumen des Sohnes Gottes«: die Patriarchen und Propheten, die Apostel, Märtyrer, Bekenner, Jungfrauen, Witwen, die den Sohn Gottes gläubig nachahmten und jene, die in weltlichen und geistlichen Belangen der Kirche vorangestellt waren. Auch die Einsiedler und Mönche, die die Ordnung der Engel nachahmten. Es sind die Heiligen, die im zweiten Kreis der Miniatur in Lobgesängen dastehen. Die Lobgesänge auf die Freuden der Himmelsbürger zielen auf den dreifaltigen Gott, der als Vater, Sohn und Heiliger Geist über allem thront. Mit Maria und Johannes dem Täufer ist der Dreifaltige Gott umrahmt und beherrscht das Bild.

dictione diabolicarū artuū.

x Q°d de ineffabili grā sua. corde & ore
dš incessabilit̄ laudandus ē.

xi Q°d simphonia ī unanimitate & con
cordia pferenda ē.

xii Q°d uerbum corp⁹. symphonia autē
spm. & armonia diuinitatē. uerbū.
ū humanitatē filiū designat.

xiii Q°d p symphoniā racionalitatis tor
pens anima excitat̄ ad uigilandū.

xiiii Q°d symphonia dura corda emollit.
& humorē ɔpunctionis inducit. &
spm scm aduocat.

xv Q°d fideles om̄i deuotione icessant̄
iubilare debet.

xvi Verba dauid de eadem re.

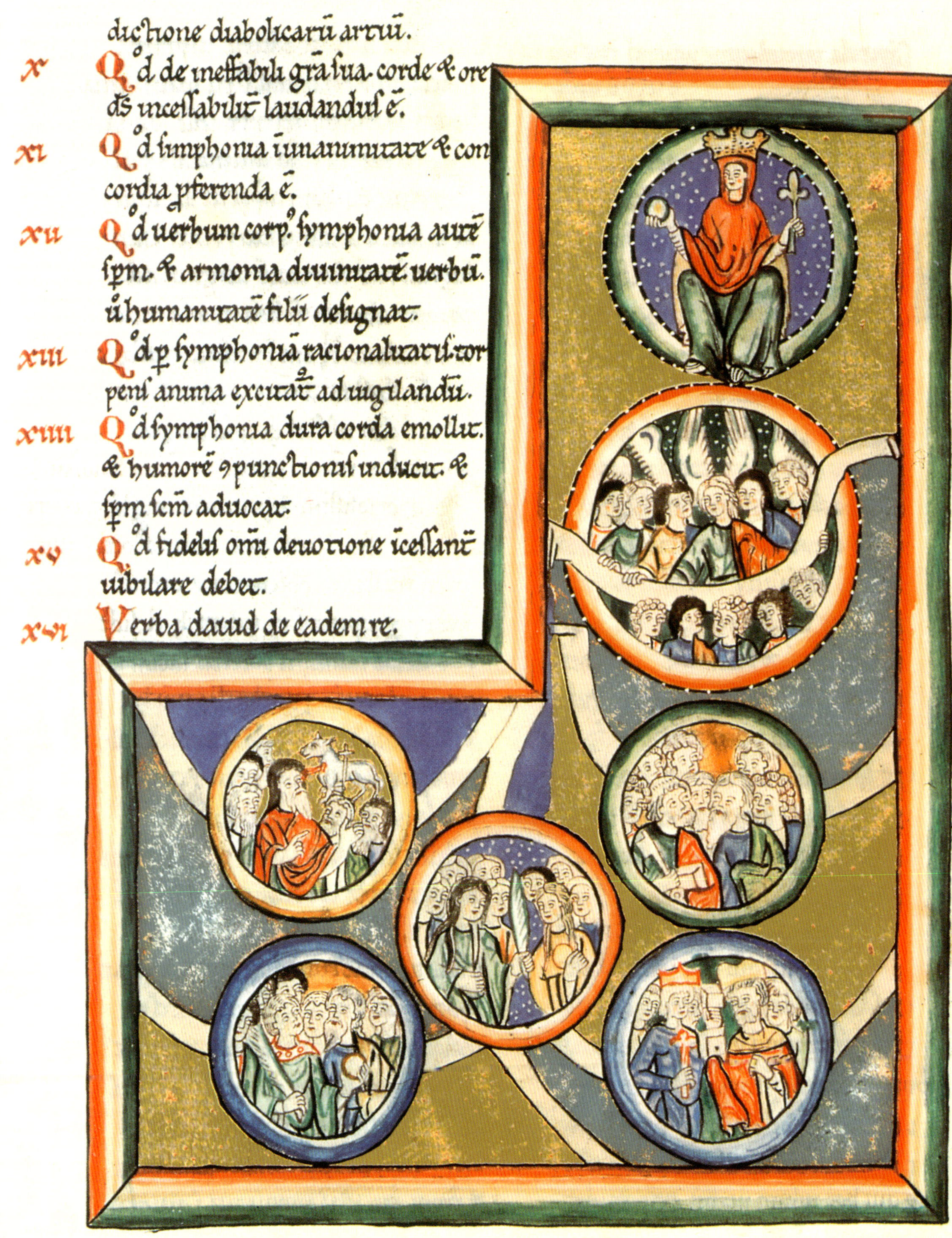

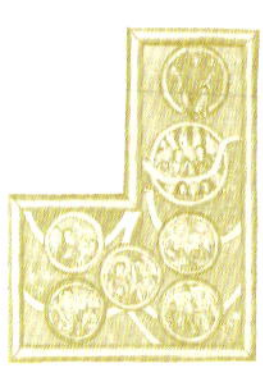

DIE CHÖRE DER SELIGEN

VIELE VERSCHIEDENE WOHNSTÄTTEN UNFASSBARER FREUDEN gibt es im Himmel. Dies zeigen die verschiedenen Kreise oder Medaillons mit den lobsingenden Heiligen in der Vollendung. »*Dem himmlischen Schöpfer müssen mit der unaufhörlichen Stimme des Herzens und des Mundes Lobgesänge dargebracht werden, denn er weist nicht nur den Stehenden und Aufrechten, sondern auch den Fallenden und Gebeugten in seiner Gnade Plätze im Himmel zu.*«[151]

Diese Miniatur führt den Lobpreis der Heiligen auf Gott fort unter dem Vorsitz Mariens. Sie thront als »erster Klangkörper« über den Chören der Engel, die über den Aposteln, Patriarchen und Propheten, den Jungfrauen, Bekennern und Märtyrern stehen. Die verschiedenen Heiligen sind mit den entsprechenden Attributen zu erkennen, so Johannes der Täufer mit dem Lamm, Petrus mit dem Schlüssel, die Jungfrauen mit den Palmzweigen. Wie eine Menge Stimmen in harmonischem Lobgesang ertönt ein Lied in vollendeter Einmütigkeit. Die himmlische Harmonie verkündet die Gottheit, und das Wort macht die Menschheit des Gottessohnes offenbar. Die leeren Schriftbänder oder Kreissegmente zwischen den Medaillons mit den Heiligen könnten die Harmonie der den Text bestimmenden Sphärenmusik versinnbildlichen. Aus der lichtdurchstrahlten Luft tönen Lobgesänge von denen, die in den Himmelsfreuden wohnen und Klagelieder über die, die noch in der Sünde, aber zu den gleichen Lob- und Freudengesängen zurückgerufen sind. Von den Wechselchören der Gotteskräfte, die einander auffordern, den Bedrängten zu helfen, dass sie durch Buße von ihren Sünden zur Himmelwohnung übergehen, ist bildlich nichts dargestellt.

Aus dem Lobpreis Gottes ergibt sich das Loblied auf die Engel, Propheten und Heiligen, in denen Gott seine Werke vollbringt. Im Lobgesang ist die Beziehung zwischen Gott und seinen Geschöpfen in die rechte Ordnung gebracht. Wer immer Gott im Glauben erkennt, soll Ihm lobsingen, unablässig, Ihm jubeln in Hingabe wie David, der sprach:

[151] Wisse die Wege, S. 530.

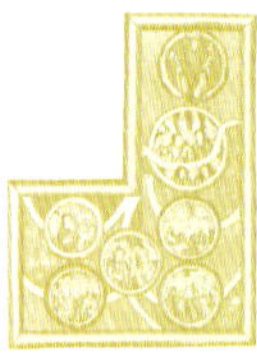

»Lobt ihn mit dem Schall der Posaune, lobt ihn mit Harfe und Zither, lobt ihn mit Pauke und Reigen; lobt ihn mit Saitenspiel und Flöte; lobt ihn mit hellen Zimbeln, lobt ihn mit jubelnden Zimbeln. Alles, was Odem hat, lobe den Herrn.« (Psalm 150)[152] Diejenigen, die das Leben ersehnen, sollen den verherrlichen, der das Leben ist.

»Lobt also Gott, lobt ihn, ihr seligen Herzen, in all diesen Wundern, die Gott in der zarten weiblichen Gestalt (in Maria) für die äußere Gestalt des Erhabenen (des Sohnes Gottes) geschaffen hat.«[153] Maria als die Jungfräuliche und »leuchtende Materie« verkörpert die Vollendung in der erlösten Schöpfung. Die Miniatur zeigt ihre Vorrangstellung vor den Engeln und Heiligen.

»O strahlend heller Edelstein, der Sonne lichte Zier, in dich ergoss sich aus des Vaters Herz der Springquell, Er, sein einzig Wort, durch das den Urstoff dieser Welt er schuf, den Eva hat verwirrt.

Das Wort, zum Menschen hat der Vater es in dir geformt, deshalb bist du der lichte Mutterschoß, durch den er selbst, das Wort, aushauchte alle Tugenden, wie aus der Urmaterie er jede Kreatur erschuf.

O du, lieblichstes Reis, das grünt aus Jesses Stamm, wie groß ist diese Kraft: die Gottheit blickte auf die schönste Tochter hin, wie auf die Sonne lenkt der Adler seinen Blick, als der höchste Vater auf der Jungfrau Reinheit achtet, in der er wollte, dass sein Wort das Fleisch annehme.

Denn als im mystischen Geheimnis Gottes der Jungfrau Herz erleuchtet war, ging wunderbar aus dieser Jungfrau die lichte Blume auf.«[154]

[152] Wisse die Wege, S. 533.
[153] Wisse die Wege, S. 535.
[154] Wisse die Wege, S. 517.

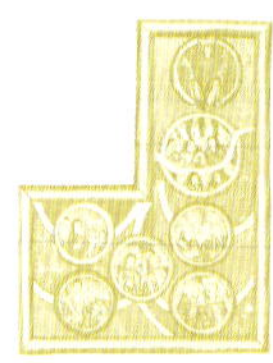

Daher lobe alles, was Odem hat, alles,
was den guten Willen hat, an Gott zu glauben
und ihn zu ehren, den Herrn, der über alles ist.
Denn es ist würdig und recht, dass derjenige,
der das Leben ersehnt,
den verherrlicht, der das Leben ist.

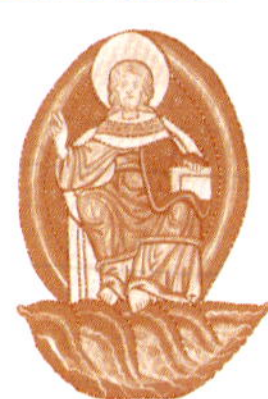

Register der abgebildeten Miniaturen

Tafel 1: Die Seherin, 24

Tafel 2: Der Leuchtende, 26

Tafel 3: Der Sündenfall, 30

Tafel 4: Das Weltall, 32

Tafel 5: Die Seele und ihr Zelt, 36

Tafel 6: Treue in der Versuchung, 40

Tafel 7: Der Auszug der Seele aus ihrem Zelt, 44

Tafel 8: Die Synagoge, 48

Tafel 9: Die Chöre der Engel, 52

Tafel 10: Der Erlöser, 58

Tafel 11: Die wahre Dreiheit in der wahren Einheit, 62

Tafel 12: Mutterschaft aus dem Geiste und dem Wasser, 64

Tafel 13: Gesalbt mit dem Heiligen Geiste, 68

Tafel 14: Der mystische Leib, 72

Tafel 15: Das Opfer Christi und der Kirche, 76

Tafel 16: Die Lebensspeise, 80

Tafel 17: Der gefesselte Feind, 82

Tafel 18: Der Versucher, 84

Tafel 19: Der Allherrscher, 88

Tafel 20: Erloschene Sterne, 92

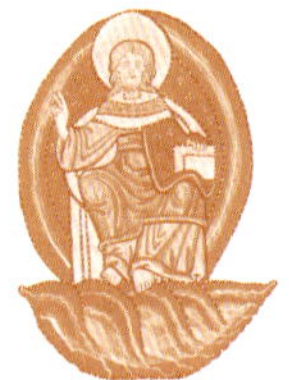

Register der abgebildeten Miniaturen

Tafel 21: Das Gebäude des Heils, 94

Tafel 22: Der Turm des Ratschlusses, 98

Tafel 23: Fünf Gotteskräfte im Turm des Ratschlusses, 100

Tafel 24: Die Säule des Wortes Gottes, 104

Tafel 25: Das Erkennen Gottes, 106

Tafel 26: Der Eifer Gottes, 108

Tafel 27: Die dreifache Mauer, 110

Tafel 28: Die Säule der wahren Dreieinigkeit, 114

Tafel 29: Die Säule der Menschheit des Erlösers, 116

Tafel 30: Der Turm der Kirche, 120

Tafel 31: Der Menschensohn, 124

Tafel 32: Das Ende der Zeiten, 128

Tafel 33: Der Tag der großen Offenbarung, 132

Tafel 34: Der neue Himmel und die neue Erde, 134

Tafel 35: Die Chöre der Seligen, 136

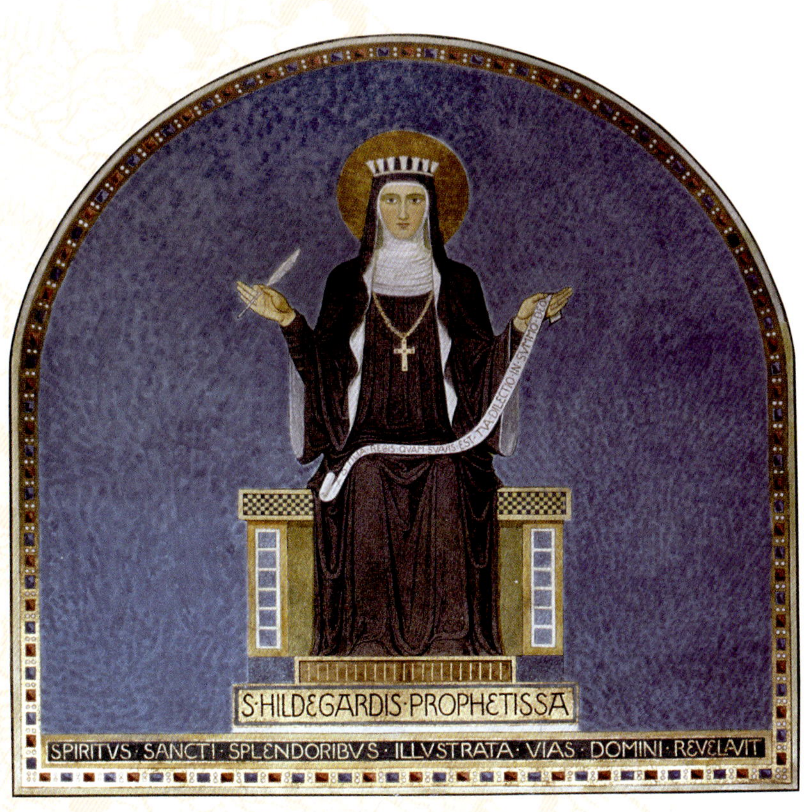

S. HILDEGARDIS PROPHETISSA
Wandgemälde, P. Paulus Krebs OSB, Beuroner Kunstschule, um 1910, Abteikirche St. Hildegard, Rüdesheim/Eibingen